CARTAS DE UNA VIDA

Irène Némirovsky

CARTAS DE UNA VIDA

Edición al cuidado de
Olivier Philipponnat

Traducción del francés de
José Antonio Soriano Marco

narrativa
salamandra

Papel certificado por el Forest Stewardship Council®

MIXTO
Papel | Apoyando la silvicultura responsable
FSC® C117695

Penguin Random House Grupo Editorial

Título original: *Lettres d'une vie*
Primera edición: octubre de 2024

Ouvrage publié avec le concours du Ministère français chargé de la culture-
Centre National du Livre
Obra publicada con la ayuda del Ministerio de Cultura francés-
Centro Nacional del Libro

Printed in Spain – Impreso en España

ISBN: 978-84-19346-40-7
Depósito legal: B-14.484-2024

Impreso en Romanyà-Valls
Capellades (Barcelona)

SM46407

CARTAS DE UNA VIDA

Contenido

A la memoria de Denise Epstein-Dauplé (1929-2013)
y Élisabeth Gille-Némirovsky (1937-1996)

Prólogo

por OLIVIER PHILIPPONNAT

Irène Némirovsky no pertenecía a esa clase de escritores que se sienten observados por la posteridad mientras escriben una carta. Jamás pensó que nadie, salvo sus destinatarios, leería su correspondencia, ni que ésta acabaría formando parte de su obra.[1]

Puesto que ha llegado a serlo, hay que tener en cuenta que supone una especie de cara oculta. Ciertamente, no habla en ellas de técnica narrativa, por ejemplo (un tema que le apasionaba), ni siquiera con Gaston Chérau, a quien solía pedir consejos profesionales. «Cuando escribo un libro», le confesaba a René Lalou en 1938, «siento una especie de pudor inexplicable que me impide hablar de él incluso con las personas más cercanas». Seguro que ese pudor no estaría muy alejado del orgullo de sentirse comprendida sólo por sí misma. Pero, pese a esa reticencia, su obra es el tema principal de sus cartas, en las que a menudo la descubrimos maternalmente atenta a las condiciones de publicación de sus libros. (Luego, con el paso de los años, su marido, Michel Epstein tomó una parte cada vez más activa en la defensa de los intereses de la autora frente a las editoriales y los grandes semanarios en los que publicaba.) Esa constante preocupación refleja la fecundidad de una escritora dedicada de lleno a la producción de una obra que,

1. Tampoco consideraba de ese modo sus «diarios de trabajo», poco estudiados todavía, que en cierta medida constituyen una especie de «autocorrespondencia», dada la frecuencia con que la autora se dirige a sí misma en ellos.

entre 1926 y 1942, alcanza la cifra de dieciséis novelas y más de cincuenta relatos, a los que hay que añadir el triple de esbozos, borradores y notas, cuya elaboración ocupa la mayor parte de su jornada diaria.

También encontraremos aquí algunas de sus respuestas a las críticas. A menudo, no son más que triviales y corteses notas de agradecimiento, pero la cantidad de cartas breves y más o menos convencionales enviadas a oscuros corresponsales de todos los rincones de Francia —y que hoy vemos subastadas o vendidas por catálogo a precios de escándalo— demuestra la importancia que daba nuestra autora a la difusión y la reseña de sus libros. La humildad de la que hace gala, su conformidad con las críticas, la fingida libertad que da a los periódicos para retocar sus relatos a su antojo contrastan con la pasión y el amor propio que reflejan sus manuscritos.

Su relación epistolar con otros escritores —Henry Bernstein, Jacques-Émile Blanche, Henri de Régnier, Gabriel Marcel, Jacques Chardonne, etcétera—, ocasional y rara vez familiar, estuvo siempre marcada por un respeto de las convenciones, una prudencia y una modestia sorprendentes, sazonadas en algunas ocasiones con una gota de malicia o una pizca de adulación, pero nunca empañadas por la falta de sinceridad. Por un lado, la novelista, con poder absoluto sobre sus personajes y su obra; por el otro, una mujer que no muestra nada de eso en sus cartas. En ellas, sus dudas, sus miedos, sus interrogantes se expresan sin la rabia y la ironía características de sus novelas; más bien con sutil autoburla, como en sus cartas a monseñor Ghika, que la bautizará en febrero de 1939.

Correspondencia parcial, inevitablemente: aunque sus destinatarios conservaron la mayor parte de las cartas escritas por la novelista y hoy pueden consultarse en diversos archivos y colecciones privadas, no ocurre lo mismo con las que ella recibió, destruidas probablemente tras la guerra por los nuevos inquilinos del piso de París en el que la autora las dejó en abril de 1940 para refugiarse con sus hijas en el pueblo borgoñón de Issy-l'Évêque.

Así pues, ¿qué queda? Para el período 1919-1925, el retrato de una estudiante bulliciosa, más seria y aplicada de lo que sus cartas a Madeleine Avot parecen sugerir. A falta de respuestas, nunca sabremos si la «pequeña Mad», heredera de una dinastía de papeleros que servirá de modelo para la virtuosa familia Hardelot de *Los bienes de este mundo*, estaba realmente «escandalizada» ante las diabluras de su amiga rusa. Esos años de despreocupación dan paso a una época (1925-1930) de la que no conservamos ninguna carta; es el intervalo durante el que Irène Némirovsky parece centrada en exclusiva en su vida conyugal con Michel Epstein, con quien contrae matrimonio en 1926, y en la elaboración de sus primeras novelas —*El malentendido* (1926) y, sobre todo, *David Golder* (1929)—, en un anonimato reforzado por el uso de pseudónimo (Pierre Nérey) para *L'Ennemie* (1928) y *El baile* (1929). Esto supone un agudo contraste con la enorme popularidad que le otorga el éxito inesperado de *David Golder*, novela que muy pronto se lleva a la pantalla, con Harry Baur como protagonista, y candidata oficiosa al Goncourt, al que la novelista, como le explica a Gaston Chérau, prefirió renunciar para evitar que se pensara que pretendía naturalizarse para facilitar que se le otorgara el premio. Es la época en que, por carta o por teléfono, responde con sencillez a las entrevistas más o menos serias de los periódicos, ejercicio cuya repetición acaba componiendo, mediante sucesivos toques, un retrato muy vivo de la autora.

Muy puntillosa cuando de proteger sus derechos se trata, en las cartas de esa década, estampilladas con el monograma «IE», Irène Némirovsky se muestra sumamente profesional en sus relaciones con los editores y los directores de publicaciones, siempre atenta a evitar los desacuerdos y, por tanto, a prevenirlos. Casi nunca menciona el contenido o el significado de su obra, salvo en las cartas abiertas y en las respuestas dirigidas a ciertos periódicos; incluso en esos casos, rara vez sube el tono, a no ser que esté en juego su honradez y que la acusen, por ejemplo, de haber facilitado al dramaturgo Fernand Nozière el guión de Julien Duvivier para *David Golder*. Descubrimos su interés por evitar polémicas, como la acusación de antisemitismo que provocó *David Golder*, una de las más absurdas, según ella. Las peleas se las reserva a los personajes de sus novelas, en las que a veces parece vengarse de las conveniencias a las que su respeto del decoro, pero también su condición de extranjera, cuando no de intrusa en la república de las letras, la obligan habitualmente.

Esa tranquilidad vacila en 1938. En diciembre de ese año, la inquietud religiosa de Irène Némirovsky, muy real, y el fracaso en sus intentos de obtener la nacionalidad francesa hacen que se decida a recibir el bautismo católico junto con su marido y sus hijas, por una especie de devoción a los valores cristianos de su país de adopción. Cuando menos eso cabía suponer, hasta el descubrimiento de una carta (n.º 199) enviada en junio de 1938 a Jean Zay, ministro de Instrucción Pública. Esa petición parece demostrar que Irène Némirovsky deseaba evitar a sus hijas, Denise y Élisabeth, los inconvenientes objetivos derivados de su condición judía, empezando por la negativa de los colegios privados católicos a aceptar a su hija mayor, a falta de plazas en el liceo público Victor-Duruy. El ministro resolvió el problema, pero la incertidumbre entró en la vida de Irène Némirovsky: la angustia por no ser francesa alimenta las últimas novelas de la década, *Les Échelles du Levant* (1939) y *Los perros y los lobos* (1940), e incluso, por simetría, *Los bienes de este mundo* (escrita en 1940), himno a la solidez de las antiguas familias de la burguesía provinciana, evidentemente católicas.

Llegan la guerra, la derrota y el régimen de Vichy. De octubre de 1940 a julio de 1942, carta tras carta, vemos a Michel Epstein e Irène Némirovsky debatiéndose en la red de las medidas antisemitas, que los privan poco a poco de ingresos y hacen crecer su deuda con la editorial Albin Michel. Medidas cuyo sentido y finalidad les cuesta comprender, mientras intentan capear ese temporal de ultrajes y prohibiciones, que impiden a Irène Némirovsky publicar con su nombre y acaban obligándola a utilizar como testaferro a la gobernanta de sus hijas, Julie Dumot. Las cartas de ese período son más numerosas: se han conservado mejor y reflejan, con su mera frecuencia, un nerviosismo creciente. Las de Irène y Michel, indisociables en la desgracia y las dificultades, se conservan en muchos casos en forma de copias de calco, cuando no de borradores, que, tras la deportación de ambos, viajarán en la famosa maleta en que Julie Dumot amontonó los manuscritos en fase de elaboración, los documentos y las cartas recibidas por el matrimonio durante los dos años pasados en Issy-l'Évêque. En consecuencia, el período más dramático de Irène Némirovsky, el de la elaboración de su obra maestra, es también el mejor documentado por una correspondencia en la que da rienda suelta a su cólera, su angustia y su desengaño. Pero también a la amistad y la gratitud, en el muy hermoso conjunto de misivas dirigidas a André Sabatier,[1] sin cuya intervención Robert Esménard, yerno de Albin Michel, no se habría avenido a seguir pagando adelantos mensuales a una autora a la que ya no podía publicar.

Esa relación privilegiada no se interrumpe con la detención de Irène Némirovsky el 13 de julio de 1942, ni siquiera cuando, en octubre, Michel Epstein corre la misma suerte, no sin haber abrumado a André Sabatier con cartas y telegramas desesperados, hasta la aceptación de su destino: reencontrarse con su mujer pasando por la prisión de Le Creusot y, luego, el campo de Drancy. A ese respecto, su última carta, que sus hijas no llegaron a conocer, resulta estremecedora: «Puede que pronto vea a Irène», escribe horas antes de la salida del convoy n.º 42, que lo conducirá a la cámara de gas. La publicación del *Journal de guerre* de Paul Morand en 2020 tiñó de siniestro sarcasmo los vanos esfuerzos de Michel y Sabatier por obtener la intercesión de este estrecho colaborador de Pierre Laval. Si parece momentáneamente conmovido por la suerte de Irène Némirovsky, una de sus más fervientes admiradoras, el autor de *El hombre acosado*

1. Las dieciocho cartas que Irène Némirovsky dirige a André Sabatier durante los años 1941 y 1942 se encuentran en la Biblioteca Marguerite-Durand, que las adquirió en subasta pública en 1995. Su anterior propietario, Jean-Louis Meunier, había facilitado copias de éstas a Élisabeth Gille-Némirovsky en 1983. También conserva reproducciones de esas cartas el Institut Mémoires de l'Édition Contemporaine (Imec).

se muestra indiferente ante la situación de los judíos, golpeados con saña por el régimen al que sirve.

También Julie Dumot, convertida en la tutora legal de Denise y Élisabeth hasta la «colocación» de ambas en el internado católico de Notre-Dame de Sion en septiembre de 1945, sigue carteándose con André Sabatier y la editorial Albin Michel. ¿Deberíamos haber prescindido de esa «correspondencia póstuma», toda vez que Irène Némirovsky había muerto de tifus en Auschwitz-Birkenau el 17 de agosto de 1942? Lo habríamos hecho de no ser porque, hasta el regreso de los últimos deportados, sólo cabía declararla «desaparecida». Y porque Julie Dumot actuó como su «sustituta», por así decir, hasta su partida a Estados Unidos en 1946, una vez cumplida su «misión». En consecuencia, decidimos cerrar *Cartas de una vida* con estas palabras desencantadas de Albin Michel: «Esperemos, no obstante...», que en realidad no dejaban casi ninguna esperanza tras el final de la pesadilla.

O. P.

Despreocupación

(1913-1925)

Irène Némirovsky, nacida el 11 de febrero de 1903 en Kiev, crece en la veneración de la lengua francesa, la obsesión del gueto y la ignorancia de la cultura judía. Demasiado pequeña para guardar memoria del pogromo de octubre de 1905, su primer recuerdo es del carnaval de Niza en 1906. Todos los inviernos, hasta la guerra, pasa seis meses con sus padres en la Riviera francesa o en la costa vasca.

Su progenitor, Leonid, intrépido en los negocios, sabe cerrar los ojos ante los descarríos de su mujer. Por el contrario, Irène no le perdona absolutamente nada a su madre, Anna, desde el despido de «Zézelle», su adorada institutriz francesa. Cuando estalla la guerra, Leonid se ha convertido en un banquero próximo a los círculos del poder. En febrero del año 1917, en San Petersburgo, Irène presencia las «protestas del pan».

En enero de 1918, la revolución bolchevique obliga a los Némirovsky a huir en trineo hacia unas vacaciones en Finlandia. Durante ese período, Irène escribe sus primeros versos y devora literatura francesa. A finales de la primavera de 1919, la familia parte al fin de Estocolmo con destino a Francia, «el país más hermoso del mundo», donde Leonid logra rehacer su fortuna.

En la Sorbona, donde estudia literatura rusa y comparada, Irène entabla amistad con René Avot, hijo de un empresario del Paso de Calais, y con su hermana Madeleine, apodada «Mad». En verano toma las aguas y se trata el asma en Vichy, Plombières o

Vittel en compañía de una institutriz inglesa. En París lleva una vida independiente: boîtes *de jazz, flirteos, excursiones en coche... Frecuenta el ambiente de los exiliados rusos y publica sus primeros textos en francés en diversas revistas, con su nombre o bajo seudónimo.*

1

Irène Némirovsky a la señora Sprecher[1]

[Vichy, 11 de agosto de 1913]

Le mando el manantial de Chomel, en el que bebo todas las mañanas. Mamá le agradece su carta, pero creo que iremos a Biarritz. Hasta pronto.

Irène Némirovsky

2

Irène Némirovsky a Madeleine Avot

Avenue Président-Wilson, 18, París[2]
París, 23 de septiembre [1921]

Mi querida amiga:

Ya estoy de nuevo en París, después de un viaje estupendo, aunque pasado por agua. Así es, por el camino nos cogió una lluvia torrencial. Llegué a París empapada y, como recuerdo de esa fantástica aventura, me ha quedado una rinitis nada divertida. Llegada a las dos de la mañana, para la estupefacción del

1. Sin duda, una conocida de Léon [Leonid] y Fanny [Anna] Némirovsky, alojada en el hotel de Berne, rue de Châteaudun, 90, París.

2. Antes de mudarse a la avenue Président-Wilson, los Némirovsky vivieron en la rue de la Pompe de 1919 a 1921.

portero, encontramos la casa vacía, las camas sin hacer y las sábanas confinadas en un baúl que hubo que romper con las tenazas del carbón porque mi padre no daba con las llaves, que al final llevaba en un bolsillo, como pudimos comprobar a la mañana siguiente. ¡Ay, los hombres!

En fin, ahora ya estoy bien instalada.[1] El piso es bonito, y espero poder invitaros pronto, ¿no, mi pequeña Madeleine? ¿Verdad que no tardarás en venir a París?

Ayer vi al «hermanito»,[2] que está bien y estudia mucho.

Presenta mis respetos a tus queridos padres y recibe mis besos más cariñosos. Dale recuerdos a tu prima, ¡y escríbeme!

Tu sincera amiga,

Irène

3

Irène Némirovsky a Madeleine Avot

[octubre de 1921]

Mi querida amiga:

Gracias por tu amable carta y por la foto, que recibí ayer y que ocupa el lugar de honor en mi habitación. ¿Estás totalmente recuperada de tu indisposición? Para acabar de curarte de tus preocupaciones sobre tu viaje a París, te doy una buena noticia, que me puso muy contenta. Ayer vi a René, que vuelve a Lumbres[3] para Todos los Santos y estará encantado de traerte.

1. Irène Némirovsky ocupaba un piso de la planta superior.

2. Irène Némirovsky conoció en la Sorbona a René Avot, heredero de una dinastía de papeleros del Paso de Calais, antes de trabar amistad con su hermana pequeña, Madeleine, con quien seguirá relacionándose hasta su muerte.

3. La localidad del Paso de Calais en la que se encontraban la mansión familiar y la papelera de los Avot.

Así que vuelvo a invitarte a vivir conmigo en mi piso de solterona. ¿Verdad que esta vez conseguiré convencerte?

Yo estoy muy bien. He ido varias veces al teatro, pero, aparte de eso, no me divierto demasiado.

Escríbeme, me alegrará mucho.

Esperando verte y abrazarte pronto, recibe muchos besos de tu sincera amiga,

Irène Némirovsky

4

Irène Némirovsky a Madeleine Avot

París, 11 de noviembre de 1921

¡Mi pequeña Mad!:

Gracias por tu amable carta, que me ha alegrado mucho y me ha tranquilizado, porque temía que no hubieras encontrado a nadie en Boulogne.

No te puedes imaginar el vacío que sentí al volver de la estación. La casa parecía triste, huraña, y me sentía muy sola.

¿Cómo agradeceros, a tus padres y a ti, vuestra amable invitación? Por supuesto, mamá me ha dado permiso y, en cuanto a mí, ya puedes ver la alegría con que te lo digo: ¡Sí, en Navidades, o sea, dentro de seis semanas, Miss[1] se va a Inglaterra de vacaciones y me dejará en Boulogne, y nos las arreglaremos para salir de París al mismo tiempo que René. ¡Y hablando de René! Ayer estuvo aquí. Estaba un poco triste, sólo un poquito, pero no demasiado.

¿Y tú, mi querida amiga? ¿Cómo te encuentras? ¿Cómo pasas el tiempo?

Escríbeme a menudo hasta que tenga la alegría de volver a verte.

---

1. Miss Matthews, la institutriz y profesora de inglés de Irène Némirovsky.

Mamá y Miss te mandan recuerdos. Los criados me piden que te dé las gracias. Cumplidos esos encargos, no me queda más que presentar mis respetos y mi gratitud a tus padres y mandarte los besos más cariñosos de tu sincera amiga,

Irène

5

Irène Némirovsky a Madeleine Avot

París, viernes [9 de diciembre de 1921]

Mi querida Mad:

Menos de dos semanas, y volveremos a vernos. Aprovechando tu amable permiso, desembarcaré el jueves 22 a las 6.40 h de la tarde en la estación de Boulogne-Maritime.

¡No quepo en mí de contenta! Sí, claro que te ayudaré a adornar las habitaciones con muérdago, acebo y todo lo que te apetezca. En serio, querida, no te imaginas cuánto me alegra volver a verte y reanudar nuestras buenas charlas.

Sigo asistiendo con asiduidad a la Sorbona, como puedes imaginarte. Voy al teatro. A bailar, no muy a menudo. ¿Puedes hacerte una idea de mi vida desde Lumbres?

El domingo, Jules y René vinieron a casa. Tomamos el té, charlamos, ensayamos pasos de *shimmy* y de tango, y hablamos de ti y de las Navidades. Pero imagino que tu hermano te lo habrá contado por carta...

¡Bueno, amiga mía, hasta pronto! Saludos respetuosos a tus queridos padres, y para ti mil besos cariñosos de tu Irène.

P. D.: Mamá y Miss te mandan recuerdos.

6

Irène Némirovsky a Madeleine Avot

París, martes
[13 o 20 de diciembre de 1921]

Mi querida amiga:

Gracias por tu amable carta. Me alegra saber que estás bien. Pienso en ti muy a menudo y espero la Navidad con más impaciencia que nunca. Y es que este año Papá Noel pondrá un regalo maravilloso en mi zapato: volver a ver a una muy querida amiga.

Entretanto, mi vida es la de siempre. Lo has adivinado: paseo, té, Sorbona, etc.

Veo con bastante frecuencia a nuestro querido René, que es... juicioso. Me gustaría mucho poder arreglármelas para partir con él. Mi querida Mad, dales las gracias a tus padres por la gentileza de invitarme. No puedes imaginarte la ilusión que me hace.

No me olvides, a pesar de tu estupenda habitación nueva.

Escríbeme. Dime, ¿siguen París y sus habitantes —todos ellos— ocupando tu imaginación?

Te mando un beso muy grande, querida mía. Mis respetos a tus padres. Mamá y Miss te envían recuerdos.

Con todo mi cariño.

Tu amiga,

Irène

7

Irène Némirovsky a Madeleine Avot

París, martes
[3 de enero de 1922]

Mi querida Madeleine:

¡Ya estoy de vuelta en el infierno parisino!

En primer lugar, querida mía, deja que vuelva a daros las gracias a ti y a tus padres por todas vuestras bondades y por los maravillosos días que he pasado a vuestro lado. Te aseguro que nunca olvidaré que ha sido en Lumbres donde he podido conocer y amar la vida en familia. Me acordaré durante mucho tiempo con cariño de todos vosotros, ¡no te quepa duda!

¿Cómo estáis todos por allí? ¿Y las neuralgias del señor Avot?[1] Y tú, mi querida amiga, ¿te sientes bien sola? ¿No te aburres demasiado? Dame noticias tuyas pronto, sin olvidarte de «la turbina», de Miette y de Priquette, ¿de acuerdo?

En cuanto a mí, tuve muy buen viaje. René estuvo encantador y muy atento con la «jovencita». Eso sí, al llegar a la estación aparentemente no había nadie esperándome ¡y tuvo que acompañarme hasta casa, el pobre! Luego, al llegar a casa, encontré a mamá muerta de angustia: había ido a la estación, ¡pero no me había visto porque había muchísima gente! Temía que me hubiera perdido por el camino. ¿Y sabes qué? Mis presentimientos eran acertados: papá no volverá hasta el final de la semana. Me puse furiosa. ¡Otra desgracia! Parece que, durante mi ausencia, mi pobre Chouchoute se puso enferma y la despidieron. En fin, que he encontrado París deprimente, frío, lluvioso, y la casa triste, así que estoy terriblemente decaída.

---

1. Auguste Émile Eugène Avot (1875-1968), propietario de la papelera adquirida por su padre en 1876.

No me olvides, mi querida Madeleine. Escríbeme. Presenta mis respetos a tus queridos padres y quédate para ti los besos más cariñosos de tu amiga

Irène

8

Irène Némirovsky a Madeleine Avot

[París, enero de 1922]

[...][1] vuelto (lo habría apostado). Miss no llegará hasta mañana. La casa parece espantosamente vacía. Ahora ya he retomado mis costumbres, pero si supieras lo sola que me sentía los primeros días... ¡¡¡Y también es culpa tuya!!! ¡En Lumbres me mimasteis demasiado! Ya te decía en mi última carta que mi pobre Chouchoute ya no está. Ésas son todas las novedades. Apasionantes, como puedes ver.

Y tú, ¿qué haces? ¿Cómo estás? Y pensar que seguramente me envidias porque vivo en París, cuando en estos momentos todo lo que sé del maravilloso París es que llueve, que no he salido, que he corrido las cortinas a las dos de la tarde para no ver la lluvia y que voy a acostarme —¡son las nueve!— porque me duele la cabeza y estoy un poco resfriada... Querida, da mis mejores y más afectuosos recuerdos al señor y la señora Avot. En cuanto a ti, te mando besos muy cariñosos. ¡¡¡Una carta, pronto!!!

Tu amiga que tanto te quiere.

1. Falta la primera página.

9

Irène Némirovsky a Madeleine Avot

París, lunes [16 de enero de 1922]

Mi querida amiga:

Gracias por tus dos amables cartas. Me alegra (ya ves lo mala que soy) que me eches de menos. De todas formas, confío en que se te pase pronto. En cuanto a mí, he retomado mi vida de antes de Navidades. Aunque realmente voy con más regularidad y más en serio a la Sorbona. Esta semana he salido casi todas las noches; entre otras cosas, Mr [Widden] tuvo la bondad de enviarme dos entradas para *Hedda Gabler*, en el Théâtre de l'Œuvre. Como había prometido, fui con Miss. Pasé una buena velada. Veo a René bastante a menudo. Ayer tomamos el té en mi casa. Parece que está muy ocupado con su próxima mudanza. La semana pasada vino a buscarme a la Sorbona una mañana. Volvimos juntos, como dos estudiantes que hacen novillos.

El sábado por la noche lo pasé muy bien. Era el 1 de enero ruso y había un baile en el Círculo Ruso. Me encontré con todos mis novietes, pero, ¿sabes?, al principio de la velada me sentí totalmente fuera de lugar, casi una extraña en medio de ellos. Al final no paré de bailar —tenía a siete caballeros para mí sola— hasta las dos y media. Luego no hubo manera de encontrar taxi. Tuve que volver a casa andando, ¡¡¡cómo me dolían los pies!!!

Todo eso, mi querida amiga, no hace que me olvide de ti ni de Lumbres. En tu casa, todo bien, espero... Escríbeme pronto, y una carta larga.

Dales mis respetuosos recuerdos a tus queridos padres. Cuando la veas, saluda de mi parte a Madeleine Martel, y tú, mi querida Madeleine, recibe mis besos más cariñosos.

Tu amiga que tanto te quiere,

Irène

10

Irène Némirovsky a Madeleine Avot

París, miércoles [principios de 1922]

Mi querida Madeleine:

Tu amable carta me ha hecho muy feliz. Me alegra saber que estáis todos bien. Por desgracia, no puedo decir lo mismo de nosotros. Mi padre está enfermo —¡la maldita gripe!—, aunque va mejorando, ¡y Miss también se las ha apañado para cogerla! Está en cama, con fiebre. Vaya, que la casa parece un hospital. Huele a una mezcla de yodo y eucaliptus, y se oye a los pobres enfermos toser primero en una habitación y luego en la otra, ¡de lo más divertido! Pero ya está bien de hablar de cosas tristes.

Oye, querida, dice René que seguramente el señor Avot vendrá a París dentro de unos quince días. Espero que lo acompañes y que me des la gran alegría de quedarte en nuestra casa, como casi decidimos en Lumbres. Me harías muy feliz. Dime que sí muy pronto y escríbeme diciendo cuándo puedo contar contigo. Estaría bien reanudar nuestra vida en común durante unos días, ¿verdad, querida Madeleine? Espero que para entonces todos nuestros enfermos se hayan curado.

Tiene gracia que me agradezcas «mis amabilidades» con René... Es justo que intente devolver al «hermanito» las atenciones que tuvo conmigo en Lumbres. Bromas aparte, si gracias a mí se siente un poco menos solo en este gran París, me alegro mucho.

Mi pequeña Mad, esperando tu respuesta favorable, te dejo. Transmite mis respetuosos saludos a tus queridos padres y recibe un beso muy cariñoso de tu sincera amiga,

Irène

11

Irène Némirovsky a Madeleine Avot

París, miércoles [principios de 1922]

Mi querida Madeleine:

¡Un beso muy muy fuerte por tu amable carta! No te imaginas lo contenta que estoy cuando pienso que pronto volveremos a vernos y a pasar unos días juntas.

Bueno, dicho queda. Te espero para primeros de marzo. Procuraremos divertirnos mucho.

Entretanto, escríbeme, cuéntame qué haces, qué es de ti, a qué dedicas el tiempo.

En casa, todos estamos bien, incluida yo.

Saluda de mi parte a tus queridos padres y dales las gracias por dejarte venir.

Y tú, recibe mis besos más cariñosos y un hasta pronto.

Tu amiga,

Irène

12

Irène Némirovsky a Madeleine Avot

París, martes [principios de 1922]

Mi querida Madeleine:

No puedes imaginarte lo triste que me puse al leer tu carta.

En realidad, no hacía más que confirmar las malas noticias sobre tu salud que me había dado tu hermano el día anterior.

¡Pobrecita Mad! Con lo contenta que estaba yo pensando que te tendría en casa unos días...

Escucha: ponte bien cuanto antes y ven con vuestra madre. Como no creo que la señora Avot quiera quedarse mucho tiempo en París, te dejará con nosotros. ¿Qué te parece?

Pero primero tienes que cuidarte y ponerte bien rápidamente.

¡Cómo debes de aburrirte, pobrecita mía!

En casa, todos los enfermos están en pie, gracias a Dios. La gripe ha sido más bien leve.

Yo estoy bien y llevo la misma vida de siempre. Probablemente René te habrá escrito que la otra noche fuimos juntos a bailar.

Bueno, querida, cuídate mucho, ¿de acuerdo? Sobre todo, no cometas imprudencias. Y escríbeme, si no te cansa demasiado.

Confío en que tu próxima carta me traiga buenas noticias.

Transmite mis respetuosos saludos a tus queridos padres, por favor. Te mando un beso muy fuerte.

Tu sincera amiga,

Irène

13

Irène Némirovsky a Madeleine Avot

Niza, jueves [finales de marzo de 1922]

Mi querida Madeleine:

Perdóname por no escribirte antes, pero en esta bendita tierra los días pasan tan deprisa que no da tiempo a nada.

¿Cómo estás? ¿Qué tal fue el viaje? ¿Os encontráis todos bien? ¿No os parece Lumbres demasiado tranquilo, después de París?

En cuanto a mí, no paro quieta, ¡qué vergüenza! Bailo mañana y tarde. Todos los días hay galas muy elegantes en distintos hoteles, y, como mi buena estrella me ha adjudicado varios pretendientes, me divierto de lo lindo. ¡Qué pena que no estés aquí! ¡Nos lo pasaríamos mejor que en París, créeme!

Pero hace un tiempo espantoso. Visión de Niza: te escribo desde la cama, ¡¡¡arrebujada en el albornoz, la colcha y una manta escocesa!!! Esto está lleno de gente, por la Semana de la Aviación: se organizan muchas fiestas. Hoy tenía que haber habido una batalla de flores, pero la han aplazado por el mal tiempo.

Por desgracia, volveremos a París a lo largo de la próxima semana. Confío en encontrar buenas noticias tuyas al llegar allí.

Entretanto, recuerdos a todos los tuyos y, para ti, mis besos más cariñosos.

Tu amiga,

Irène

14

Irène Némirovsky a Madeleine Avot

Hotel Negresco
Promenade des Anglais, 37
Niza, viernes [principios de abril de 1922]

Mi pequeña Mad:

Como ves, sigo en Niza. Nos vamos el domingo, me temo, y esta vez es definitivo. Me alegra mucho que te gustaran las flores. Temía que se marchitaran antes de llegar.

Siento mucho que prepares las fiestas de Pascua de una forma tan triste, pero de todas formas no habría podido ir a Lumbres porque regresaremos a París demasiado tarde y mis padres no me dejarían irme otra vez de inmediato. Confío en volver a verte en París en mayo, mi querida amiga.

Aquí he pasado tres semanas maravillosas y he conocido a varios chicos ingleses que bailan bien y son muy simpáticos. ¡Por desgracia, no irán a París! Así que aprovecho su compañía todo lo que puedo.

Ayer noche fui con ellos al Círculo, lo que me recordó los buenos tiempos del Bar de Paris-Plage,[1] porque llegué a casa al amanecer. Durante el día había hecho una excursión, escalado las rocas y demás. Imagínate lo cansada que estoy. Y esta noche, iré otra vez a bailar. Escríbeme a París, querida, y recibe mis besos más cariñosos.

Tu Irène

15

Irène Némirovsky a René Avot

París, martes
[mediados de abril de 1922]

Querido René:

Hace dos días que llegué de Niza. Te escribo desde la cama: el brusco cambio de clima ha hecho que me haya enfriado. Qué tontería, ¿no?

Espero que tú estés bien. Supongo que irás a Lumbres para pasar estos días. Recuerdos afectuosos a toda tu familia.

Un saludo cariñoso.

Tu amiga,

Irène

1. La estación balnearia de Paris-Plage, situada en el pueblecito de Cucq, en el departamento de Paso de Calais, que dio su nombre al municipio de Le Touquet-Paris-Plage.

16

Irène Némirovsky a Madeleine Avot

París, jueves
[finales de abril de 1922]

Mi querida Madeleine:

Disculpa que no haya respondido antes a tu amable carta, pero, si supieras lo atontada que he estado estos días, me perdonarías.

¿Sabes que he estado gravemente enferma y que hoy es el segundo día que salgo de casa? En Niza fui una insensata, para variar. El día anterior a nuestra partida había un baile en nuestro hotel, el Negresco. Bailé como una loca hasta las dos de la mañana y luego estuve flirteando y bebiendo champán helado en plena corriente de aire glacial. Resultado: bronquitis, otra vez resfriada durante el viaje —¡una pesadilla de viaje!— y el pecho un poco cargado. ¡Qué miedo pasé! ¡Creí que no lo contaba!

Como ves, mis fiestas de Pascua han sido bastante lamentables, y, visto desde la cama, el mundo me ha parecido muy triste.

Espero que tú te hayas divertido más que yo, querida. Eres un amor al proponerme que vaya a Lumbres para recuperarme; no sé cómo agradecerte tu amable invitación ni tu encantadora forma de hacerla. Por desgracia, no me es posible aceptarla porque mis padres opinan que ya he zascandileado bastante y que ha llegado el momento de que pare. Así que lo mejor que puedes hacer es venir tú a París cuanto antes. Añoro Niza a más no poder, te lo aseguro; como dicen los ingleses, tengo los «diablos azules». Ya sabes que significa «estar deprimido».

Saludos respetuosos a toda tu familia. *Shake-hands* a René y para ti, querida, mis besos más cariñosos.

Tu amiga,

Irène

17

Irène Némirovsky a Madeleine Avot

París, 15 de mayo de 1922

Querida Madeleine:

¡No eres nada amable, la verdad! Te has olvidado de mí por completo. ¡Ni una palabra desde que volviste a Lumbres! No sé qué es de tu vida, si estás bien, etc. Ya no quieres a tu malísima amiga.

En cuanto a mí, trabajo como una esclava. Quiero aprobar los exámenes en junio y Dios sabe lo agotador que es estudiar en serio.

Bailo un poco, para no perder la costumbre. Ayer recibí a amigos, rusos entre otros, la pequeña Tania y algunos chicos. Fue divertido, y me habría gustado tenerte aquí, sólo para escandalizarte un poco. Los «juegos inocentes» fueron tan bien que a las 9 de la noche mis amigos seguían aquí (habían llegado a las 4).

Y tú, mi pequeña Mad, ¿qué haces? ¿Portarte bien, como siempre, en esa casa de la que tan buenos recuerdos guardo? Espero que estéis todos bien de salud... No sé nada de vosotros porque no veo a René. Estoy muy ocupada y, además, no me atrevo a invitarlo cuando vienen rusos, por miedo a escandalizarlo y pervertirlo. ¡Así es!

¡Venga, no seas vaga, y escríbeme!

Mis respetos a tus queridos padres y, para ti, un beso muy grande de tu amiga que tanto te quiere,

Irène

18

Irène Némirovsky a Madeleine Avot

París, lunes [5 de junio de 1922]

Mi querida Madeleine:

¡Ahora eres tú la que puede llamarme perezosa! Efectivamente, es imperdonable que haya tardado tanto en escribirte. Mi excusa, si tengo alguna, es muy aburrida. Se llama la Sorbona. Podría cantar: «*Ma seule joie, mon seul bonheur, c'est la Sorbonne!*» con la música de *Mon homme*.

Trabajamos mucho y no nos aburrimos demasiado: somos una pandilla simpática, chicos y chicas jóvenes, todos rusos. Los amoríos surgen a la sombra de los diccionarios, si se me permite la expresión. ¿Te haces una idea desde ahí?

Pasamos Pentecostés fuera de París. En Honfleur, Normandía, un pueblecito encantador donde había aire puro, mucho verde y vacas. Cosas que tú quizá ya no valores, pero que a los pobres parisinos les encantan.

Volví de un humor excelente, con un hambre de lobo y la nariz quemada por el sol. Guapa, lo que se dice guapa, no estaba, pero bueno...

Últimamente he ido a bailar varias veces al Château-Madrid, en el Bois de Boulogne. Es muy elegante. El otro día vino a verme René. Te habrá contado que una tarde nos lo llevamos en coche a la orilla del Sena, o del Marne, ¡ya no me acuerdo!

Mi pequeña Mad, te dejo porque tengo una barbaridad de trabajo.

Te envío un beso muy fuerte y te ruego que presentes mis respetos a tus padres.

Tu amiga,

Irène

P. D.: ¡¡¡No me castigues por mi incalificable pereza y escríbeme pronto!!!

19

Irène Némirovsky a Madeleine Avot

París, jueves
[principios de julio de 1922]

Mi querida Madeleine:

Te pido mil disculpas por no responder antes a tu amable carta, pero ¡si supieras lo ocupada que he estado! Estas dos últimas semanas he purgado todos mis pecados, sobre todo la pereza, trabajando como una esclava. Te aseguro que he echado lo que se dice el resto. Hasta ayer no terminé los exámenes. He aprobado con un «bien» y he quedado la primera en literatura (mi redacción obtuvo diecinueve puntos sobre veinte), lo que me ha alegrado, pero también me ha aturdido bastante.

No me creas si no quieres, pero siento que todo eso haya acabado: éramos una simpática pandilla que repartía su tiempo entre la Sorbona, el baile y las salidas al campo. Había algunos chicos muy majos. En fin, será hasta el año que viene. El 20 de este mes salgo hacia Plombières. ¿Y tú? ¿Te quedarás aún mucho tiempo en Lumbres? Después de Plombières, planeo pasar un mes en San Juan de Luz. Figúrate, mi pequeña Madeleine, que me he reencontrado con un pretendiente, del que creo que te hablé: un bailarín profesional de Niza, un chico muy guapo del estilo de Maurice, ¿te acuerdas de él? Se ha encaprichado de mí, y baila conmigo casi todo el rato. Cuando quise pagarle, se enfadó mucho, y se limita a apretarme con fuerza contra él mientras bailamos y a decirme piropos. ¡Yo no lo encuentro caro! Pero lo mejor de todo es que, al enterarse de que iría a San Juan, se las arregló para conseguir un puesto de bailarín en la Réserve de Ciboure, ¡y estoy encantada! ¡Tengo bailarín, señorita, y de los buenos, eh! El año que viene, en París, habrá que aprovecharlo. ¡Es muy práctico! ¡No te imaginas lo guapo que es! ¡¡¡Te aseguro que, si fuera de mi entorno, me enamoraría de él!!!

No quiero escandalizarte más, querida. Escríbeme enseguida. Mis respetos a tus padres, *shake-hands* a René y, para ti, miles de besos de tu amiga,

Irène

20

Irène Némirovsky a Madeleine Avot

Grand Hôtel de la Paix
Plombières-les-Bains (Vosgos)
Sábado, 29 de julio [1922]

Mi querida Madeleine:

Estos últimos días he estado tan ocupada con nuestro viaje aquí (dos días en coche) e instalándome en este bendito pueblo que no he tenido tiempo ni para escribirte.

¿Cómo estás? ¿Qué tal te lo pasas? ¿Bailas mucho? ¿Qué fiestas se ven este año en P.-P.?[1] ¿Quién es el bailarín del Casino? ¿Está Édouard en el Régina?[2] ¿Se baila en el Régina? ¿Ya has ido al Bar? Espero una rápida respuesta a todas esas preguntas, ¿me oyes, Mad? Estas cosas me apasionan.

En cuanto a mí, me las voy apañando. Juzga tú. El pueblo es precioso, con paseos encantadores. Toda la mañana estás ocupada con la cura, los baños, las duchas, los masajes, etc. El casino es infecto; los bailarines, penosos. He decidido no volver a poner los pies allí: estropearía mi baile, y prefiero economizar para ofrecerme una buena «farra» en San Juan (si no sabes lo que significa eso, pregúntale a tu hermanito).

Todo eso no es muy alegre, dirás tú. No, ¡pero hete aquí! Dios, que tiene remedios para todos los males, ha enviado a

1. Paris-Plage, véase nota en carta 14.
2. El hotel Régina Ferras de Le Touquet.

nuestro hotel a una familia de empresarios de los Vosgos. La madre, la hija pequeña[1] y dos chicos [de] 25 y 18 años. Ellos son muy simpáticos, tienen un coche estupendo en el que me pasean todo el día y flirtean conmigo a cuál más. Tengo debilidad por el más joven. Ya sabes que tengo un gusto por los chicos muy por encima de mi edad, y además ¡es tan guapo! Como para pintarlo: una carita de paje y muy desvergonzado.

Por la noche se me ha ocurrido juntar a los niños del hotel en una gran sala y entretenerlos. Enternecimiento de los padres, alegría de los pequeños, ¡el pack completo! En realidad, los chavales arman un follón tremendo, sin preocuparse de nosotros. El escándalo ahuyenta a los padres, y «mi pajecito» y yo flirteamos todo lo que podemos. Hay que saber ingeniárselas.

Tengo pensado quedarme hasta el 15 de agosto y, luego, marcharme a San Juan. No tardes en escribirme, mi querida amiga. Te mando un beso muy fuerte. Mis respetos a tus padres. Le envío una carta a René.

Tu amiga Irène

21

Irène Némirovsky a Madeleine Avot

Pavillon de Cérès, Vittel
Sábado [mediados de agosto de 1922]

Mi querida Mad:

Te sorprenderá saber que estoy aquí y no en San Juan de Luz, como tenía previsto. Pero el médico me ha prohibido terminantemente el mar. Así que he venido a Vittel a acabar el verano. ¡Qué sitio tan encantador! Aquí la gente se arregla y baila, baila y se arregla. En Plombières pasé tres semanas estupendas

1. Yvonne Comesse.

porque éramos toda una pandilla, que incluía a la *troupe* del Casino. ¿Te haces una idea? Por el día dábamos paseos todos juntos, y por la noche siempre estaba metida entre los bastidores. ¡Miss dice que me he convertido en una auténtica sinvergüenza! Aquí vuelvo a ser buena. Me paso la vida en el Casino. Bailo mucho. He conocido a un estadounidense que es un bailarín asombroso.

Y tú, ¿qué haces, mi pequeña Mad? ¿Te diviertes?

Cuéntamelo cuando tengas tiempo.

Saludos y recuerdos a toda tu familia y, para ti, mil besos de tu amiga

Irène

22

Irène Némirovsky a Madeleine Avot

París, lunes
[finales de agosto de 1922]

Querida Madeleine:

He recibido tu amable carta, que me reexpidieron desde Vittel. Llegué hace unos días y, naturalmente, acabo las vacaciones como en Pascua, o sea, en cama. Pero esta vez ha sido bastante grave. En Vittel cogí frío en el estómago, y el sábado —anteayer— estaba lo bastante mal para que el médico avisara a mis padres, que se encuentran en Vichy. Imagínate el susto. Gracias a Dios, estoy mucho mejor, y espero restablecerme por completo muy pronto.

Supongo que, después de las imprudencias que cometí en Vittel, lo tenía merecido. Pero te aseguro que no me arrepiento de ellas. No me lo he pasado tan bien como en esa maravillosa tierra en toda mi vida. Si Paris-Plage te aburre, vente allí el próximo verano; yo, desde luego, pienso volver.

Para empezar, todas las tardes puedes bailar hasta la una de la mañana y, dos veces por semana, la noche entera. Por el día, yo no bailaba. Éramos una pandilla de seis: tres chicos de 21, 20 y 18 años que respondían a los bonitos nombres de Fink, un rubio alto, el cabeza de turco, apodado la Esfinge, sabe Dios por qué; Victor Aumont, alias Totoche, gracioso como él solo; y mi ligue (el de 20 años), Henry La Rochelle. Y en cuanto a las chicas, la hermana de Henry, 22 años; una muchacha encantadora de mi edad, Loulou de Vignoles; y yo. ¡Todos un poco locos! ¡Si supieras las tonterías que hicimos! Te contaré la última, eso me ayudará a olvidar que estoy pachucha. El día anterior a mi partida fuimos a merendar a una granja. Cuando llegamos, descubrimos un granero lleno de heno. De inmediato decidimos que nos llevaran el chocolate al heno. ¡Imagínate la cara de la criada! Trepamos todos por escaleras de mano hasta el heno, que olía maravillosamente a menta, y la merienda, que también nos suben por una escalera, llega allí arriba: chocolate en rebanadas de pan y mantequilla, en el heno. Nunca he comido con tanto apetito. Luego, los chicos construyeron toboganes con pacas de paja, y nosotras bajamos de allá arriba rodando por ellos como criaturas. ¡Fue muy divertido!

Para acabar la tarde, las tres parejas nos repartimos por distintos rincones y nos quedamos en el heno... tonteando, tan a gusto que, al salir de allí, vimos que había oscurecido hacía rato. Eso no nos impidió ir al Casino esa misma noche. Allí es donde hice tonterías. Hacía una noche maravillosa y fuimos a dar una vuelta por el parque Totoche y Loulou, que flirteaban de lo lindo, y Henry y yo, que hacíamos otro tanto. Nunca he visto una noche tan bonita, ni tan fría. Moraleja: ¡si vas a tontear al jardín, abrígate! Yo olvidé hacerlo, y ya me ves. Al día siguiente partí acompañada por una impresionante escolta de cinco bailarines.

Desgraciadamente, ahora no tengo más remedio que portarme bien, pero espero poder ir a Biarritz dentro de quince días.

¿Y tú? ¿Te quedarás mucho tiempo en P.-P.? He telefoneado a casa de René. Al parecer, no volverá hasta final de mes. Escríbeme, mi pequeña Mad.

Besos muy cariñosos.

Tu Irène

23

Irène Némirovsky a Madeleine Avot

Hotel Régina Ferras
Le Touquet-Paris-Plage
Paris-Plage, viernes [septiembre de 1922]

Querida Madeleine:

Justo iba a escribirte, cuando he recibido tu amable carta. ¡Por un momento me he echado a temblar! He temido que no pudieras venir el jueves, pero, gracias a Dios, no es así. La idea de volver a verte me hace muy feliz, querida. Seguro que estarás muy guapa de María Antonieta. A mí, Miss me está haciendo un traje de zíngara. De hecho, quería pedirte algo. Si por casualidad tienes joyas baratas, cuentas de colores, brazaletes, ya sabes, cosas vistosas, serías un encanto si quisieras traértelas.

Dices que estás mustia, pobrecita mía... Pues ¿sabes qué? ¡Yo también! El miércoles me lo pasé entero en la cama, y desde entonces lucho contra una negra melancolía. ¿El motivo? Yo qué sé. Penas de amor o empacho de bogavante, no lo tengo claro.

Paris-Plage se ha vaciado un poco, pero creo que el baile de disfraces será muy lucido.

Aguardando el gran placer de verte, te ruego que transmitas mis respetuosos saludos a tus padres y vuelvas a agradecerles que me hayan dado la alegría de dejarte venir.

En cuanto a ti, mi pequeña Mad, recibe un beso muy grande de

Tu Irène

24

Irène Némirovsky a Madeleine Avot

París, lunes [septiembre de 1922]

Mi querida Mad:

Heme aquí de nuevo en este gran París lleno de ruido y polvo, y muy triste por haberos dejado a todos.

Permíteme que vuelva a agradeceros a ti y a tus queridos padres vuestra encantadora acogida y las maravillosas vacaciones que me habéis hecho pasar.

Choura[1] y yo hemos hecho un buen viaje, no muy fatigoso.

Hoy ya he tenido visita de Mila,[2] del joven pintor y de otra chica, ¡y aún no son más que las cinco de la tarde!

Todo el mundo me pregunta si Choura no se casó en Lumbres, y se llevan una gran decepción al saber que no.

Por supuesto que pienso en ti, mi querida amiga. ¿Cómo estás? ¿Qué haces? ¿Te aburres?

Espero volver a verte pronto.

Te mando un beso muy fuerte, querida. Presenta, por favor, todos mis respetos a tus queridos padres y reitérales mi sincero agradecimiento.

Espero recibir carta tuya muy pronto.

Con todo mi afecto.

Tu amiga,

Irène

---

1. Choura Lissianski, amigo personal de Irène Némirovsky.

2. Mila Gordon, hermana mayor de Hélène Gordon, futura mujer del periodista y magnate de la prensa Pierre Lazareff.

25

Irène Némirovsky a Madeleine Avot

París, jueves
[septiembre de 1922]

Querida Madeleine:

René, que acaba de irse, me ha hablado de la gran pena a la que aludías en tu última carta.

¿Es posible, querida? Tú, tan tranquila, tan reservada, ¿enamorada como una loca de un desconocido? Pero ¡qué barbaridad! Quiero creer que ese gran amor ya no es más que un recuerdo que te hace sonreír. ¿Todavía no? Bueno, todo llegará, créeme. Ya ves, mi larga experiencia me ha enseñado que en la vida no hay más que un gran amor, sólo que adopta nombres y rostros diferentes. O como dice de forma más sencilla la Sabiduría Universal: «Un clavo saca otro clavo.» Y esa vieja sabiduría es de lo más acertada.

Además, ¡qué demonios!, el amor se trata como una enfermedad. Camina mucho y procura tontear con otros. Un remedio excelente. Yo también podría estar triste: un enamorado mío se ha marchado, pero tengo demasiada fuerza de voluntad para lloriquear. ¡Y demasiado orgullo, también! Hay que «querer» dejar de pensar en él, hay que ser orgullosa. Deberías venir a París. En estos momentos, el campo no te sirve de nada. Dale la tabarra a tu padre hasta conseguir que te traiga en su próximo viaje. Bailaremos y nos divertiremos de lo lindo. Ya verás lo pronto que te consuelas de ese gran amor...

Escríbeme, mi querida amiga, y créeme: ¡todo pasa, todo se olvida! Es triste, pero reconforta.

Recuerdos respetuosos a tus padres y, para ti, mi querida Madelon, un beso muy fuerte de tu sincera amiga,

Irène

26

Irène Némirovsky a Madeleine Avot

París, jueves
[mediados de junio de 1923]

Querida Madeleine:

Te escribo desde la cama. Aún no me he levantado, y casi es mediodía.

¿Cómo estás? ¿Qué es de tu vida?

Hoy espero la visita de René. Confío en que me dé noticias más detalladas de ti que tus escasas cartas.

En serio, creo que somos igual de perezosas la una que la otra.

Aquí, se aburre una un poco. Se acercan los exámenes, y a los chicos les ha entrado la fiebre del estudio.

Este año, nada de exámenes para mí. Al final no he dado golpe, y prefiero evitar un fracaso seguro. Así que sigo sin hacer nada, como una valiente.

Veo bastante a menudo a Choura, que también está estudiando. La semana pasada volví a ver a Bob. Hablamos de ti.

¿Qué tal pasasteis los días que estuvo Walter en tu casa? ¿Os divertisteis?

¿Vendrás pronto a París?

Yo me iré a Plombières dentro de un mes, y luego a Biarritz, San Juan de Luz o Hendaya.

Te dejo, mi pequeña Mad. Creo que ya va siendo hora de que me levante.

Mis respetos a tus padres y, para ti, mil besos muy cariñosos de tu amiga que tanto te quiere,

Irène

27

Irène Némirovsky a Madeleine Avot

Hotel Deschaseaux
Plombières-les-Bains (Los Vosgos)
25.7.23

Querida Madeleine:

Hace mucho que no te escribo, lo reconozco, pero no es culpa mía del todo. Estaba muy agobiada por el calor atroz que hemos tenido últimamente en París. Me pasaba el día tumbada en el diván lo más ligera de ropa posible. No he salido de París más que dos días, para el 14 de julio, que pasé en Deauville. Luego vine aquí para quedarme tres semanas. Después seguramente iré a Hendaya y, a continuación, a Biarritz.

Y tú, ¿qué haces, querida amiga? ¿Irás a P.-P. este año? Sería divertido volver allí ya prometida.

Toda nuestra pandilla se ha desperdigado. Choura está en Deauville, donde lo vi, guapo como un sol, con pantalones blancos.

Los otros se han dispersado por Francia, Bélgica, Inglaterra, Alemania, Austria...

Aquí me siento un poco sola, pero me resigno y me cuido. Me porto muy bien, cosa que, francamente, necesitaba hacer.

Escríbeme aquí, querida.

Un beso muy fuerte. Mis respetos a tus queridos padres, recuerdos para René y un saludo para Walter cuando lo veas.

Tu amiga,

Irène

28

Irène Némirovsky a Madeleine Avot

Hotel Deschaseaux
Place Bain-Romain
Plombières, viernes [3 de agosto de 1923]

Mi querida Madeleine:

Me ha alegrado mucho recibir tu amable carta y ver que no te olvidas de mí.

No te quejes de la brevedad de las mías. Aquí mi vida es de una monotonía desesperante. Me cuido, con eso te lo digo todo. Sí, hay algunos conocidos y un número considerable de gigolós, pero todos me aburren, y me paso el tiempo refunfuñando y durmiendo.

Como vas a ir a Deauville, te mando la dirección de Choura. Es ésta: Villa Parisienne, avenue de la République, 3. Mándale una nota antes, o envía a René cuando estés allí. Estoy segura de que sigue en Deauville, aunque no he tenido noticias suyas desde que estoy aquí. Por otra parte, yo tampoco le he escrito porque nuestra amistad es capaz de todos los sacrificios, incluido ése.

Me iré de aquí el 16 con destino a Hendaya (mi dirección: Grand Hôtel Eskualduna, Hendaya, Bajos Pirineos).

Bueno, diviértete mucho. Un beso muy fuerte. Mis respetos a tus padres. Recuerdos a René. Me encantaría recibir unas líneas tuyas.

Tu amiga,

Irène

29

Irène Némirovsky a Madeleine Avot

París, domingo [otoño de 1923]

Mi querida Madeleine:

Hace mucho que recibí tu carta, y quizá estés molesta conmigo por ser tan perezosa. Pero la verdad es que tengo excusa: mis padres se fueron a América —los espero mañana—, y, pese a las pocas aptitudes que, como sabes, tengo para esas tareas, he debido ocuparme de la casa. ¡Huelga decir cómo está!

Este curso, he vuelto a la Sorbona con más ganas. Además, estoy estudiando español. Ya ves lo bien que me porto. El año pasado bailé más de la cuenta, creo yo. Evito todo lo que puedo los bailes y las veladas, y, salvo dos o tres «farras» de campeonato, en general mi conducta ha mejorado.

La pandilla sigue bien, supongo. Veo bastante a Mila. En cuanto a Choura, estas dos últimas semanas lo he visto casi a diario. Viene a las seis, después de clase, o por la noche, sin avisar. Anteayer se presentó a las diez, cuando ya me había desvestido y estaba a punto de acostarme. Me encarga que te diga que está muy dolido porque ya no le escribes. En fin, encargo cumplido.

¿Te ha escrito René que la semana pasada tomó el té en casa? Me alegró mucho verlo.

¿Te aburres, mi pequeña Mad? ¿Cuándo vendrás a París?

Escríbeme. No me castigues por mi largo silencio con otro que no tendría excusa.

Hasta entonces, un beso muy cariñoso.

Tu Irène

30

Irène Némirovsky a Madeleine Avot

París, sábado [15 de diciembre de 1923]

Querida Madeleine:

No te enfades: de verdad que no puedo ir a Lumbres. Y no sólo por Henry. Piénsalo bien: estoy invitada las noches del 25 y el 26. Tengo que estar de vuelta el 29, ¿no? ¡Lo que significa que sólo estaría un día en Lumbres! Añade a eso que estoy pocha, mal recuperada del resfriado y con una tos tremenda.

Mira, si quieres tenerme en tu casa, invítame a ir tres días a finales de enero. Entonces, el descanso en el campo me resultará muy agradable. ¿Hecho? ¿Ya no estás enfadada? Sobre todo, no olvides escribirme a qué hora llegas, querida.

Como ya te dije, he estado muy enferma. No he visto a ninguno de nuestros amigos; el lunes por la noche los veré a todos, espero. La caricia al gatito será transmitida.

Te dejo, querida, tengo mil cosas que hacer. El 6 de enero hay una venta benéfica para los rusos indigentes. Debo ocuparme de ella, vender boletos, etc.

Dales otra vez las gracias a tus padres por dejarte venir. Feliz Navidad para todos vosotros. ¡No te imaginas cuánto me alegra saber que volveré a verte pronto, querida!

Te mando un beso.

Afectuosamente tuya,

Irène

31

Irène Némirovsky a Madeleine Avot

París, 2 de enero de 1924

Querida Madeleine:

Ojalá que no sea demasiado tarde para mandarte mis mejores deseos para el nuevo año a ti y a tu querida familia.

He pasado una semana de locos, baile tras baile, y aún estoy un poco mareada y me cuesta volver al camino del deber.

Y tú, ¿querida? ¿Qué es de tu vida? ¿Cuándo vendrás a París?

Espero viajar a Niza en tres semanas o un mes porque mis abuelos están allí.

Aquí la vida sigue igual. Mis amigos son los mismos. Ayer tuve invitados en casa,[1] entre otros, Choura, y hablamos de ti y del Año Nuevo pasado, ¿te acuerdas? ¡Qué lejano parece!

Escríbeme algo más que una tarjeta de felicitación, mi pequeña Mad. Háblame de tu vida y tus proyectos.

Entretanto, te mando un beso muy cariñoso.

Tu amiga,

Irène

---

1. En la rue Boissière, 24, donde la instaló su padre, Leonid. En el piso de abajo vivía Henri de Régnier, que se referirá al ruido de su joven vecina en un artículo de *Le Figaro* del 21 de junio de 1934 (véase nota en carta 132).

32

Irène Némirovsky a Madeleine Avot

París, sábado
[finales de marzo de 1924]

Mi querida Madeleine:

En primer lugar, disculpa que haya tardado tanto en escribirte. Volverse tan perezosa como yo es muy feo. Lo admito y pido perdón humildemente. Una vez obtenido (espero), deja que empiece por pedirte noticias de ti y los tuyos.

En los últimos tiempos he estado terriblemente ocupada. He asistido a varios grandes bailes en casas de amigos. He estado en muchas reuniones. El pasado sábado bailamos en mi casa. Fue muy divertido. Éramos casi veinticinco personas, chicos y chicas jóvenes. Bailamos, cantamos canciones rusas, tonteamos, etcétera. Sentí mucho que no estuvierais ni tú ni el sinvergüenza de René. ¿Cuándo vendrás a París?

¿Sabes que hace casi un año que no tengo el placer de charlar contigo?

Apresúrate a venir para que pueda darte un beso no sólo por carta. Entretanto, recibe todo mi cariño y, por favor, transmite mis respetuosos recuerdos a tus queridos padres.

Tu amiga,

Irène

33

Irène Némirovsky a Madeleine Avot

Hotel Negresco
Promenade des Anglais, 37, Niza
24.IV.1924

Querida amiga:

Tu carta con la feliz noticia y las invitaciones no me llegó hasta ayer, tras seguirme a Niza, donde estoy desde hace unos días. Eso te explicará mi involuntario retraso en felicitarte. Me alegro mucho de tu felicidad, querida; te deseo lo mejor, de todo corazón. Estoy impaciente por conocer a tu prometido. A juzgar por tu descripción, debe de ser encantador, y estoy segura de que tendréis una vida maravillosa.

Rápido, dame más detalles y dime cuándo piensas casarte. Mis padres se unen a mí para enviarte sus mejores deseos y sus saludos más afectuosos.

Y yo, que te quiero y soy tu sincera amiga, te mando un beso con todo el corazón.

Irène

34

Irène Némirovsky a Madeleine Avot

París, sábado [junio de 1924]

Querida Madeleine:

Ya hace tiempo que no tengo noticias tuyas. ¿Qué es de tu vida?

Aquí la temporada de las fiestas ha terminado, decididamente. Ya no bailo. Me conformo con recibir en la más estricta intimidad.

¿Y tú? ¿Se celebró la boda?[1] ¿Estabas muy guapa? ¿Fuisteis a Paris-Plage en Pentecostés? ¿Viste a Walter, el eterno pretendiente? Aunque a lo mejor debería hablar de él con más respeto, y ya está... ¿No? ¡Cuéntame, por favor!

¿Sabes que la última vez que vi a Bob —una noche, en casa de unos amigos— me dijo en un tono desagradable que no había estado bien no decirle que te encontrabas en París?

Me lo dijo como si nos reprochara a mí y a los chicos que te hubiéramos secuestrado. Le respondí que tenía manía persecutoria y que eso se trataba. Me llamó «hipócrita» y me acusó de sonreír a la gente mientras pensaba mal de ella. Al final, después del intercambio de verdades agridulces, volvimos a quedar como los mejores amigos del mundo.

Choura está bien. Y ésas son todas las noticias que puedo darte.

Por lo demás, hace frío y llueve. Aunque imagino que eso no es nuevo para ti.

Escríbeme pronto, mi pequeña Mad, no imites mi pereza.

Un beso muy cariñoso.

Tu amiga,

Irène

---

1. El compromiso de Madeleine Avot y René Cabour, hijo de un banquero de Dunkerque, se anunció en la prensa el 27 de abril de 1924. La boda se celebró el 25 de julio de ese año.

35

Irène Némirovsky a Madeleine Avot

París, jueves [febrero de 1925]

Querida Madeleine:

Te ruego que me perdones por no responder antes a tu encantadora carta. Vivo en una especie de torbellino. Querida, sintiéndolo mucho, en estos momentos me es imposible aceptar tu amable invitación para ir a Lumbres. Con el Carnaval viene una nueva tanda de bailes, fiestas, veladas...

Ya tengo tres en perspectiva: el 10, el 11 y el 13, y un baile de disfraces el 17. No está mal, ¿eh?

Y además, hay algo, o más bien alguien, que me retiene en París. ¿Te acuerdas de Michel Epstein,[1] un chico de pelo negro y tez morena que volvió con Choura y nosotras en taxi la memorable noche, o más bien la memorable madrugada del 1 de enero? Me hace la corte, y lo cierto es que me gusta bastante. Así que, como estoy en pleno enamoramiento, es mejor no pedirme que deje París, ¿comprendes?

Veo a nuestro grupito muy a menudo. He comido con ellos varias veces; anoche mismo nos juntamos en casa de Mila, donde volví a coincidir con Bob, que me preguntó por ti. ¿Le has escrito? Él es muy discreto al respecto.

Escríbeme, querida, y no te tomes a mal que posponga mi visita a Lumbres.

¿Te contestó Choura?

Te mando un beso muy cariñoso, mi pequeña Mad, y seré siempre tu sincera amiga,

Irène

---

1. Michel Epstein (Moscú, 1896-Auschwitz, noviembre de 1942) era hijo del banquero y economista Efim Epstein. En marzo de 1925 empieza a trabajar en el Banque des Pays du Nord, donde se hace cargo de las relaciones internacionales y del departamento de créditos documentarios.

36

Irène Némirovsky a Madeleine Avot

París, viernes
[febrero de 1925]

Querida Madeleine:

Muchísimas gracias por tu amable invitación. Será un gran placer pasar unos días con vosotros por Pascua. Me alegrará mucho volver a veros a todos y darte un beso muy muy fuerte, mi querida Mad.

Mamá me dejaría ir con mucho gusto. Sólo hay un problema: mi padre, que ahora mismo está en Polonia, quería que lo acompañara a Niza en Pascua; pero cuando vuelva, a principios de marzo, espero convencerlo. Así que está casi decidido, y gracias otra vez.

René tuvo una excelente idea al invitar a Choura. Estoy segura de que nos divertiremos mucho. Sigo viendo a la pandilla muy a menudo. El pasado domingo, Choura me hizo una visita y me soltó un sermón de dos horas: parece que flirteo demasiado, que no está nada bien jugar con los chicos de esa manera, etc. ¿Sabes que el otro día eché de mi casa a Henry, que vino a verme pálido, con los ojos desorbitados, la mirada torva y un revólver en el bolsillo? Te aseguro que no las tenía todas conmigo. Ese cabeza hueca lo mismo podía pegarme un tiro que pegárselo él. Por suerte, llegaron unos amigos y se marchó. Pero realmente empiezo a creer que es mejor no jugar con el amor... de los demás. Además, he tenido otro problema. Ya sabes que flirteo con Michel Epstein, al que conoces. También sabes lo despreocupada que soy. Nunca intento esconderme y, como los demás y sus asuntos no me interesan, doy por sentado que ellos también me dejarán en paz a mí. ¡Un error garrafal, claro! Ayer un imbécil le pregunta a mi madre: «¿Es verdad lo que se comenta? ¿Su hija se casa con Epstein?» Cara larga de mamá y rapapolvo... En fin, que ahora mismo las cosas no van bien. Para consolarme, mañana tengo un gran baile de disfraces en casa de unos amigos.

Escríbeme, querida. Te mando mil besos. Tu amiga que tanto te quiere,

Irène

37

Irène Némirovsky a Madeleine Avot

París, lunes [marzo de 1925]

Mi pequeña Mad:

Perdona que no te haya contestado antes, pero ¡si supieras qué semana he tenido! Peor, si cabe, que las de Navidad. ¿O mejor? No sé cómo decir... El caso es que ha sido muy cansado y al mismo tiempo muy divertido. Sólo que la diversión no ha sido completa porque ya no tenía a mi querida amiga para compartirla conmigo. ¡Cuánto he lamentado que no estuvieras aquí estos días!

La noche posterior a tu partida bailamos en casa hasta la mañana siguiente. El miércoles estaba invitada en casa de los primos de Mila, donde encontré a toda la pandilla. Charlé mucho con Bob; hablamos de ti: tenía mucho interés en saber qué impresión te había causado y no paraba de hacerme preguntas al respecto. Micha,[1] que se muestra muy enamorado, no me dejaba ni a sol ni a sombra; parecía muy celoso de Bob, sin motivo, puesto que sólo hablábamos de ti.

El sábado, durante el día, vendí boletos en el Cirque de Paris. Fue muy chic. Mila no cabía en sí de gozo porque su caballero era el príncipe Gagarin. Es viejo y feo como él solo, pero a esa esnob le trae sin cuidado. Por la noche, otra vez baile, y muy

1. Michel Epstein.

elegante. Vi a Choura, y hablamos de ti, para variar. ¡Decididamente, has hecho estragos en los corazones rusos!

Escríbeme, querida amiga, muchas cartas y muy largas, y no te aburras demasiado. ¡Tienes que volver, y pronto! ¡Te espera mucha gente!

Mil besos de tu amiga Irène.

Mis respetos a tus queridos padres.

P. D.: Ésta es la dirección que me pediste: Srta. B. Landa. Rue de Saint-Lazare, 87.

Fama

(1929-1939)

En 1926, Irène Némirovsky ha contraído matrimonio con Michel Epstein, hijo de un banquero ruso exiliado, y se ha liberado al fin de las garras maternas con L'Ennemie *(1928) y* El baile *(1929), feroces caricaturas de su vida de joven soltera, que publica con el seudónimo «Pierre Nérey». Desde hace tres años, madura una «novela sobre el mundo de los negocios» por la que pululan «turbios banqueros y mujeres ávidas de placeres»:* David Golder *(Grasset, diciembre de 1929), la historia de un financiero judío acosado por su mujer, asediado por su hija y acechado por la muerte. Es un éxito formidable y el desencadenante de una encendida polémica en la prensa judía. Ante la crudeza del estilo y las situaciones, la sorpresa es general. Se menciona a Balzac, Daudet y Tolstói, pero también a Henry Bernstein y Octave Mirbeau, porque la autora no escatima su mordaz ironía con los personajes, la mayoría judíos. La novela no tarda en convertirse en una película dirigida por Julien Duvivier y protagonizada por Harry Baur, que también encarnará a Golder en la adaptación teatral de Fernand Nozière. La prensa de todo signo corteja a la joven madre, sorprendida de su éxito. A finales de 1930 figura, como única mujer junto con Germaine Beaumont, entre los favoritos para el premio Goncourt. No obstante, se retira de la competición y pospone su solicitud de naturalización por miedo, según le explica a su amigo y maestro Gaston Chérau, a que ésta le facilite la consecución del premio y siembre dudas sobre la sinceridad de sus motivaciones.*

En 1932, Bernard Grasset publica Nieve en otoño, *donde de nuevo ficciona su historia familiar describiendo el desamparo de una familia de exiliados rusos en París. Por su parte,* El caso Kurílov *(1933), «novela sobre el terrorismo», no toma partido ni por la autocracia imperial ni por los «pequeñoburgueses bolcheviques». En el año 1933, Irène Némirovsky se pasa con armas y bagajes a Éditions Albin Michel, pero* El peón en el tablero *(1934), novela sobre la crisis económica, no tiene éxito. Era la primera de sus obras que se alejaba —a duras penas— de la autobiografía, a la que vuelve con* El vino de la soledad *(1935), novela de aprendizaje «a lo Wilhelm Meister» que recupera la garra de* El baile *y* David Golder, *sin mantener su distancia irónica, y con* Jezabel *(1936), el retrato novelesco más cruel que pintara de su madre. Antes de que estalle la guerra aún aparecerán* La presa *y* Dos, *que le permite reencontrarse con el éxito.*

38

Irène Némirovsky a Éditions Bernard Grasset

[21 de noviembre de 1929]

Acabo de recoger todas las cartas enviadas por ustedes a la lista de correos que les proporcioné. Imagínense mi sorpresa y mi alegría. ¿La explicación del misterio? Se la voy a dar; es prosaica: hace tres semanas traje al mundo a una niña.[1]

1. Carta citada por *Le Figaro* (9 de diciembre de 1929) y *L'Ami du peuple* (16 de diciembre de 1929). En octubre, Irène Némirovsky había enviado de forma anónima el manuscrito de *David Golder* a la editorial Bernard Grasset, acompañado por la dirección de una lista de correos. No encontró la respuesta entusiasmada del editor hasta alrededor del 20 de noviembre, cuando el libro ya había entrado en prensa, porque se estaba recuperando del parto de su hija Denise, nacida el 9 de ese mes. Entretanto, Grasset había publicado un anuncio en la prensa pidiendo a la autora que se diera a conocer. Tras la aparición de la novela, muchos críticos se negaron a creer esa «leyenda», que interpretaron como un truco publicitario. Pero el anuncio se publicó realmente el 1 de noviembre en *Paris-Soir*: «Louis Brun, secretario general de Éditions Bernard Grasset pide a la persona que ha escrito un manuscrito titulado *David Golder*, enviado sin nombre de autor ni dirección a la editorial, tenga la bondad de presentarse lo más rápidamente posible en su despacho. No se trata de una broma, sino, por el contrario, de aclarar un misterio.» Un mes más tarde, varios periódicos anunciaban que esa novela «sobre la maldición del dinero» se publicaría con el «seudónimo» de Irène Némirovsky.

39

«*David Golder*, por Irène Némirovsky»[1]

(*La Voix*, 12 de enero de 1930)

Cuando me pidieron ustedes que explicara en pocas palabras cómo había ideado *David Golder*, me pareció una tarea relativamente sencilla. Pero, al pensarlo con más calma, me di cuenta de lo difícil que resulta recordar con exactitud cómo has escrito un libro.

Porque un libro, creo yo, está formado por múltiples elementos, por pequeños hechos sin importancia, por conversaciones que te dejaron huella, por sucesos reales que te impactaron en su momento, pero deformados de inmediato y ampliados por la imaginación, y, al mismo tiempo, por pensamientos íntimos y constantes que sólo puedes revelarte a ti misma porque nadie más los comprendería.

Sólo puedo decir que nunca quise escribir una novela sobre el mundo de los negocios. Sin duda sería muy interesante, pero demasiado difícil, casi imposible, creo yo, para una mujer. Los negocios sólo son un decorado para rodear y dar consistencia al tipo humano que intenté crear.

Porque, naturalmente, David Golder nunca ha existido (y espero que nunca exista, por su bien y por el de todos).

Nació, en parte, de una reflexión en medio de una fiesta en Biarritz, hacia las tres de la mañana. A esas horas se suelen imaginar cosas amargas...

---

1. El 5 de enero de 1930, en *La Voix*, «semanario de izquierdas» fundado por Émile Roche y dirigido por Bertrand de Jouvenel, Frédéric Lefèvre había dedicado una elogiosa página de su columna «De vous à moi» (Entre usted y yo) a *David Golder*, presentándola como una novela sobre el mundo de los negocios en la línea de *Lewis et Irène* de Paul Morand, pero también como el «estudio de una raza» y una «requisitoria contra ciertas mujeres judías del mundo de los negocios», y sorprendiéndose de que un libro tan «firme, tan viril, tan brutal» pudiera ser obra de «una mujer de veintitrés años»... aunque Irène Némirovsky pronto cumpliría los veintisiete. Al solicitársele que presentara ella misma la novela, la autora dirige a *La Voix* esta respuesta, publicada en la columna «Les oeuvres par leurs auteurs» (Las obras por sus autores).

Pensé que, en la literatura, el niño, el adolescente y la mujer habían tenido una importancia excesiva, y que la vida de un hombre como los que veía a mi alrededor también era muy interesante y, en el fondo, digna de infinita lástima.

Debo recalcar que, en mi mente, David Golder no es el tipo del financiero sin más, ni siquiera del financiero judío. Lo que tiene de típicamente judío, a mi modo de ver, son tres cosas: el orgullo, el miedo a la muerte y la afición a los negocios por los negocios.

Aparte de eso, pertenece a cierta sociedad cosmopolita, brillante, un poco turbia, que por lo general despierta envidia, aunque no la merece.

No me gustaría que en *David Golder* se encontrara demasiado odio ni demasiada repulsión.

Los hay, claro está, pero sobre todo hay compasión (malempleada, se dirá seguramente, pero qué se le va a hacer).

40

Irène Némirovsky a Jacques-Émile Blanche

Avenue Daniel-Lesueur, 8
París, 14 de enero de 1930

Señor mío:

Acabo de recibir su carta, que la editorial Grasset me ha reenviado con cierto retraso. Celebro que mi libro le haya gustado y me siento enormemente halagada por sus elogios.

Si puede recibirme el próximo domingo, iré a verlo con gran placer para admirar sus bellas obras. Permítame tan sólo llevar conmigo a mi marido, para quien será un honor ser presentado a la señora Blanche, así como a usted.

Le ruego acepte el testimonio de mi más alta estima.

Irène Némirovsky

41

Irène Némirovsky a Gaston Chérau[1]

Avenue Daniel-Lesueur, 8
20 de enero de 1930

Señor mío:

Disculpe que haya tardado en responderle, pero quería conseguir los libros que ha sido tan amable de pedirme.

No se imagina cuánto me halagan sus elogios, que le agradezco infinito. Viniendo de un maestro como usted, semejantes palabras hacen que me sienta muy feliz y muy orgullosa.

Le hago llegar, señor mío, la novelita[2] que le interesa. Pero permítame recordarle que la escribí hace cinco años, pues temo que le parezca muy floja. En cuanto a la primera,[3] es tan mala que no me atrevo a mandársela, la verdad.

Sin embargo, con *El malentendido* le envío otra cosa. Es una novela breve publicada con el seudónimo «Pierre Nérey».[4] No quise que apareciera con mi nombre por motivos personales, y se la envío sólo para usted, sencillamente porque es el padre de

---

1. Carta vendida en subasta pública el 15 de octubre de 2019 en Ginebra y publicada en *La Gazette Drouot*, n.º 4, el 31 de enero de 2020. Gaston Chérau, nacido en 1872, deja la administración fiscal para dedicarse al periodismo al tiempo que publica novelas marcadas por su infancia y la dolorosa experiencia del internado (*Champi-Tortu*, 1906). Elegido miembro de la Academia Goncourt en 1926, en enero de 1930 apadrina a Irène Némirovsky para su ingreso en la Société des Gens de Lettres.

2. *El malentendido*, publicada en la revista mensual *Les Œuvres Libres*. Gaston Chérau recordará este primer intercambio epistolar en el muy caluroso artículo que dedicará a Irène Némirovsky en *L'Intransigeant* el 25 de octubre de 1933: «Cuando tuve la fortuna de leer *El malentendido* y *El baile*, las dos primeras novelas de Irène Némirovsky, enseguida me llamó la atención la voluntad de la autora de lanzarse sobre su tema. Con ella, uno está en medio de sus personajes desde la tercera frase.»

3. *Un niño prodigio*, «extraordinaria novela breve inédita» publicada en *Les Œuvres Libres* en abril de 1927, pero escrita en 1923.

4. «Nérey» era, por supuesto, un anagrama de Irène, que, en *El baile*, ofrece una sátira tan divertida como ácida de un matrimonio de nuevos ricos muy similar al formado por sus propios padres.

Champi-Tortu[1] y ha hablado usted tan bien de los niños infelices, solos, tristes, que me encantaría que leyera esta pequeñez.

Gracias una vez más, señor Chérau.

Muy sinceramente suya,

Irène Némirovsky

42

Irène Némirovsky a Madeleine Cabour[2]

París, 22 de enero de 1930

Mi querida Madeleine:

Acabo de recibir tu carta, a la que, como ves, respondo enseguida. ¿Cómo puedes suponer que un libro del que se hablará durante quince días y que se olvidará tan pronto como se olvida todo en París puede hacerme olvidar a mis viejas amigas? Pensar eso no está bien. Te mando un ejemplar encantada; si hubiera sabido que podía gustarte, lo habría hecho antes.

Lo sentí mucho cuanto me enteré de tu percance. ¡Te entiendo perfectamente, créeme! Recuerdo mi angustia cuando supe que iba a dar a luz antes de tiempo. Pero tienes a tu pequeña para consolarte. No me hablas de ella. Ahora ya debe de estar crecida. La mía[3] se encuentra bien, gracias a Dios, y empieza a sonreír y a reconocerme. No se me parece nada, es casi rubia, con los ojos grises, pero creo que aún cambiará. Sigo dándole el pecho, y es menos doloroso que al principio, aunque a menudo agotador, lo confieso.

---

1. Es comprensible que la autora de *L'Ennemie* y *El baile* se sintiera conmovida ante las humillaciones sufridas por el joven protagonista de esta novela, cuya versión definitiva había aparecido en 1919.

2. Madeleine Avot, la amiga de juventud de Irène Némirovsky, se había casado con René Cabour.

3. Denise France Catherine Epstein, nacida el 9 de noviembre de 1929.

¿Cómo están todos los tuyos? Dales recuerdos de mi parte, por favor.

Cuando te hayas recuperado y vengas a París, no olvides avisarme.

Te mando un beso muy cariñoso.

Tu Irène

43

Irène Némirovsky a Gabriel Marcel

Avenue Daniel-Lesueur, 8, París
26 de enero de 1930

Muy señor mío:

He leído el artículo que ha sido tan amable de dedicar a mi novela *David Golder* en *L'Europe Nouvelle*. Lo he leído y meditado. Creo que ha acertado usted al señalar lo que le falta a mi libro.[1] Viene a ser lo que pienso yo misma. No obstante, debo señalar que me atrajo sobre todo el tipo humano y sentí que no podía describirlo de otro modo, aunque, por supuesto, nunca ha existido.

Celebro que le guste la escena del tren. Y, sin embargo, qué floja y pálida me parece en comparación con lo que habría querido hacer. En fin, me alegra que la novela no le haya desagradado y le ruego, señor mío, que crea en la sinceridad de mi agradecimiento.

Irène Némirovsky

1. Gabriel Marcel (1889-1973), filósofo y dramaturgo cristiano, había sido «uno de los primeros en leer *David Golder*», como recuerda él mismo el 18 de enero de 1930 en *L'Europe Nouvelle*, donde elogia «una obra vigorosa y apasionante», pero lamenta que la autora presente a sus antipáticos personajes como estereotipos: «No se ha alcanzado un cierto punto central de percepción y fluidez. Y ahí parece estar la limitación del libro.»

44

Irène Némirovsky a Henri de Régnier

Avenue Daniel-Lesueur, 8
París, 29 de enero de 1930

Maestro:

Permítame decirle cuánto me alegró leer en *Le Figaro* el excelente artículo que tuvo a bien dedicarle a mi novela *David Golder*.[1]

Me gustaría ser capaz de describirle la extraordinaria sensación de orgullo y felicidad que experimenté al ver su firma al pie del texto.

Porque ciertamente nunca se me habría pasado por la cabeza que el gran escritor al que admiraba tan de lejos pudiera no sólo leer una obra mía, sino también hablar de ella con indulgencia. Me estoy explicando fatal.

No sé si mi carrera de escritora será brillante o no, pero puedo asegurarle que nunca olvidaré la alegría que me ha producido su inapreciable aliento.

Reciba, maestro, mi sincero agradecimiento.

Irène Némirovsky

---

1. En ese artículo, del 28 de enero de 1930, el académico Henri de Régnier (1864-1936) escribía: «Ciertamente, el material humano que maneja la señora Némirovski (*sic*) es bastante repulsivo, pero la autora lo ha observado con apasionada curiosidad, una curiosidad que consigue contagiarnos, hacernos compartir. El interés es más fuerte que la repugnancia.»

45

Irène Némirovsky a Jacques-Émile Blanche

Avenue Daniel-Lesueur, 8
París, 5 de febrero de 1930

Señor mío:

He recibido su amable carta, y aguardo con impaciencia el día en que pueda hablar con usted con más detenimiento que durante mi primera visita.

Me hacía mucha ilusión ir a verlo el domingo. Por desgracia, una obligación familiar me mantendrá ocupada todo ese día, y el siguiente domingo comemos fuera de París.

No obstante, procuraré estar en su casa a las cinco y expresarle una vez más, querido señor Blanche, toda mi respetuosa admiración.

Irène Némirovsky-Epstein

46

Irène Némirovsky a Benjamin Crémieux

Avenue Daniel-Lesueur, 8 (VII.°)
París, 7 de febrero de 1930

Señor mío:

Permítame agradecerle el amable artículo que tuvo la bondad de dedicar a mi novela *David Golder* en *Les Annales.*[1]

---

1. Benjamin Crémieux fue el único crítico que, junto con André Maurois, señaló la dimensión moral de la novela de Irène Némirovsky: «David Golder expresa al mismo tiempo toda la avidez y toda la saciedad del judío cuando se abandona por completo a la tierra: lo quiere todo, sabiendo que ese todo es nada. Por eso puede conquistarlo todo y renunciar a todo, mostrar tan pronto la ambición del David bíblico como el

Lo he leído con infinito interés. Me alegra que el libro no le haya desagradado y me enorgullece haber conseguido escribirlo de forma que merezca sus elogios. Para una extranjera como yo, sus cumplidos son especialmente valiosos, señor Crémieux. Se los agradezco de todo corazón.

Irène Némirovsky

47

Irène Némirovsky a Bernard Grasset

(*Paris-Soir*, 15 de marzo de 1930)

Mi querido editor:

La editorial Fayard acaba de publicar en su «Collection de bibliothèque» una novela mía, *El malentendido*, que ya había aparecido en *Les Œuvres Libres*.

Deseaba añadirle una introducción e incluir la fecha exacta en que fue escrita, pero, por motivos de composición tipográfica, el señor Fayard no se considera obligado a acceder a mi petición. Por otra parte, su nota para la prensa podría hacer creer que se trata de una obra reciente, posterior a *David Golder*.[1]

Desde luego, le tengo mucho cariño a *El malentendido*, que es mi primera novela, pero insisto en precisar su edad.

Muy sinceramente suya,

Irène Némirovsky

desapego del Eclesiastés.» También comparaba el arte de Irène Némirovsky con el de Joseph Kessel, «su compatriota y correligionario», y el personaje de Golder con el Sansón de Henry Bernstein (*Les Annales*, 1 de febrero de 1930).

1. El éxito fulminante de *David Golder* había impulsado a la editorial Fayard a reeditar a toda prisa *El malentendido* (1926), primera novela de Irène Némirovsky, con el engañoso calificativo de «novela inédita».

48

Irène Némirovsky a Claude Pierrey

(15 de marzo de 1930; *Chantecler*, 22 de marzo de 1930)

Acabo de leer mi entrevista con Claude Pierrey, publicada en el *Chantecler* de hoy.[1] La encuentro muy inteligente y aguda. No obstante, hay dos puntos sobre los que no estoy de acuerdo y que le agradecería rectificara:

1. Me resulta inconcebible que haya aceptado sin protesta el estúpido cotilleo de que *David Golder* es una galería de retratos. Lo repito, lo proclamo: los personajes son absolutamente imaginarios y jamás existieron.

2. También quiero desmentir lo que su periódico pone en mis labios a propósito de Gérard d'Houville. Es una escritora a la que no tengo el gusto de conocer en persona, pero a la que admiro sin reservas. La frase que emplea Claude Pierrey con relación a ella no ha salido de mi boca.

Espero que sea tan amable de publicar esta carta. Tengo mucho interés en ello y se lo agradezco por adelantado.

Irène Némirovsky

---

1. En ese artículo, publicado el 8 de marzo, Claude Pierrey aseguraba que Irène Némirovsky no lo había desmentido cuando él apuntó: «Se dice que su propio padre, también banquero judío, fue su modelo para David Golder, y que, tras reconocerse en el personaje, aún le guarda rencor; que Joyce existió realmente, que era tan bonita y tan "alocada" como su heroína y que se suicidó a los dieciocho años, poniendo un final lógico a una vida fuera de lo común.» Más adelante, respondiendo a una pregunta sobre sus escritoras favoritas, Irène Némirovsky había mencionado a Colette y Gérard d'Houville: «¡Qué se le va a hacer, me gusta lo anticuado!» Son los dos puntos que la autora rechaza en esta carta dirigida al periódico.

49

Irène Némirovsky a Maxime Blocq

Avenue Daniel-Lesueur, 8, VII.°
París, 18 de marzo de 1930

Señor mío:

Me emociona mucho que haya pensado en enviarme su muy hermoso libro. Lo conozco y me gusta, pero me alegra tenerlo de usted.[1] A vuelta de correo le mando mi primera novela, que acaba de aparecer en Fayard.[2] *Les Œuvres Libres* ya la había publicado en febrero de 1926.

Le ruego acepte el testimonio de mi agradecimiento y mi admiración.

Irène Némirovsky

50

Claude Pierrey a Irène Némirovsky

(*Chantecler*, 22 de marzo de 1930)

¿Habré dado en el clavo por casualidad y tocado un punto especialmente sensible? Es lo que parece indicar la «reacción» de Irène Némirovsky...

1. Lo escribí y lo repito: *David Golder* es una novela de una fuerza y una calidad extraordinarias. Y si lo único que hace falta para complacer a Irène Némirovsky es aceptar *su* tesis, lo hago encantado.

---

1. Ignoramos a qué libro de Maxime Blocq-Mascart (1894-1965), futuro gran combatiente de la resistencia, se refiere Irène Némirovsky.

2. *El malentendido.*

2. Pero a un desmentido categórico respondo con una afirmación categórica: si Irène Némirovsky reivindica la *imaginación*, yo reivindico la *sinceridad*. No acostumbro a traicionar a nadie, y menos aún a acobardarme...

Claude Pierrey

51

Irène Némirovsky a Gaston Chérau

Avenue Daniel-Lesueur, 8
París, 3 de mayo de 1930

Mi querido maestro:

Le envío el ejemplar de *El malentendido* anotado por usted. Me desprendo de él con gran pesar porque constituye una magnífica lección de literatura. Créame que he examinado y meditado cada trazo de lápiz. Lo acompaña un *David Golder* que le ruego acepte como un pequeño testimonio de la gratitud que le debo. Permítame también que vuelva a hablarle de un proyecto que me es muy querido: el de mi ingreso en la Société des Gens de Lettres.

Tuvo usted la bondad de prometerme que me diría a quién debo dirigirme para ello y también que quizá estaría dispuesto a apadrinarme, lo que me haría muy feliz.

Perdóneme por importunarlo de esta manera. Mi marido le envía recuerdos.

Créame, mi querido maestro, muy sinceramente suya.

Irène Némirovsky

52

Irène Némirovsky a Gaston Chérau

Avenue Daniel-Lesueur, 8
París, 10 de junio de 1930

Mi querido maestro:

Estoy un poco preocupada por los libros (*David Golder* y *El malentendido*, anotado) que le envié con un propio hará un mes. Me pregunto si no los habrá extraviado la portera.[1] Le estaría muy agradecida si me dijera si ya los tiene, junto con la carta que los acompañaba. Con el ejemplar de *Golder* el problema no sería tan grande porque puedo enviarle otro, pero la pérdida de *El malentendido*, con sus extraordinarias notas al margen, me dolería mucho. Confío en que pueda usted tranquilizarme.

Acabo de pasar unos días en una hermosa región que sólo conocía parcialmente, Turena, y creo que apenas estoy empezando a comprender Francia y amarla como es debido. Pienso en ciertos paisajes franceses y en ciertas páginas de sus libros con la misma admiración y el mismo cariño, mi querido maestro. Permítame decírselo con toda sencillez. Mi marido le envía sus respetuosos saludos. Muy sinceramente suya,

Irène Némirovsky

---

1. Gaston Chérau había dejado su domicilio parisino, situado en la rue Henri-Duchêne, 1, por su casa en Bélâbre, departamento de Indre.

53

Irène Némirovsky a Gaston Chérau

Avenue Daniel-Lesueur, 8
París, 23 de junio de 1930

Mi querido maestro:

Le agradezco que haya tenido la amabilidad de tranquilizarme respecto a los libros que le envié. No dejaré de recordarle su promesa sobre *El malentendido*.

Le adjunto una carta para la Société des Gens de Lettres. Estoy muy contenta y muy orgullosa de que quiera apadrinarme y le ruego que dé las gracias de mi parte al señor Roland Dorgelès si tiene a bien aceptar su propuesta y le transmita toda mi gratitud.[1]

En cuanto a la naturalización, como no sabemos en absoluto a quién dirigirnos, mi marido y yo hemos pensado que era mejor dejar el asunto para el otoño, puesto que estaremos fuera de París hasta el 10 o el 15 de septiembre. ¿Qué opina usted?

Me emociona mucho que se acuerde usted tan amablemente de mi hijita, que ahora ya es una niña grande y hermosa.

¿Cuándo volverá a París y nos dará la gran alegría de pasar una velada en casa de sus fervientes admiradores y sinceros y agradecidos amigos?

Irène Némirovsky-Epstein

1. El 18 de junio, Gaston Chérau escribió a la Société des Gens de Lettres para presentar la candidatura de Irène Némirovsky. En la carta lamentaba que el reglamento de la institución «no permita elegirla directamente para la secretaría», porque «para nosotros no es una "promesa" de las letras francesas, sino una realidad».

54

Léon Pierre-Quint a Irène Némirovsky

París, 23 de junio de 1930

Querida Sra. Némirovsky:

Ante todo, quiero agradecerles su amabilidad tanto a usted como al señor Epstein.

He leído su texto en inglés, y creo que encajaría muy bien (en francés, naturalmente) en nuestra colección.

¿Tendría inconveniente en que llevara un título doble? Podría ser, por ejemplo, *La Femme savante, ou...* (aquí iría un segundo título, elegido por usted).

Un único pero: la extensión. El texto debería tener un mínimo de 61.500 caracteres (o sea, unas cuarenta páginas mecanografiadas).

Incluso sería preferible que fuera algo más largo. Estoy seguro de que eso no le supondrá ninguna dificultad.

De hecho, usted tenía la intención de desarrollar la idea de su cuento, que es excelente.

Podríamos ofrecerle la cantidad total de 6.000 francos Se entiende que la obra aparecería tan pronto nos hiciera llegar el manuscrito, sin más demora que el tiempo de impresión.

A los cinco o seis meses de su aparición en librerías, podría disponer libremente de su texto, si así lo deseara.

En lo que respecta a la autorización de Grasset, si prefiere no hablarlo con él usted misma, nosotros estaremos encantados de tratar el asunto en su nombre.

En la misma colección, obtuvimos autorización de forma inmediata para Morand y Giraudoux. Los demás autores de la colección son Henri de Régnier, Joseph Kessel y Colette.

Esperando el placer de leerla pronto, le ruego acepte el testimonio de mi sincera consideración.

Uno de los administradores delegados,

Sr. Léon Pierre-Quint[1]

55

Irène Némirovsky a Bernard Grasset

Hendaya, 3 de agosto de 1930

Querido Sr. Grasset:

Efectivamente, he recibido su carta, pero ha olvidado enviar los 6.000 francos de *El baile*, que debían enviárseme en el momento de su publicación.

Reciba mis más cordiales saludos.

Suya,

Irène Némirovsky

1. Léon Pierre-Quint (1895-1958), editor, crítico literario y primer biógrafo de Marcel Proust, era por ese entonces editor en Simon Kra. *Les Mouches d'automne, ou la Femme d'autrefois* (publicada en español como *Nieve en otoño*) aparecería en dicha editorial, en la colección de lujo «Femmes», en mayo de 1931. No obstante, no hay explicación de por qué el editor había leído el texto en inglés, ni por qué sugería titularlo *La Femme savante*.

56

Irène Némirovsky a Gaston Chérau

Grand Hôtel Eskualduna
Hendaya (Bajos Pirineos)

Hendaya, 21 de agosto de 1930

Mi querido maestro:

Acaban de reenviarme aquí su carta, que he leído con gran alegría. Celebro que *El baile* no le parezca demasiado malo. Como sabe, me daba algún reparo publicarlo. ¿Me permite que le agradezca una vez más todo el ánimo que me da, sus inapreciables consejos, su indulgencia para conmigo? Le pido perdón por decírselo de forma tan simple, pero, en estos momentos, no estoy haciendo literatura. Lo sabe, ¿verdad? Nunca olvidaré su bondad.

¿Se quedará mucho tiempo más en el campo, querido maestro? A nosotros, las vacaciones se nos acabarán pronto. Es una pena porque hace muy buen tiempo; mi marido y yo nos bañamos mañana y tarde. Como ha sido usted tan amable de acordarse de mi hijita, mi orgullo de madre no se resiste a la tentación de contarle que ha crecido mucho y que se está volviendo totalmente presentable. ¿Sus hijos también se encuentran bien, querido maestro? ¿Se ha recuperado su hijo del todo? Mi marido le envía recuerdos y yo le ruego crea en toda mi respetuosa gratitud.

Irène Némirovsky-Epstein

57

Michel Epstein a Éditions Bernard Grasset

Avenue de l'Opéra, 28 bis
[entre el 5 y el 17 de septiembre de 1930]

En ausencia de mi esposa, el Banque des Pays du Nord acaba de informarme de que ha recibido de ustedes la cantidad de 6.000 francos para ingresarla en su cuenta. Supongo que dicha suma corresponde a su mensualidad del 31 de agosto, y les doy las gracias.

Por otra parte, no veo que hayan ingresado en la mencionada cuenta los 6.000 francos que, según el contrato de *El baile*, deberían haberle pagado a la publicación de dicha obra, es decir, hace unos dos meses.

Para acabar, el último libramiento de Delac & Vandal,[1] que asciende, por lo que respecta a mi esposa, a 24.000 francos, venció el 5 de septiembre de 1930.

Constato que esa cantidad tampoco ha sido ingresada en el Banque des Pays du Nord.

Creo hacer bien señalándoles esos olvidos en aras del buen orden. Esperando sus noticias al respecto, reciban mis más cordiales saludos.

Michel Epstein

1. Charles Delac (1879-1965), productor cinematográfico y socio desde 1911 de Marcel Vandal (1882-1965), productor de Julien Duvivier desde 1926.

58

Michel Epstein a Joseph Peyronnet[1]

Avenue de l'Opéra, 28 bis
París, 19 de septiembre de 1930

Querido Sr. Peyronnet:

He recibido su carta del 17 de septiembre, y le agradezco que me haya proporcionado todas las precisiones solicitadas sobre el asunto del pago de los derechos cinematográficos de *David Golder*.

En cuanto a eso, estamos completamente de acuerdo.

Asimismo, tomo nota de los plazos fijados por el contrato cinematográfico de *El baile*, pero le hago notar que dicho contrato no acompañaba a su carta. ¿Podría enviármelo?

Por otra parte, le agradecería que tuviera la amabilidad de ingresar en la cuenta de mi esposa en el Banque des Pays du Nord su parte de los 10.000 francos que recibieron ustedes por *El baile* el 5 de septiembre.

Tomo nota de que, dentro de unos días, me comunicará los plazos previstos para el pago de las últimas tiradas de *David Golder* y *El baile*.

Reciba mis más cordiales saludos.

Michel Epstein

P. D.: Horace Liveright[2] me ha enviado ejemplares de la edición estadounidense de *David Golder*. ¡Es magnífica!

---

1. Joseph Peyronnet, cuñado de Bernard Grasset, tenía a su cargo la contabilidad y la publicidad desde 1919.

2. Horace Brisbin Liveright (1884-1933), productor y editor estadounidense, había contactado con Irène Némirovsky en marzo de ese año y se disponía a publicar *David Golder*.

59

Irène Némirovsky a Gaston Chérau

París, 22 de octubre de 1930

Mi querido maestro:

Me ha alegrado mucho recibir noticias suyas y llenado de emoción su interés por mí y el afecto que siempre me demuestra.

Estoy segura de que aprobará mi decisión si le digo que, precisamente porque la naturalización puede facilitarme el acceso al Goncourt, he preferido aplazar su tramitación.[1] Dado que, según la ley de mi país, ya no tengo derecho a llamarme rusa, no hay nada que desee tanto como hacerme francesa, por mí misma y, ante todo, por mi hija, porque me gustaría, «como a todo el mundo», que tuviera un país, una patria, cuya ley la amparara llegado el caso y a los que pudiera llamar con justo orgullo «mi país, mi patria...». No es poca cosa. Pero, precisamente porque le doy tanto valor, quisiera que ese paso fuese del todo desinteresado de mi parte, que el beneficio material y moral del premio no desvirtuara lo que yo veo como un don.

Estoy segura de que me perdonará por no acceder a sus deseos y me atrevo a confiar en que aprobará mi decisión. En cuanto al premio, por supuesto, me habría sentido feliz y orgullosa de tenerlo, pero ¿qué puedo decir? Puesto que es imposible... Pero si sé que usted me considera digna de obtenerlo, no pido nada más y me siento completamente satisfecha, se lo juro.

Por el encabezamiento de su carta veo que sigue en el campo, lo que me apena porque me habría encantado verlo antes de

---

1. Germaine Beaumont e Irène Némirovsky eran las únicas mujeres citadas entre los favoritos para la obtención del Premio Goncourt, junto con Eugène Dabit (especialmente). El 17 de mayo de ese año, siendo considerada favorita para el Premio de la Renaissance, con Pierre Drieu la Rochelle (*Una mujer en su ventana*) y Louis Guichard (*La Guerre des enseignes*), *Les Nouvelles littéraires* anunció que su candidatura «se retiraba» antes de la votación del jurado, pues «*David Golder* no necesita una nueva consagración y ha alcanzado una tirada que lo sitúa fuera de concurso». La renuncia benefició a la candidatura de Blaise Cendrars.

partir hacia Suiza el 15 de noviembre. Voy a pasar un mes con mi padre, que está en tratamiento allí. Este verano cayó enfermo de repente, y eso me causa muchas y muy crueles preocupaciones. ¿Que si trabajo, me pregunta? Poco y mal. Espero tener más ánimo en Suiza, porque viviré en un sanatorio, ¡así que figúrese el tiempo que me harán perder las distracciones allí!...

Querido maestro, si vuelve a París antes del 15 de noviembre, avíseme por carta. A mí y a mi marido nos alegrará mucho verlo.

Crea, se lo ruego, en nuestro muy sincero afecto.

Irène Némirovsky

60

Irène Némirovsky a Bernard Grasset

Avenue Daniel-Lesueur, 8
París, 14 de noviembre de 1930

Querido Sr. Grasset:

Me alegra poder anunciarle que, por Navidad, nuestro «David» pisará las tablas del Théâtre de la Porte St. Martin, interpretado por Harry Baur. Esperemos que tenga éxito. Sea como fuere, le aseguro que no olvido que, en gran parte, es a usted a quien le debo verlo trasladado al cine y al teatro, y le ruego crea en mi sincera gratitud, así como en mi afecto.

Suya,

Irène Némirovsky

61

Irène Némirovsky a Paul-Auguste Harlé

(*La Cinématographie Française*,
13 de diciembre de 1930)

A mi regreso de Suiza, encuentro el artículo sobre las adaptaciones teatral y cinematográfica de *David Golder* que firma el señor Raymond Berner en el número del 29 de noviembre de su semanario.[1]

Lamento mucho que su colaborador no haya podido entrevistarse conmigo, como, según parece, era su intención.

Efectivamente, el papel que me atribuye en este asunto cine-teatro no se corresponde en absoluto con la realidad. No se lo tomo en cuenta en modo alguno, pues estoy convencida de que, si hubiera podido hablar conmigo, habría evitado ciertas alusiones, debidas sin duda a su falta de información, cuya única causa fue mi ausencia.

Dicho esto, permítame corregir los errores de los que su publicación se ha hecho eco involuntariamente.

No he visto en su totalidad la película de Julien Duvivier; en mi presencia sólo se han proyectado escenas aisladas. No obstante, es del todo cierto que lo poco que he podido ver me ha gustado mucho.

Protesto enérgicamente contra la siguiente frase: «La autora de la novela juró que la película era muy superior a la obra de teatro y que, en consecuencia, sería deseable que las segunda se modificara.» Nunca he dicho ni pensado tal cosa. Estoy muy

1. El 9 de diciembre de 1930, Irène Némirovsky descubrió con estupor que el director de cine Julien Duvivier, que acababa de rodar la adaptación de *David Golder*, la acusaba a través de la prensa de haber facilitado su guión, «muy superior a la obra de teatro», a Fernand Nozière, autor de la versión teatral. Duvivier, además, había puesto una denuncia contra Maurice Lehmann, director del Théâtre de la Porte-Saint-Martin. Al instante, la novelista escribió al director del semanario *La Cinématographie Française* una carta abierta que se publicaría cuatro días después.

satisfecha con el guión cinematográfico, pero no lo estoy menos con la obra teatral.

Es absolutamente cierto que la interpretación de Harry Baur me entusiasmó y que me alegré mucho al saber que también protagonizaría la obra teatral. Pero quiero dejar claro que no intervine con relación al cine ni al teatro (porque no tenía derecho a hacerlo), ni en la elección de los actores ni en la de la fecha del estreno, que concernían en exclusiva a los señores Delac y Vandal en lo relativo a la película y a los señores Lehmann[1] y Nozière[2] en lo tocante a la pieza teatral.

Con gran indulgencia, su colaborador califica de «ligereza» por mi parte el haber permitido, supuestamente, que el teatro se aprovechara de los aciertos del cine. Yo lo habría llamado un acto deshonesto, que ni siquiera el «entusiasmo» del que él habla habría podido disculpar.

Por consiguiente, rechazo de manera categórica esa acusación: nunca he compartido una sola frase del guión con los señores Lehmann y Nozière, del mismo modo que no se me habría ocurrido hablar de la obra de teatro a los señores Vandal y Duvivier.

De hecho, me permito recordar que tanto la película como la pieza teatral se basan en mi libro y que, en consecuencia, habría sido más sencillo buscar las «ideas» necesarias en la novela y no en la película.

Hasta ahora este malentendido sólo había dado lugar a un intercambio de correspondencia entre los interesados; su semanario lo ha llevado ante el público. Es lo que me ha obligado a dar estas explicaciones, que le agradecería enormemente reprodujera en él.

Irène Némirovsky

1. Maurice Lehmann (1895-1974), director del Théâtre de la Porte-Saint-Martin.

2. Fernand Nozière (1874-1931), dramaturgo, autor de incontables adaptaciones teatrales, incluida la de *David Golder*.

62

Irène Némirovsky a Roger Régent[1]

(*Pour Vous*, 18 de diciembre de 1930)

Ni en el caso de la película ni en el de la obra teatral he tenido nada que ver ni con la distribución ni con la fecha del estreno. Esas cuestiones sólo les concernían a quienes habían adquirido los derechos de reproducción de mi novela para el cine y el teatro. De hecho, no creo que el señor Duvivier pueda reprocharme seriamente haber revelado los nombres de sus intérpretes, que él mismo anunció en la prensa hace mucho.

Nunca he desvelado nada del guión ni de lo poco que he visto rodado a nadie. La corrección más elemental me habría impedido actuar así, y me parece sorprendente tener que defenderme contra semejante insinuación.

Contrariamente a lo que supone de forma gratuita el señor Duvivier, el proyecto de adaptación teatral de *David Golder* nunca se abandonó; la idea siempre fue montarla en el transcurso del invierno.

He buscado largo tiempo una explicación al repentino abandono por parte del señor Duvivier de las excelentes normas de cortesía que, según él mismo, se debe a los autores. Me

1. En un artículo titulado «Y a-t-il une affaire *David Golder*?», *Pour Vous*, 11 de diciembre de 1930, el periodista Roger Régent había reproducido la siguiente declaración de Julien Duvivier: «Un día, mientras rodaba interiores en Épinay, invité a la señora Irène Némirovsky a venir a ver, si le interesaba, algunas escenas de lo que ya habíamos rodado. Una invitación que considero amable hacerle al escritor, por simple cortesía. La señora Némirovsky vino, aseguró que estaba encantada con los pasajes de la película que vio y no escatimó elogios sobre los actores, en especial el señor Baur y las señoras Andral y Monnier. Unos días después me enteraba de que la obra de teatro, que había estado guardada en el fondo de un cajón, se iba a montar en la Porte-Saint-Martin y que los tres intérpretes principales de mi película actuarían en ella. Así pues, la señora Némirovsky no había respetado la confidencialidad del visionado de varias escenas del film al que la había invitado.» Irène Némirovsky responde a ambos publicando esta carta indignada en el semanario cinematográfico *Pour Vous*.

inclino a pensar que ha sido el excesivo afán de promocionar la película el que lo ha llevado a encontrar esta original estrategia publicitaria.

Si, por el contrario, su acusación es sincera, resulta aún más lamentable, y sólo el gran esfuerzo que ha realizado para adaptar mi novela al cine me impide guardarle demasiado rencor por esta ofensa, que nunca he merecido.

Irène Némirovsky

63

Irène Némirovsky a Jacques-Émile Blanche

Avenue Daniel-Lesueur, 8
[diciembre de 1930]

[...][1] (cuando Émilienne, de forma casi inconsciente, se niega a mandar buscar al doctor Allard y deja morir a la pobre Chuchu, o al menos no hace nada para impedir que muera) es una hermosa creación, profunda y sobrecogedora. Una cosa que me impresionó fue la carta de Chuchu antes de morir; es tan candorosa, patética y humana...

Han debido de decirle cuánto han admirado su obra tantas personas más cualificadas que yo que casi me da apuro hablarle así. Pero le aseguro que al menos mi admiración y mi emoción son sinceras. Me apasionan, sobre todo, las novelas, como la suya, en las que hay consecuencias implícitas, secretos, ecos. ¿Qué será de Achille? ¿Y de sus hijos? ¿Del pequeño Jean-Loup? El lector tiene la sensación de que usted lo sabe, mientras que él sólo lo imagina, y eso es todo un arte.

1. Falta el principio de la carta, lo que impide fecharla con exactitud.

Émilienne[1] me ha hecho sentir un enorme deseo de conocer *Aymeris*.[2] Hasta ahora sólo había leído *Mes modèles*.[3]

Le ruego presente mis respetos y los de mi marido a la señora Blanche. Con toda mi respetuosa admiración,

Irène Némirovsky

64

Pierre Tisné[4] a Irène Némirovsky

6 de enero [1931]

Querida Sra. Némirovsky:

Acabo de escribir al señor Alfred Bloch en relación con la inexactitud de los derechos italianos de *David Golder*.[5]

También acabo de escribir al señor Nozière[6] por el mismo motivo.

---

1. Editorial Stock, julio de 1929.

2. Éditions de la Sirène, 1922. La edición definitiva de esta novela acababa de aparecer en Plon ese mes de diciembre.

3. Stock, 1928.

4. Pierre Tisné (1895-1986), secretario general de Éditions Grasset et Fasquelle.

5. El 27 de diciembre de 1930, Alfred Bloch, agente general de la Société des Auteurs et Compositeurs Dramatiques (SACD), había enviado a Irène Némirovsky un cheque correspondiente a los cinco doceavos de sus derechos sobre la cesión de la adaptación teatral de *David Golder* en Italia.

6. Ese mismo día, Pierre Tisné escribe a Nozière: «[...] la Société des Auteurs nos envía un extracto relacionado con la explotación de *David Golder* en Italia. Hasta la fecha, ni la señora Némirovsky ni yo habíamos tenido noticia de ningún proyecto de acuerdo. Si ha firmado usted un contrato por su cuenta y riesgo, ¿sería tan amable de enviarle a ella y enviarnos a nosotros un ejemplar? Estoy seguro de que regularizaríamos la situación enseguida y sin la menor dificultad.» (Archivos de Éditions Grasset). El 9 de enero, Alfred Bloch asegura a Tisné que Nozière le ha «confirmado que, efectivamente, se había acordado que los derechos en el extranjero se repartirían al cincuenta por ciento» y que está «totalmente dispuesto a hacer la rectificación necesaria», en la ignorancia en que estaba del contrato mencionado (Archivos de la SACD).

Así pues, ya no es necesario seguir «pinchándome», como dice usted, sugiriendo que no le comunicamos, o que le comunicamos tarde, la cifra de las tiradas de su libro.

Cuando el otro día hablé aquí de sus alusiones a ese tema, le aseguro que se armó un buen alboroto: lo más suave que me dijeron fue que los literatos a los que usted frecuenta deben de tener una mentalidad muy curiosa, si es de ellos de quienes procede el injustificado recelo de usted.

Y ahora, querida señora, quiero enviarle (adjunto a esta carta) el resumen de las cifras de venta relativas a *David Golder* desde el principio.

Comprobará que aún no hemos vendido la totalidad de las tiradas que le anunciamos, es decir: 54.000 ejemplares más un diez por ciento de no venales.

No obstante, estamos preparando una nueva tirada de 3.000 ejemplares (lo que elevará el total de 109.000 a 114.000); el informe le llegará en breve.

Reciba mis más cordiales saludos.

Pierre Tisné

65

Irène Némirovsky a Madeleine Cabour

París, 7 de enero de 1931

Mi querida Madeleine:

Me ha alegrado mucho recibir noticias tuyas, y yo también te deseo un muy feliz año.

Es absolutamente necesario que vengas. Hace mucho que no tengo el placer de verte, y me gustaría presentarte a mi hija, a la que aún no conoces, creo. Tiene catorce meses y se llama Denise-France-Catherine, Minouche, para la familia. Tu pequeña Miquette ya debe de estar muy crecida.

Así pues, mi querida Madeleine, hasta pronto, espero.
Tu muy sincera amiga,

Irène

66

Irène Némirovsky a Gaston Chérau

París, 22 de febrero de 1931

Mi querido maestro:

En la duda, le escribo a París, pensando que aún no se habrá ido al campo. Espero de todo corazón que pueda trabajar al fin con serenidad y que pronto tengamos la dicha de leer una de esas hermosas obras que sólo usted sabe escribir. Tengo a su disposición la página manuscrita de *Golder* que deseaba usted. ¿Puede decirme adónde debo enviársela?

Delac y Vandal no han dado señales de vida respecto al guión. En estos momentos, podría tener la oportunidad de ofrecérselo a otros productores. ¿Debería escribirles directamente para saber si les interesa o no? ¿O será usted tan amable de preguntárselo personalmente, si espera verlos uno de estos días?

La gente que me hace ofertas ahora mismo no me es conocida, desde el punto de vista de los negocios. Así que querría rodearme de todas las garantías y, como una vez me habló usted de una sociedad que salvaguardaba rigurosamente los derechos cinematográficos, ¿podría recordarme cómo se llama y darme su dirección?

Le pido mil disculpas por molestarlo de este modo, querido maestro, pero usted mismo me dio permiso para hacerlo. Mi marido se une a mí para mandarle saludos afectuosos.

Su Irène Némirovsky

67

Irène Némirovsky a Jacques-Émile Blanche

16 de marzo de 1931

Querido maestro:

Pensaba ir a verlo ayer: en casa de los Gregh,[1] la señora Blanche tuvo la enorme gentileza de invitarme. Pero estoy con la gripe y guardaré cama varios días. Es una lástima, porque me habría encantado visitarlo para decirle en persona cuánto me ha gustado *Aymeris*.[2] Pero el libro me ha dejado tan impresionada que no puedo esperar hasta el próximo domingo, cuando confío en poder verlo. Le confieso que cuando usted me lo dio, leí una o dos páginas, pero el tono fúnebre del primer capítulo me resultaba demasiado doloroso. Mi abuelo acababa de morir.[3] Estaba saturada de imágenes y recuerdos lúgubres. Así que hace sólo dos días, más que leer, devoré *Aymeris* y desde entonces me obsesiona. Es un libro realmente admirable. Comprendo a qué se refería Colette cuando le dijo que era «la marcha fúnebre de la burguesía francesa». Es eso, sí, pero contiene otras muchas riquezas. Por ejemplo, las figuras femeninas, vivas como criaturas humanas: Rosemary, Jessie y sobre todo la anciana señora Aymeris, que es mi preferida después del propio Aymeris. Este último se parece a los retratos que pinta usted. Un rostro de hombre y, a través de él, una época y una raza. Creo que su libro anuncia no tanto el final de una sociedad, sino el final de hombres como Georges Aymeris. Ya no volverá a haber seres para quienes «la ilusión y la estupidez» sean imposibles, la flor y nata de una civilización muy antigua y exquisita. Pobre «bienaventurado de este mundo»... Su libro es trágico, sí. Sé que *Aymeris* es un gran éxito,

1. Fernand Gregh (1873-1960), poeta y crítico literario al que Irène Némirovsky dedicaba todos sus libros.

2. La versión definitiva de esta novela de 1922 acababa de aparecer en la editorial Plon.

3. Iona Margoulis, abuelo materno de Irène Némirovsky, nacido en 1847, muerto el 14 de enero de 1931 y enterrado en el sector judío del cementerio Père-Lachaise.

que emociona a los públicos más diversos y que todo el mundo debe de decirle lo mismo que yo. Pero estoy muy entusiasmada, y por eso me permito escribirle. Quería decirle todo esto, pero en su casa siempre hay tanta gente... Y, como habrá visto, yo sigo siendo un poco montaraz. Así que, para decirle estas cosas, que son lo que pienso en el fondo de mi ser, prefiero escribirle.

Su Irène Némirovsky

68

Irène Némirovsky a Gaston Chérau

París, 1 de abril de 1931

Mi querido maestro:

Le envío las pruebas de la novela breve que aparecerá en Kra.[1] Le había hablado de ella, ¿recuerda? Y usted había sido tan amable de mostrarse interesado. ¿Ha recibido la página manuscrita de *David Golder*?

La película tiene mucho éxito; vuelvo a estar en buenos términos con Delac y Vandal. Incluso me han propuesto que les escriba un guión. Lo intento, pero es difícil.

Espero de todo corazón que se encuentre bien, querido maestro, y que trabaje con alegría.

Mi marido le envía recuerdos y yo, todo mi sincero afecto.

Su Irène Némirovsky-Epstein

---

1. *Les Mouches d'automne, ou la Femme d'autrefois*, que Grasset publicará en edición normal en diciembre de 1931. (Edición española: *Nieve en otoño*, Salamandra, 2010.)

69

Irène Némirovsky a Gaston Chérau

París, 9 de abril de 1931

Mi querido maestro:

No se puede imaginar cuánto me alegra saber que le ha gustado *Nieve en otoño*. Eso me tranquiliza. Mientras escribo, todo va bien, pero, en cuanto acabo algo, me parece que es espantoso, lo que me produce una gran angustia, hasta que llega un momento en que lo que he escrito me resulta indiferente. Supongo que les pasa a todos los escritores. Pero cuando un maestro (y ya sabe cuánto respeto y cariño vuelco en esa palabra) como usted tiene la amabilidad de tranquilizarme, lo que siento es una mezcla de felicidad y paz.

He leído con muchísima atención los comentarios que ha tenido a bien escribir en los márgenes, y acabo de dirigirme a Kra para que me manden otro juego de pruebas. Espero que quieran hacerlo. Tardé mucho en enviarles la novela y querían publicarla lo antes posible. Por eso no puedo, para mi gran pesar, dársela a *L'Illustration*. No podré disponer de ella en seis meses; aparecerá en una tirada limitada a 1.800 ejemplares. Incluso quería preguntarle qué me aconseja hacer más tarde, porque he cogido la mala costumbre, que usted es tan amable de consentirme, de molestarlo con mis asuntos.

He enviado a Delac y Vandal un esbozo de guión, y espero su respuesta. Otra firma también me ha pedido algo. Pero apenas he tenido tiempo para pensar en la literatura: en Semana Santa, mi hija se las ha arreglado para tener 40° de fiebre durante seis días. Un enfriamiento, complicado con dolor de muelas. Pero era la primera vez que la veía enferma en los diecisiete meses que lleva en el mundo, y me notaba en un estado de inquietud que no puedo describirle. Gracias a Dios, se encuentra mejor, pero ha crecido, adelgazado y palidecido, pobrecita mía. Y sus hijos, ya mayores, ¿están bien de salud, querido maestro? ¿Cuándo tendremos la alegría de verlo? Mi marido le manda recuerdos y yo le ruego que me crea toda suya.

Irène Némirovsky-Epstein

70

Irène Némirovsky a Bernard Grasset

París, 20 de abril de 1931

Querido Sr. Grasset:

Me pregunto si no se podrían conseguir al menos 8.000 francos porque, la verdad, mi parte de 3.000 es irrisoria.

Haga usted lo que pueda, pero, desde luego, hay que especificar que el guión no es mío y que tan sólo está inspirado en mi novela.[1]

Téngame al corriente de este asunto, se lo ruego y quedo muy sinceramente suya,

Irène Némirovsky

71

Irène Némirovsky a Éditions Bernard Grasset

París, 1 de junio de 1931

Muy señores míos:

Ayer vi que Ferenczi ha puesto a la venta la edición económica de *David Golder*. Según nuestro contrato con él, no debía aparecer hasta mayo de 1932, es decir, de aquí a un año, y me

1. *El baile*, adaptada al cine por Wilhelm Thiele a partir de un guión de Curt Siodmak.

temo que las ventas del libro a 15 francos cesarán por completo desde el momento en que se puede comprar por 3,50.

No hay duda de que con ello Ferenczi nos causa un grave perjuicio. ¿Qué piensan hacer al respecto?

Igualmente, pongo en su conocimiento la siguiente noticia, publicada por un periódico ruso:

«M. I. Chernov y V. M. Vronski se disponen a representar en Chisináu (Rumanía) una nueva versión teatral de la novela de Irène Némirovsky *David Golder*, que ya fue adaptada al escenario y la pantalla en París.»

¿Están ustedes al corriente de este asunto? Y ¿se puede hacer algo al respecto?

Por último, he visto que hace unas semanas anunciaron ustedes la 126.ª edición de *David Golder*. Creo que su último informe se detenía en la 120.ª.

Les estaría muy agradecida si tuvieran la bondad de responderme a estas tres cuestiones cuanto antes porque probablemente dentro de unos días tendré que partir de viaje.

Agradeciéndoselo por adelantado, queda sinceramente suya,

Irène Némirovsky

P. D.: Les confirmo que he recibido su cheque de 4.036,10 francos. Gracias.

72

Irène Némirovsky a Éditions Kra

París, 24 de junio de 1931

Muy señores míos:

Les agradezco los ejemplares de *Nieve en otoño* que me han enviado y que me gustan mucho.

Según acordamos, recuperaré mi total libertad en lo relativo a esta obra dentro de seis meses, es decir, el 25 de enero de 1932, fecha desde la que podré disponer de ella como considere oportuno.

A ese respecto, me permito señalarles que en su edición figura por error la indicación «*copyright by Éditions Kra*», en lugar de «*copyright by Irène Némirovsky*».

Espero que estemos de acuerdo sobre este punto, y les agradecería mucho que me enviaran la cantidad que me deben lo antes posible en un cheque cruzado a mi nombre.

Sinceramente suya,

Irène Némirovsky

73

Irène Némirovsky a Paul Morand

9 de julio de 1931

Señor mío:

Perdóneme por importunarlo. La gran admiración que le tengo es mi única disculpa para atreverme a pedirle un favor. Se trata de lo siguiente: recibo propuestas de la Agence Littéraire Internationale, place du Panthéon, 4-6, que lo menciona a usted al dirigirse a mí. ¿Sería tan amable de decirme si esa agencia ha gestionado la traducción de algunas de sus obras y si quedó usted satisfecho con ellas?

Discúlpeme una vez más y crea, se lo ruego, en mi sincera admiración.

Irène Némirovsky

74

Irène Némirovsky a Éditions Bernard Grasset

París, 26 de julio de 1931

Muy señores míos:

El 30 de julio parto hacia Hendaya (Hôtel Eskualduna), por lo que les agradecería que ingresaran la cantidad que me adeudan (correspondiente a la mensualidad de julio) en mi cuenta n.º 15.958 del Banque des Pays du Nord, avenue de l'Opéra, 28 bis, París, en lugar de enviarla a mi domicilio.

Agradeciéndoselo por adelantado, los saluda atentamente,

Irène Némirovsky

75

Irène Némirovsky a Pierre Tisné

París, 18 de septiembre de 1931

Querido Sr. Tisné:

En relación con nuestra conversación de ayer, le adjunto:

1. Copia de una carta del 23 de junio de 1930 de Éditions Kra, relativa a mi *Nieve en otoño*.

2. Copia de la que les envié el 24 de junio de 1931.

Como puede ver, en mi respuesta a Éditions Kra me equivoqué al escribir que me consideraba libre para disponer de mis derechos sobre esa novela seis meses después de su publicación por dicha editorial, es decir, el 25 de enero de 1932.

Efectivamente, el plazo fijado es de cinco o seis meses, según su carta. Así pues, recobraré mi libertad el 25 de noviembre o el 25 de diciembre de 1931.

Sinceramente suya,

Irène Némirovsky

P. D.: ¿Le parece adecuado el título *Declives* para *Nieve en otoño*?

76

Irène Némirovsky a Gaston Chérau

Avenue Daniel-Lesueur, 8
París, 26 de noviembre de 1931

Mi querido maestro:

He sabido por los Gourmont que había regresado usted a París. Imagino que, hasta la concesión del Goncourt, estará demasiado ocupado para que yo tenga el inmenso placer de verlo. Pero, inmediatamente después, si no vuelve a irse, ¿nos daría a mi marido y a mí la gran alegría de venir a cenar a casa?

Escríbame y decida usted mismo el día que le convenga.

Siempre suya,

Irène Némirovsky

77

Irène Némirovsky a Gabriel Marcel

Avenue Daniel-Lesueur, 8, París
París, 17 de diciembre de 1931

Señor mío:

Acabo de leer en *L'Europe Nouvelle* el artículo en que habla usted de *Ocaso de un corazón* de Stefan Zweig, que, en su opinión, tiene singulares similitudes con *David Golder*.[1]

Me ha parecido comprender que le interesaría saber si yo conocía esa narración en el momento en que escribía *David Golder*. Le respondo con mucho gusto: debo confesar que nunca he leído *Ocaso de un corazón*.

Admiro enormemente el *Fouché* de Zweig, que es una obra extraordinaria y la única que conozco de su autor. Como puede imaginar, me apresuraré a leer la novela breve de la que habla. Me halaga mucho la posibilidad de que haya alguna similitud entre el pensamiento de Zweig y el mío, y le agradezco que me lo haya señalado.

Queda, señor mío, muy sinceramente suya,

Irène Némirovsky

1. En ese artículo (*L'Europe Nouvelle*, 12 de diciembre de 1931), Marcel se preguntaba si la novelista «conocía este relato, que es realmente impactante». André Thérive, que también señalará esas analogías (*Le Temps*, 4 de febrero de 1932), temía que la autora tuviera que defenderse de la «absurda acusación de plagio».

78

Irène Némirovsky a Gaston Chérau

Avenue Daniel-Lesueur, 8
París, 17 de diciembre de 1931

Mi querido maestro:

Me han traído su carta en el preciso momento en que acababa la admirable *Maison des Avoir.*[1] No quise leerla cuando apareció por entregas, para no desvirtuar, para no debilitar la impresión que —estaba segura— me causaría.

¡Qué hermoso libro, vigoroso, viril, sólido! Philippe, Ginette y Hermine son personajes que se imponen y no se olvidan.

Cuánto le agradezco que me lo enviara, con una dedicatoria que me emocionó profundamente. Haré que le pongan una encuadernación bonita y lo guardaré para cuando Denise sea un poco mayor.

Créame que he sentido mucho no haber tenido el placer de verlo. Por mi parte, sigo llevando la misma vida tranquila que usted ya conoce. Por desgracia, mi padre no está mejor, pero tampoco peor, lo que ya es mucho.

Trabajo en una novela, pero, como disfruto, hago lo mismo que con *David*: alargarla todo lo que puedo. No creo que esté acabada hasta dentro de uno o dos años.

En cuanto a la *Nieve*, acaba de publicarse. No le he enviado un ejemplar porque no quiero llenarle la casa con las distintas ediciones de ese libro.

Le confieso que no tengo muchas esperanzas en su éxito. La editorial Grasset apenas le está haciendo publicidad, con el argumento de que corren malos tiempos. Por otra parte, es verdad que se trata de una novela breve. Sólo la valoro porque a usted le gustó. Me halaga mucho que me ofrezca hablar «y,

1. La novela de Gaston Chérau, recién publicada por la editorial Ferenczi, se titulaba en realidad *La Maison du quai*.

en caso necesario, escribir» sobre ella. Es una prueba más de su bondad para conmigo, que valoro mucho más de lo que puede imaginar. Evidentemente, si tiene ocasión de hacerlo en medio de sus muchas ocupaciones, un artículo suyo (unas pocas líneas) me llenaría de orgullo, pero siempre que no sea una molestia para usted, ¿de acuerdo, querido maestro?

Mi marido me ruega que le dé recuerdos y yo, una vez más, me declaro enteramente suya.

Irène Némirovsky

79

Irène Némirovsky a Jacques-Émile Blanche

Avenue Daniel-Lesueur, 8
París, 25 de febrero de 1932

Querido maestro:

Me ha alegrado mucho tener noticias suyas y emocionado que se acuerde de mí.

He estado fuera de París bastante tiempo; por eso todavía no he ido a verlo este año. A mi regreso de Megève, hace tres semanas, encontré a mi marido con una congestión pulmonar bastante grave. Ya está mejor, pero, para que acabe de curarse, mañana salimos hacia San Juan de Luz, donde pensamos quedarnos algún tiempo.

A mi regreso, si sigue usted en París, iré a verlo sin falta, y le aseguro que será un verdadero placer.

Siento mucho que no haya recibido *Nieve en otoño*, que el pasado verano pedí le enviaran en su edición original, publicada por Kra; lo siento por partida doble, pues, al no quedarme un solo ejemplar, me veré obligada a mandarle un libro corriente.

Le ruego, querido maestro, que transmita mis saludos a la señora J.-É. Blanche y que me crea muy sinceramente suya.

Irène Némirovsky

80

Irène Némirovsky a Gaston Chérau

Hotel Golf, San Juan de Luz
11 de marzo de 1932

Mi querido maestro:

Acabo de leer en *Candide* una novela breve suya muy hermosa[1] y de pronto me he sentido particularmente orgullosa de conocerlo.

¿Está usted bien? ¿Y sus hijos? Como ve, me encuentro en San Juan de Luz, y de una forma de lo más inesperada. Mi marido estuvo enfermo hace dos meses, primero con la gripe y más tarde con una inflamación de los pulmones. Vine aquí con él para que se recuperara y, gracias a Dios, ahora está estupendamente. Incluso tengo tiempo para trabajar un poco.

En general, *Nieve en otoño* tiene unas críticas excelentes, pero, por desgracia, una tirada restringida a dieciséis ediciones. Le cuento estos detalles porque sé que le interesan.

¿Vendrá a París pronto, querido maestro? Nosotros confiamos en estar allí la próxima semana. Si su trabajo se lo permite, unas líneas suyas me harían muy feliz.

Queda muy sinceramente suya,

Irène Némirovsky

---

1. *La Porte sur la vie*, publicada en el mencionado semanario el 10 de marzo de 1932.

81

Irène Némirovsky a Gabriel Marcel

Avenue Daniel-Lesueur, 8 (VII.°)
París, 17 de marzo de 1932

Señor mío:

Acabo de leer un artículo suyo aparecido hace algún tiempo en *La Quinzaine Critique* que hablaba de mi último libro, *Nieve en otoño*.[1] Aunque tarde, permítame agradecérselo y expresarle el sincero placer que esas líneas me han causado. Queda muy sinceramente suya,

Irène Némirovsky

82

Irène Némirovsky a Pierre Tisné

París, 30 de marzo de 1932

Querido Sr. Tisné:

¿No debíamos recibir por estas fechas las cuentas de América y Alemania?

También me gustaría saber si las personas que querían traducir *Nieve en otoño* al alemán han dado algún paso a ese efecto.

Por último, ¿ha obtenido la señora Stiernstedt,[2] que deseaba traducir *Nieve* y *El baile* al sueco, la autorización de ustedes?

---

1. «Una extraordinaria emoción emana de esta obrita, que me parece más auténtica que *David Golder*, éxito extremadamente brillante, pero en el que lo artificioso resultaba claramente identificable» (*La Quinzaine Critique*, 25 de enero de 1932).
2. Marika Stiernstedt (1875-1954), escritora sueca.

He recibido *Nudo de víboras*, que tuvieron ustedes la amabilidad de enviarme, y es un libro magnífico, que me ha dejado pasmada. No había leído nada tan hermoso en mucho tiempo.

83

Pierre Brisson a Irène Némirovsky

París, 13 de octubre de 1932

Señora mía:

Queda entendido que *Les Annales* publicarán la novela provisionalmente titulada «Episodios»,[1] cuyo manuscrito le devuelvo adjunto a esta carta.

Dicha publicación, por la que *Les Annales* le ofrece la suma de 25.000 francos, se efectuará antes de que finalice el primer trimestre de 1933.

Reciba mis más cordiales y respetuosos saludos.

Pierre Brisson

P. D.: Como le decía por teléfono esta mañana, le agradecería que, de aquí a diez días, me enviara la primera parte, para que la publicación pueda empezar sin retraso.

---

1. Pierre Brisson (1896-1964), director del semanario *Les Annales Politiques et Littéraires* y futuro director de *Le Figaro*, se refiere en realidad a *El caso Kurílov*, que confunde con una colección de novelas breves provisionalmente titulada *Episodios*.

84

Irène Némirovsky a Pierre Brisson

París, 13 [14] de octubre de 1932

Querido Sr. Brisson:

He recibido su carta de ayer y estoy totalmente de acuerdo con la cantidad que me ofrece por la publicación de mi novela en *Les Annales*.

También estoy de acuerdo con enviarle la primera parte de mi texto en diez días, en previsión de que mi novela empiece a aparecer en *Les Annales* del 18 de noviembre, tal como me dijo usted.

Pero, si su intención es publicarla más tarde, como parece sugerir su carta, en la que me indica sin mayor precisión que aparecerá antes de que acabe el primer trimestre de 1933, preferiría no tener que apresurarme y trabajar en ella con toda tranquilidad.

Por otra parte, en los próximos días tendré que firmar el contrato para la edición en libro de mi novela. Para ello, necesito saber la fecha en la que podré disponer de ella.

Así pues, ¿sería tan amable de aclararme ese punto lo más rápidamente posible?

Agradeciéndoselo por adelantado, queda sinceramente suya,

Irène Némirovsky

P. D.: Acabo de recordar que *Dos hombres*[1] es el título de una hermosa novela de Duhamel. ¿Qué le parece *El caso ~~Kouriloff~~ Kurílov*?

---

1. *Dos hombres*, segundo libro del ciclo de Salavin de Georges Duhamel (*Vida y aventuras de Salavin*), publicado en *Le Mercure de France* en 1924.

85

Irène Némirovsky a Pierre Brisson

París, 23 de octubre de 1932

Querido Sr. Brisson:

Le adjunto las primeras sesenta y ocho páginas de *El caso Kurílov*, que corresponden a un poco ~~más de un tercio~~ menos de la mitad de la novela.

¿En qué fecha aproximada necesita el resto?

Le agradecería que la fijara lo antes posible y me enviara los 25.000 francos acordados.

Agradeciéndoselo por adelantado, queda sinceramente suya,

Irène Némirovsky

P. D.: No tengo otra copia del manuscrito, ¿sería tan amable de devolvérmelo cuando me envíe las pruebas?

Si hay expresiones que no le parecen convenientes, tiene mi autorización para eliminarlas o cambiarlas.

86

Pierre Brisson a Irène Némirovsky

París, 27 de octubre de 1932

Querida Sra. Némirovsky:

Le adjunto un cheque de 25.000 francos por la publicación de su novela en *Les Annales*.

Le agradecería mucho que me enviara el final del manuscrito el 15 de noviembre como muy tarde.

El caso Kurílov empezará a aparecer en el último número de diciembre.

Contrariamente a mis previsiones —¡y a las de él!—, André Maurois ha puesto el punto final a la novela a cuyo respecto llegamos a un acuerdo el año pasado. Empezará a publicarse el 18 de noviembre y la de usted inmediatamente después. Será un doble lanzamiento del que me felicito.

Reciba mis más cordiales saludos,

Pierre Brisson

P. D.: Le enviaremos las pruebas en breve.

87

Irène Némirovsky a Pierre Brisson

París, 2 de noviembre de 1932

Querido Sr. Brisson:

He recibido el cheque de 25.000 francos, que le agradezco.

Puede contar con el final del manuscrito para el 15 de noviembre. ¿Sería tan amable de enviar a alguien a buscarlo a lo largo de ese día?

Queda muy sinceramente suya,

Irène Némirovsky

88

William A. Bradley a Irène Némirovsky[1]

[Rue Saint-Louis-en-l'Île, 5, París]
5 de noviembre de 1932

Muy señora mía:

Veo anunciado *El caso Kurílov*, y disfruto por adelantado de lo que ya considero un placer adquirido. Después de comentárselo a Henry Muller,[2] le escribo para preguntarle si, una vez haya completado su manuscrito, podría proporcionarme una copia, para no tener que esperar las pruebas.

Para esta nueva novela, me gustaría hacer un esfuerzo especial y conseguir, a ser posible, que se publique de manera simultánea a ambos lados del Atlántico. Eso requiere un poco de tiempo, pero, si pudiera usted acceder a mi petición, estoy convencido de que contribuiría al éxito de su nueva obra.

Reciba, estimada señora, mis más cordiales saludos.

---

1. Esta carta (dirigida a la editorial Grasset) sobre una posible traducción de *El caso Kurílov* la publicaron Richard J. Golsan y Philip Watts en su artículo «A note on *L'Affaire Courilof*» (*Yale French Studies*, n.º 121, «Literature and History: Around *Suite Française* and *Les Bienveillantes*», Yale University Press, 2012, pp. 99-105).

2. Henry Muller (1902-1980), colaborador de Bernard Grasset, fue el primer lector de *David Golder* después de André Foucault, redactor jefe de la revista mensual *Les Œuvres Libres*, como cuenta él mismo en un libro de memorias, *Trois pas en arrière*, La Table Ronde, 1953.

89

Irène Némirovsky a William A. Bradley

Avenue Daniel-Lesueur, 8
París, 16 de noviembre de 1932

Señor mío:

Por supuesto, me encantaría que *El caso Kurílov* apareciera de manera simultánea en Estados Unidos y Francia. Le agradezco mucho que haya pensado en ello y le ruego que me disculpe por no haber respondido a su amable carta hasta el día de hoy, pero he enviado el único ejemplar del manuscrito de mi novela a *Les Annales*, que tienen previsto publicarla a finales de diciembre. Hasta ayer no me devolvieron la primera parte, y no creo que reciba el resto antes de dos semanas, como poco.

Por otra parte, el manuscrito que envié a *Les Annales* no se corresponde con el texto definitivo de la novela tal como aparecerá en Grasset porque le añadiré uno o dos capítulos, así que sólo puedo proponerle una de estas dos soluciones:

1. Yo le envío (de inmediato) la parte del manuscrito que ya me ha devuelto *Les Annales* (algo más de un tercio de la novela) y el resto en cuanto lo reciba. Usted es tan amable de encargar una copia de ese manuscrito, porque es el único ejemplar que poseo, y yo le hago llegar, tan pronto los termine, los dos capítulos que agregaré a la edición de Grasset y que irán al comienzo de la novela.

2. Espera usted a que la novela aparezca en *Les Annales* y yo le envío el manuscrito de los dos capítulos suplementarios; pero eso nos llevaría a finales de enero, incluso puede que a febrero.

Le ruego que tenga la amabilidad de hacerme saber cuál de las dos soluciones prefiere. Sinceramente suya,

Irène Némirovsky

90

William A. Bradley a Irène Némirovsky

22 de noviembre de 1932

Muy señora mía:

Le agradezco mucho su amable y pronta respuesta. Tras pensarlo detenidamente, considero que lo más conveniente, en beneficio de su obra, sería esperar su versión completa y definitiva antes de hacerle cruzar el océano.

Quizá podría usted encargar una copia del manuscrito a medida que regresa de *Les Annales* y enviármela junto con los dos capítulos suplementarios. No obstante, si eso le resultara complicado, esperaríamos las pruebas de Grasset.

Le envío, con mi agradecimiento, mis más cordiales saludos.

91

Irène Némirovsky a Gaston Chérau

Avenue Daniel-Lesueur, 8
París, 30 de noviembre de 1932

Mi querido maestro:

Supongo que ya está usted en París, pero tan ocupado con el Goncourt que casi no me atrevo a escribirle. No obstante, me gustaría saber cómo se encuentra y contarle lo que estoy haciendo.

He acabado el libro del que le hablaba el año pasado. Empezó siendo una novela breve, pero se ha ido alargando conforme trabajaba en ella.

He tenido la suerte de que *Les Annales* se haya interesado por ella y me haya ofrecido una buena suma, lo que me era muy necesario porque la muerte de mi padre acabó por dar al traste con todo lo que quedaba tras su enfermedad.[1]

¡En fin! La cuestión es que la novela, que se titula *El caso Kurílov*, aparecerá a partir del 25 de diciembre en *Les Annales*. Luego la publicará Grasset, pero ya en marzo.

Así que, querido maestro, ¿le parece bien que entretanto le envíe los números conforme aparezcan? Si tiene ocasión de echarles un vistazo y darme alguno de sus inapreciables consejos, ¡no sabe cuánto se lo agradecería! De ese modo podría modificar el manuscrito antes de que apareciera en las librerías. Naturalmente, si eso lo importuna o le hace perder demasiado tiempo, le ruego que no se moleste. Me conformo con unas líneas suyas, que serían muy valiosas para mí... porque sé que, ante todo, puedo contar con su sinceridad.

Le envío mis saludos más afectuosos, querido maestro, así como los de mi marido, y espero que me dé la alegría de poder verlo, siquiera un momento, antes de que se vaya al campo.

Su Irène Némirovsky

92

Irène Némirovsky a Jacques Chardonne

Avenue Daniel-Lesueur, 8
París, 21 de diciembre de 1932

Querido Sr. Chardonne:

Hace unos días recibí *L'Amour du prochain*, y no he podido evitar leerlo de principio a fin «como una novela». Dicen que no hay que leer las máximas así, pero se lo repito: no he podido evitarlo... Las suyas son admirables y, además de su profundidad y su verdad, tienen una resonancia poética que resulta muy

1. Leonid Borisovich Némirovsky, nacido en 1868 en Elisavetgrado, murió en Niza el 16 de septiembre de 1932.

conmovedora y que me sorprende y deleita como un secreto que querría captar...

Le agradezco infinito que me las enviara. Permítame expresarle mi inmensa admiración. Sinceramente suya,

I. Némirovsky

93

Irène Némirovsky a Gaston Chérau

Avenue Daniel-Lesueur, 8
París, 26 de enero de 1933

Mi querido maestro:

Le agradezco de todo corazón las molestias que se ha tomado y, como puede suponer, guardaré con sumo cuidado los números con sus anotaciones. Me alegra mucho que mi novela[1] no le desagrade. No ha sido fácil construirla, al tener dos héroes, por así decir, pero esta «historia contemporánea» es muy apasionante. Disfruté mucho leyendo una parte de la gran cantidad de memorias y cartas que nos legó la revolución, la mayoría de las cuales no se han traducido al francés. Pero tuve que apresurarme y hacer un enorme trabajo muy rápidamente para entregar la novela en la fecha acordada. Así que le confieso que temo haber dejado huellas de esa prisa en la novela...

A vuelta de correo, le envío los cuatro números restantes.

Le deseo, querido maestro, un viaje interesante y le ruego que acepte una vez más mi sincero agradecimiento y el testimonio de mi admiración y mi respetuosa amistad.

Su Irène Némirovsky

Mi marido le estrecha la mano.

1. *El caso Kurílov.*

94

Michel Epstein a William A. Bradley

Avenue Daniel-Lesueur, 8
París, 10 de febrero de 1933

Muy señor mío:

Mi mujer, que estará en la montaña hasta finales de la próxima semana, me encargó que le hiciera llegar los números de *Les Annales* en que ha aparecido su novela *El caso Kurílov*, así como los dos primeros capítulos de ésta, que sólo se publicarán en el libro.

El segundo de dichos capítulos no es una versión definitiva; mi mujer lo someterá a una última revisión.

El caso Kurílov aparecerá en Grasset hacia el 5 de abril y será el primer libro de su nueva colección «Pour mon plaisir».

Reciba, señor mío, mis más cordiales saludos.

Michel Epstein

95

William A. Bradley a Michel Epstein

13 de febrero de 1933

Señor mío:

Le agradezco enormemente el envío de los números de *Les Annales* que contienen *El caso Kurílov*, así como el manuscrito de los dos primeros capítulos de la novela.

Por otra parte, acabo de recibir de la editorial Grasset un juego de pruebas completo, que esta misma noche partirá hacia Nueva York. Como verá, me ocupo de la obra de la señora Epstein con toda la diligencia y el esmero posibles.

Le ruego le transmita mis respetuosos saludos y reciba, señor mío, el testimonio de mi sincera consideración.

96

Irène Némirovsky a Pierre Brisson

Avenue Daniel-Lesueur, 8 (VII.°)
París, 27 de marzo de 1933

Querido Sr. Brisson:

Me permito adjuntarle un articulito sobre una compatriota mía, la señora Doussia Ergaz.[1] Confío en que acepte publicarlo en la sección dedicada a los libros «destacados» por los autores. El señor Tisné me ha asegurado que no es necesario ser un colaborador habitual para hacerlo.

Agradeciéndoselo por adelantado, queda muy sinceramente suya,

Irène Némirovsky

97

Irène Némirovsky a Gabriel Marcel

Avenue Daniel-Lesueur, 8 (VII.°)
París, 23 de mayo de 1933

Señor mío:

Hasta ayer tarde no tuve conocimiento del excelente artículo que fue tan amable de escribir sobre *El caso Kurílov*.[2] He leído su muy incisivo y agudo análisis con un placer casi desinteresado. Pero, como sin duda comprenderá, sus elogios me han enorgu-

---

1. Doussia Ergaz (1904-1967), traductora de Gorki, Tolstói, Gógol, Nabokov y Dostoievski, acababa de publicar una colección de relatos titulada *L'Échéance* en la editorial Grasset.

2. «Pese a los reparos que puedan ponérsele, el nuevo libro de Irène Némirovsky la honra sobremanera y aumenta la estima en que cabe tenerla» (*La Quinzaine Critique*, 20 de mayo de 1933).

llecido y emocionado mucho. Así pues, le ruego que me permita agradecérselos. Estoy segura de que me creerá si le digo que le estoy muy reconocida incluso por sus objeciones, porque, la verdad, después de *David Golder*, tenía la irritante sensación de que se me trataba como a una «niña prodigio»: con indulgencia...

Ahora se me empieza a considerar una colega, lo que, dada la alta estima en que tengo la condición de escritor, valoro infinitamente. Le digo todo esto de forma muy torpe, pero estoy segura de que usted me comprende.

Muy sinceramente suya,

Irène Némirovsky

98

Irène Némirovsky a Marcel Gras

Avenue Daniel-Lesueur, 8 (VII.°)
3 de junio de 1933

Señor mío:

Acabo de leer el artículo sobre *El caso Kurílov* que ha tenido la amabilidad de escribir.[1] Creo haberle dicho ya cuánto valoro su opinión, pues percibo en ella una especie de simpatía (si me permite decirlo) y una profunda, absoluta, sinceridad.

Así que podrá comprender que incluso sus reservas me complazcan, porque veo en ellas una franqueza y una imparcialidad que me agradan por encima de todo.

---

1. El director de cine Marcel Gras (1896-1976), colaborador de *Les Cahiers du Sud* y fundador junto con Marcel Pagnol de la revista *Fortunio*, se había sentido «atrapado, sacudido, desarmado» por *David Golder* (*Le Petit Marseillais*, 25 de febrero de 1930). Tres años después, considera que los hechos narrados en *El caso Kurílov* ofrecen «menos interés humano para el lector que la historia de un padre crucificado, el inolvidable Golder», aunque «la voz sigue siendo la misma: lúcida, sensible, profunda y lacerante» (*Le Petit Marseillais*, 31 de mayo de 1933).

En cuanto a sus elogios, después de lo que acabo de escribir, es fácil adivinar que me producen una gran alegría.

Queda muy sinceramente suya,

Irène Némirovsky

99

Irène Némirovsky a un crítico

Avenue Daniel-Lesueur, 8 (VII.°)
París, 12 de junio de 1933

Muy señor mío:

Acabo de leer el artículo que ha tenido a bien escribir sobre mi última novela, *El caso Kurílov*. Permítame agradecerle sus elogios, que, lo confieso, me producen un gran placer, y decirle a renglón seguido cuánto me ha gustado su crítica, tan profunda y perspicaz.

Para un escritor, es muy agradable, muy emocionante, ser comprendido, no sólo en lo que ha conseguido expresar, sino también en su pensamiento mismo. Leyéndolo a usted, he tenido esa impresión y quería decírselo.

Queda muy sinceramente suya,

Irène Némirovsky

100

Irène Némirovsky a «Los Trece»[1]

(*L'Intransigeant*, 13 de junio de 1933)

Que la señora Magdeleine Paz me permita, en primer lugar, agradecerle los elogios que dedica a *El caso Kurílov* y que aprecio en sumo grado.[2] Acto seguido intentaré defenderme de la acusación de inverosimilitud que me dirige.

En efecto, la señora Paz tiene razón al considerar inverosímil a un bolchevique que se divierte haciendo volar por los aires a altos dignatarios, habida cuenta de que la doctrina maximalista se opone radicalmente a los atentados individuales. Pero olvida que el protagonista de la novela, León M., nacido terrorista, por así decirlo, ha abandonado su partido para pasarse al bando de los bolcheviques, como afirma en la página 25 de mi libro: «Tras aquel episodio [la ejecución del ministro Kurílov] me separé de la fracción terrorista del Partido y me uní a T.»

En mi mente, la causa de ese giro radical era, más o menos, ese mismo episodio, y creía haberlo expresado de forma suficientemente clara. No obstante, no querría que se acusara a mi personaje de traición, porque no hay que olvidar que el partido bolchevique se convirtió en el enemigo irreconciliable de los so-

1. Seudónimo de Fernand Divoire (1883-1951), que firmaba así su sección de novedades literarias en *L'Intransigeant*.

2. En el bisemanal *Monde*, de Henri Barbusse, la periodista comunista Magdeleine Paz había interpelado a la autora en estos términos: «¿Por qué demonios Irène Némirovsky, que es una novelista nata, ha cometido el error garrafal de basar su última novela, construida con elementos extraídos de la realidad, en una inverosimilitud tan enorme que salta a la vista de inmediato y vicia, en mi opinión, el candente interés de la obra? La señora Némirovsky se propuso contarnos el principal episodio, el "asunto central" en la vida de un bolchevique retirado de la política. [...] ¡Pero la señora Némirovsky nos pinta esa organización de revolucionarios (asentada en Suiza, bajo la dirección de "Loudine" y "Brodski") como una asamblea de terroristas que se fijan como fin supremo y no piensan en otra cosa que en ejecutar atentados contra dirigentes rusos!» A instancias de *L'Intransigeant*, Irène Némirovsky responde a esas críticas.

cialistas revolucionarios (terroristas) mucho después de la época en que sitúo mi novela. Y hasta los revolucionarios pueden llegar a modificar sus doctrinas...

En cuanto a mí, me acuso de haber tratado esta cuestión en la novela en una sola frase que el crítico y el lector pueden pasar por alto, como le ha ocurrido a la perspicaz y lúcida señora Paz. La razón de ello es, sin duda, que yo tenía la impresión de que todo el mundo conoce estas cuestiones tan bien como los rusos, que, por así decir, las conocen instintivamente porque han vivido rodeados por la revolución en todas sus formas desde que abrieron los ojos.

Del mismo modo, hablando de mi libro, sorprende que el Comité Ejecutivo tardara tanto en ordenar la muerte de Kurílov. Y sin embargo... si se leyeran las memorias de la época, que por otra parte son, a la vez que terribles, mucho más divertidas que cualquier novela policíaca y de las que he extraído tantos pequeños detalles verídicos como he podido, se vería cuánto tiempo se iba en preparativos desde la decisión de los jefes terroristas hasta la ejecución. Porque no sólo era necesario proveerse de las bombas y transportarlas al lugar del crimen; también había que organizar las cosas de manera que los cómplices tuvieran tiempo suficiente para abandonar Rusia y que no se pudiera llegar desde los culpables cogidos in fraganti hasta los jefes. Eso requería meses.

Ejemplo: las *Memorias de un terrorista* de Boris Savinkov, el asesinato del gran duque Sergio, etcétera, etcétera.

Tampoco hay que olvidar la gran cantidad de agentes provocadores, mezclados con los revolucionarios, que retrasaban las ejecuciones con sus tejemanejes personales. Y ahora confío en no haber aburrido demasiado a los lectores de *L'Intransigeant* exponiéndoles toda esta «trastienda» revolucionaria, tan lejana a nosotros, ya.

101

Irène Némirovsky a «Los Trece»

(*L'Intransigeant*, 18 de junio de 1933)

Como ya he informado por escrito al señor Ch.-A. Janot, ignoraba la existencia de su drama, que se representó en 1906 y del que, por tanto, yo no podía tener conocimiento.[1]

En 1906 ya estaba en este mundo, pero no en disposición de interesarme por la literatura francesa.

Por otra parte, la vida rusa de la época (la vida, digo, no la literatura) está llena de hechos similares.

En 1933, todo esto puede parecer inventado, melodramático, pero es un hecho: los hombres de Estado fueron asesinados de la forma más clásica por individuos que se habían introducido en sus casas con disfraces de lo más diversos.

De modo que mi tema no es nada original, y, como pueden suponer, nunca basé en él el interés que pudiera tener mi libro...

No, mi única ambición era mostrar las almas de dos hombres...

---

1. *L'Intransigeant* había recibido del fabulista y dramaturgo Charles-Albert Janot la siguiente carta: «Queridos Trece: Les estaría muy agradecido si fueran tan amables de dar a conocer el hecho de que el argumento de la nueva novela de Irène Némirovsky, *El caso Kurílov*, es, por una curiosa coincidencia, extraordinariamente análogo, a grandes rasgos, al de mi drama en dos actos *La Bombe*, adaptación de una pieza rusa inédita de la señora de Chubine, que se estrenó el 23 de febrero de 1906 en el Théâtre d'Antin de París. Puede atestiguarlo el actor que interpretaba el papel del estudiante de Medicina, colocado por el comité revolucionario como enfermero junto al conde Nilov, ministro del zar, para ejecutarlo. Ese actor no era otro que el joven L. C., convertido con el tiempo en Édouard Helsey, nuestro ilustre colega del gran reportaje internacional. Queda aclarado por si algún teatro decidiera reponer *La Bombe* o si se me pidiera transformarla en un drama cinematográfico.» Irène Némirovsky se apresura a responderle en el mismo periódico.

102

Irène Némirovsky a André Lang

París, 20 de junio de 1933

Señor mío:

Permítame agradecerle su amable crítica de *El caso Kurílov* en *Les Annales.*[1]

Siempre leo sus inspiradas crónicas de «Le Livre Parlé» con el más vivo interés. Me alegran mucho sus elogios, porque es usted una de las personas cuya opinión respecto a mis obras más me importa.

Queda muy sinceramente suya,

Irène Némirovsky

1. André Lang (1893-1986), periodista y dramaturgo francés, había celebrado el talento de «narradora pura» de Irène Némirovsky en su artículo de *Les Annales* (16 de junio de 1933).

103

Irène Némirovsky a Louis de Mondadon

Estafeta, Urruña (Bajos Pirineos)
25 de julio de 1933

Muy señor mío:

Leo en *Études* un artículo sobre mi última novela, *El caso Kurílov*, que me llena de orgullo y emoción.[1] No merezco semejantes elogios. Pero me gustaría poder expresar cuánto me conmueven y me animan.

Le doy las gracias, señor mío, y quedo muy sinceramente suya,

Irène Némirovsky

104

Irène Némirovsky a Gaston Chérau

[matasellos del 2 de agosto de 1933]

Mi querido maestro:

Hace mucho que no tengo noticias suyas. Estoy pasando las vacaciones en una región magnífica y nos hace muy buen tiempo. Unas líneas suyas me alegrarían mucho.

Siempre suya,

I. Némirovsky

---

1. El 20 de julio, el sacerdote jesuita Louis de Mondadon (1878-1949) había publicado en la revista *Études* un artículo muy elogioso que finalizaba con estas palabras: «No abundan las obras en las que la emoción se encuentra tan condensada, totalmente desnuda bajo los focos convergentes de una inteligencia que escudriña y penetra. El arte de Irène Némirovsky se emparenta (y, al decirlo, no creo excederme en el elogio) con el del maestro sin igual, el Racine de *Mitrídates* y *Británico*.»

105

Albin Michel a Irène Némirovsky

París, 17 de octubre de 1933

Muy señora mía:

Como acordamos en nuestra reciente conversación, adjunto a la presente el borrador del contrato.[1] Si lo encuentra satisfactorio, le ruego me lo devuelva con la indicación «Conforme para poner en limpio».

Reciba mis más cordiales saludos.

106

Irène Némirovsky a Albin Michel

Avenue Daniel-Lesueur, 8 (7.°)
París, 18 de octubre de 1933

Querido Sr. Michel:

He recibido el borrador de contrato que me envió ayer. Estoy decidida a firmarlo, pero, si no tiene inconveniente, me gustaría que figuraran en él las precisiones de las que le hablé:

1. Incluso en el caso de que durante los tres primeros años mis derechos de autor sean inferiores a 144.000 francos, usted no me retendrá nada sobre mi porcentaje futuro para cubrir la diferencia.

---

1. Este contrato de exclusividad por una duración de veinte años, que Irène Némirovsky firmará el 24 de octubre, prevé la publicación de una o dos novelas al año y el pago de mensualidades de 4.000 francos hasta el 1 de octubre de 1936, es decir, 144.000 francos, y autoriza a la escritora «a publicar en Éditions Bernard Grasset una recopilación de guiones».

2. Esa suma de 144.000 francos aumentará proporcionalmente si las circunstancias le obligan a subir el precio de venta de los ejemplares (me refiero a la posibilidad de una inflación).

3. He creído comprender que usted se compromete a aceptar todas mis novelas y que sólo se reserva el derecho a rechazar mis libros de relatos.

4. Queda entendido que, si no hace uso de su derecho a publicar mis novelas en alguno de sus periódicos, yo sólo podré publicarlas en otro en varias entregas, pero supongo que me autoriza a hacerlo en una sola si se trata de novelas breves.

Creo que las precisiones que le pido se limitan a confirmar las condiciones que me expuso usted verbalmente. Así pues, espero el contrato en papel timbrado, que le devolveré tan pronto lo firme.

Sinceramente suya,

Irène Némirovsky

107

Irène Némirovsky a Bernard Grasset

París, 19 de octubre de 1933

Mi querido editor:

Uno de sus colegas[1] me ofrece un contrato redactado en los siguientes términos:

1. Yo me comprometo a entregarle durante veinte años, a razón de un libro por año (dos, si lo deseo), toda mi producción literaria, que él se compromete a editar.

2. Mis derechos de autor varían del 0 al 15 por ciento.

3. Él me paga durante tres años mensualidades de 4.000 francos, es decir, 144.000 francos, a cuenta de mis derechos. En

1. Albin Michel (véanse cartas 105 y 106).

el caso de que durante los tres primeros años éstos representaran una cantidad inferior, yo tendría que reembolsarle la diferencia, mediante deducciones sobre mi porcentaje, en diecisiete anualidades.

Usted sabe que siempre me ha supuesto un enorme rechazo adquirir compromisos a largo plazo. Por desgracia, las circunstancias actuales me obligan a hacerlo. Así pues, he decidido aceptar el contrato en cuestión, que deberé firmar antes del final de la semana.

Excuso decir que, en caso de que usted considerara conveniente ofrecerme las mismas condiciones, le daría la preferencia con mucho gusto y estaría encantada de seguir vinculada a su editorial.

Le agradecería que me comunicara sus intenciones a ese respecto, de manera que pueda tomar una decisión el próximo sábado por la mañana a más tardar.

Queda sinceramente suya,

Irène Némirovsky

P. D.: Por supuesto, el editor del que hablamos me autoriza a publicar con ustedes la colección de guiones que fue el objeto de nuestro último contrato.[1]

---

1. Esa recopilación, *Films parlés*, no aparecerá ni en Grasset ni en Albin Michel, sino en la colección «Renaissance de la nouvelle» de Gallimard, en febrero de 1935 (es decir, tres meses después de la fecha del *copyright*, diciembre de 1934).

108

Irène Némirovsky a Gaston Chérau

Avenue Daniel-Lesueur, 8
París, 23 de octubre de 1933

Mi querido maestro:

Conservo de usted muchas cartas que me son muy preciadas. La que recibí ayer y en la que usted me... me echa una buena regañina, estará, me parece, entre las más queridas. ¡Siento en ella una simpatía tan cálida, tan cordial!

Pero tiene que permitir que me disculpe, mi querido maestro, y es lo que hago. No se me ocurrió pedirle un artículo por la simple razón de que ignoraba las excelentes intenciones de *L'Intransigeant* a ese respecto. En realidad, me habría dado apuro pedirle cualquier cosa en esta época del año, en que el amenazante Premio Goncourt no debe de darle respiro. De modo que no sabía nada cuando, ayer, recibo una llamada de *L'Intran*: «¿Podría enviarnos algunas fotos para acompañar el artículo que el señor Gaston Chérau acaba de escribir sobre usted?» Y la voz añade: «¡Le gustará!» A lo que yo, conociendo su bondad para conmigo, respondí: «Eso no lo dudo.» Ayer leí el artículo,[1] y ¿qué puedo decirle, aparte de un profundo y emocionado gracias?

Imagínese lo contenta y orgullosa que estoy con sus elogios. De hecho, yo también siento no haber conocido las intenciones de *L'Intransigeant*; le habría enviado mi novela, antes del artículo, aunque iba a abusar de su inalterable amabilidad para conmigo de todas maneras y mandársela antes de su publicación

1. El artículo, publicado el 25 de octubre en *L'Intransigeant*, es el primero que propone un estudio de todas las novelas de Irène Némirovsky desde *El malentendido* (1926): «A lo largo de mi vida, he tenido unas cuantas grandes satisfacciones literarias», escribe Chérau; «una de las mayores ha sido el descubrimiento, que hice por mí mismo, de Irène Némirovsky en un momento en que aún nadie hablaba de ella, en el que era desconocida, en el que ni ella misma se conocía. [...] Autores de novelas los hay a cientos; pero, entre ellos, no siempre se encuentra a un novelista».

en libro para que le echara un vistazo, como tuvo a bien hacerlo con las anteriores.

¿He obtenido su perdón?

Ahora voy a darle las últimas noticias. Ya sabe que *El caso Kurílov* no levantó pasiones. Debido a eso, mi relación con Grasset se enfrió un poco, y de ahí que por *El peón* me ofrecieron una cantidad irrisoria. Así que empecé a buscar otra editorial. Como sabe, Flammarion me rondaba desde hacía años, y, la verdad, estaba tan harta de regateos que ya tenía el contrato delante, listo para firmarlo, cuando recordé ciertas palabras de un tal don Gaston Chérau: «No firme nunca con Flammarion», me había dicho usted. «Si tiene que cambiar de editor, acuda a Albin Michel.»

Así que me armé de valor, fui a ver a A. M. y, figúrese, en ocho días, asunto resuelto. Eso sí, el contrato es largo, veinte años, a razón de un libro por año, pero al menos tengo tres de paga asegurada, lo que ya es mucho en los tiempos que corren y, para mí personalmente, muchísimo. Espero que funcione. Albin Michel me gusta más que Fischer.[1] No es tan quisquilloso; para los negocios, parece decidido y brusco, lo que no me molesta en absoluto. Le dije que la idea de acudir a él me la había dado usted. Espero que no le moleste... Y ya está, querido maestro.

He pasado un verano muy feliz y relajado, y soy una completa idiota por no haberle dado mi dirección. Supuse que no había recibido mi carta o que estaba demasiado ocupado para responder.

Durante las negociaciones con A. M. le telefoneé, pero me dijeron que no se encontraba en París.

¿Piensa venir a pasar algunos días aquí? Si no viene a pedirme de cenar, me pondré muy triste. Mi marido y mi hija están bien. Espero que sus hijos también.

Perdóneme por esta carta tan larga y créame, mi muy querido maestro,

Suya afectísima,
Irène Némirovsky

1. Max Fischer (1880-1957), director literario de la editorial Flammarion.

P. D.: Olvidaba decirle que soy crítica de teatro en *Le Rempart*.[1] Es muy divertido.

109

Irène Némirovsky a Albin Michel

Avenue Daniel-Lesueur, 8
París, 24 de octubre de 1933

Querido Sr. Michel:

Adjunto a la presente, le devuelvo el contrato firmado.

El peón en el tablero empezará a aparecer en *L'Intransigeant* mañana y, según me han dicho, constará de entre 30 y 35 entregas. ¿Podría informarme de la fecha aproximada en que espera publicarlo, por saber cuánto tiempo tengo por delante para revisarlo? Si no es indiscreto, me gustaría examinar el informe que le ha hecho su lector,[2] porque señalaba varios errores que quisiera corregir.

He visto que su periódico[3] aparecerá en breve. Si tuviera un puesto libre de crítico de teatro o cine, acuérdese de mí, porque son dos temas que me interesan mucho. De hecho, actualmente hago crítica teatral para *Le Rempart*, y me han ofrecido hacerla en *Le Jour*.[4]

Queda muy sinceramente suya,

Irène Némirovsky

---

1. *Le Rempart*, periódico dirigido por Paul Lévy, apareció desde abril hasta noviembre de 1933. Irène Némirovsky publicó en él, entre otras, críticas de *L'Amour gai* de Stève Passeur (n.º 177, 15 de octubre de 1933) y *Ricardo III*, en el montaje de André Obey para el Théâtre de l'Atelier (n.º 198, 5 de noviembre de 1933).

2. El lector en cuestión, Robert de La Vaissière (1880-1937), pese a temer que el gran público se sintiera ofendido por esa novela «de auténtico valor», pero «pobre en peripecias apasionantes y "triste" de principio a fin», sólo señaló «"lapsus" escasos e insignificantes».

3. *Noir et Blanc*, dirigido por Pierre Benoit y Roland Dorgelès, que aparecerá de abril de 1934 a enero de 1935. Irène Némirovsky publicará allí su novela breve *El eco*.

4. No parece que esa oferta llegara a cuajar.

P. D.: Le adjunto una carta que contiene una propuesta de traducción al italiano.

110

Albin Michel a Irène Némirovsky

París, 25 de octubre de 1933

Querida Sra. Némirovsky:

Le devuelvo firmada su copia del contrato definitivo, acompañada de un cheque cruzado por valor de 4.000 francos, correspondiente a la primera mensualidad que debía pagársele el 1 de noviembre. Le ruego acuse la recepción de éste enviándome el recibo adjunto.

No planeo publicar *El peón en el tablero* antes de finales de enero o febrero de 1934, lo que significa que tendrá tiempo de sobra para revisar su manuscrito.

No preveo crear una sección regular de crítica teatral en mi periódico, pero, como espero tener el placer de verla antes de que el libro salga de las prensas, volveremos a hablar de ello.

Estoy haciendo lo necesario respecto a la propuesta de traducción al italiano.

Reciba mis más cordiales saludos.

P. D.: Incluyo el informe sobre *El peón en el tablero*. Le ruego sea tan amable de devolvérmelo una vez lo haya examinado.

111

Irène Némirovsky a Gaston Chérau

París, 30 de octubre de 1933

Mi querido maestro:

L'Intransigeant empezó a publicar *El peón en el tablero* hace dos o tres días, pero no quisiera que lo leyera usted en folletín. Además, está lleno de erratas.

Dentro de unos días, en cuanto haya mecanografiado el manuscrito, me apresuraré a mandárselo. Si tiene tiempo y no le causa molestia, ¿sería tan amable de anotar en los márgenes lo que no le guste? Se lo agradecería tanto... Seguramente el libro no aparecerá hasta enero.

He leído que van a hacer una versión hablada de *Champi-Tortu*.[1] Estoy muy contenta. El niño que interpretará el papel es asombroso.

Le envío, querido maestro, mis saludos más afectuosos.

Su Irène Némirovsky

1. En julio de 1933, varios periódicos anuncian que Julien Duvivier planea rodar *Champi-Tortu* con el niño Robert Lynen como protagonista, pero el director de cine Marcel L'Herbier había adquirido los derechos de la novela de Chérau y el proyecto no prosperará.

112

Irène Némirovsky a Gaston Chérau

París, 6 de noviembre de 1933

Mi querido maestro:

Acabo de hablar con el señor Charensol,[1] que se ha ocupado de mi novela en *L'Intransigeant* y le ha escrito en relación con su artículo. Se ha mostrado muy abochornado y asombrado ante esa imperdonable falta de delicadeza y me ha dicho que le enviaba el artículo de inmediato y le escribía.

En cuanto a mí, querido maestro, le reitero mis excusas, porque, aunque no sea culpa mía, en cierta forma me siento responsable de lo ocurrido.

Espero de todo corazón que no me lo tome en cuenta. ¡Pero me conoce demasiado bien para eso! Sabe que siento hacia usted una gratitud infinita, y pensar que pueda usted dudar de ella un solo instante me apenaría mucho.

Créame, se lo ruego, querido maestro, muy sinceramente suya,

Irène Némirovsky

---

1. Georges Charensol (1899-1995), periodista, crítico de arte y cine, y cofundador de los Premios Renaudot y Louis-Delluc.

113

Irène Némirovsky a Gaston Chérau

7 de noviembre de 1933

Mi querido maestro:

¡Figúrese que acabo de tener el placer de conocer a su encantador hijo! Ha venido a verme y me ha contado algo realmente extraordinario: que usted ni siquiera había recibido el número de *L'Intransigeant* que incluye su artículo. No salgo de mi asombro, sabiendo como sé lo contentos que estaban de disponer de él y que se felicitaban por haber tenido la buena idea de pedírselo. No conozco a casi nadie en *L'Intransigeant*, pero por supuesto voy a decirles lo que pienso de ese increíble olvido.

En cuanto a mí, ni se me pasó por la cabeza que pudiera usted no tener noticia de la publicación del artículo.

Desde luego, había advertido que habían suprimido algunas frases del principio, pero estaba convencida de que lo habían hecho con su conformidad. En fin, lamento profundamente que esas líneas, que valoro infinitamente —¡bien lo sabe!— y en las que había puesto usted tanto corazón y tan generosa pasión, hayan sido para usted motivo de disgusto. No puedo consolarme de ello, pero espero que al menos no me guarde rencor por ser la causa, totalmente involuntaria, de todo este asunto.

¡Mi querido maestro, sea bueno y envíeme unas líneas para decirme que no está enfadado conmigo! Quería mandarle de inmediato un ejemplar que guardé, pero su hijo me ha dicho que no lo haga, que se lo enviaría él mismo. Me alegra mucho que haya tenido la buena idea de venir a contármelo. Eso me permite reiterarle una vez más mi gratitud y mi afectuoso respeto, querido maestro.

Su Irène Némirovsky

114

Irène Némirovsky a Gaston Chérau

8 de noviembre de 1933

Mi querido maestro:

Acabo de recibir el manuscrito de *El peón en el tablero*, tan sagazmente anotado por usted. Me siento muy violenta al pensar que se ha tomado la molestia de hacer ese trabajo justo ahora, cuando los candidatos al Goncourt no deben de dejarle un momento de descanso.

Como ya le escribí, el libro no se publicará hasta enero o febrero. Por eso se lo mandé, pensando que lo reservaría para cuando estuviera menos ocupado. No se imagina cuánto me emociona y cuánto apuro me da su rapidez. Yo misma pienso dejar reposar el libro y no retomarlo hasta más adelante. ¿El título? Por desgracia, no es posible cambiarlo, puesto que la novela ya ha empezado a publicarse con él. Le propuse a Albin Michel cambiarlo por «Un héroe de estos tiempos», o «Un hombre de nuestro tiempo», pero el título original le parecía mejor, y cedí ante su opinión. Ahora es demasiado tarde.

Sigo escribiendo sobre teatro en *Le Rempart*. Pero ¿le cuento un detalle divertido? Resulta que la crítica más dura que he recibido (hasta ahora) la ha publicado, precisamente, ese periódico,[1] lo que no les impidió llamarme. Está visto que cambian de idea con facilidad...

Mi querido maestro, temo hacerle perder demasiado tiempo con mis cartas. Permita solamente que le agradezca desde lo

1. Se trata de la reseña de *El caso Kurílov* publicada en el n.º 19 del 10 de mayo de 1933: «[...] el ritmo se rompe, el estilo se complica, los personajes se mueven como marionetas y la historia es una extraña mezcla de melodrama y novela policíaca. Quizá porque se ha alabado su fuerza en exceso, el estilo de la señora Némirovsky parece plano. Ya ni siquiera esperamos una revancha... Así que, a falta de esperanza, pidamos un deseo y cerremos *El caso Kurílov*.»

más profundo de mi corazón su inquebrantable bondad para conmigo.

Queda siempre suya,

Irène Némirovsky

115

Irène Némirovsky a Albin Michel

París, 13 de noviembre de 1933

Mi querido editor:

Paul Morand me pide un libro de relatos breves para una colección que dirigirá en La Nouvelle Revue Française. Tengo varios, que aparecieron en su día en diversas publicaciones y que bastarían, junto con otros que guardo en los cajones, para formar el volumen en cuestión.

Sé que, en general, a los editores no les gusta publicar libros de relatos ni se esfuerzan a la hora de promocionarlos. Si es su caso, ¿tendría inconveniente en autorizarme a entregarle ese libro a la N. R. F.?

Paul Morand me ha rogado que le dé una respuesta lo antes posible, así que le agradecería mucho que me comunicara su decisión por carta a la mayor brevedad, para que pueda transmitirle su conformidad o su rechazo con una prueba tangible.

Agradeciéndoselo por anticipado, queda sinceramente suya,

Irène Némirovsky

116

Albin Michel a Irène Némirovsky

París, 13 de noviembre de 1933

Querida Sra. Némirovsky:

Nuestro matrimonio espiritual es tan reciente que, francamente, me resultaría muy desagradable permitirle serme infiel[1] cuando nuestro primer hijo aún no ha venido al mundo.

Piénselo, y estará de acuerdo conmigo.

Reciba, querida señora, mis más cordiales saludos.

117

Irène Némirovsky a Albin Michel

París, 15 de noviembre de 1933

Mi querido editor:

La mujer debe obedecer al marido. En consecuencia, acato de buen grado su decisión, confiando en que, una vez nacidos, mostrará hacia sus hijos los mismos sentimientos que le inspiran en el estado embrionario.

Y ahora, otra cosa: puesto que su periódico[2] aún no ha aparecido, ¿sería tan amable de autorizarme a dar a *Gringoire* una de las novelas breves que guardo en los cajones?[3] Hace tiempo

1. A Albin Michel le alarmó que su nueva autora planeara publicar cuatro guiones en la colección de la editorial Gallimard «Renaissance de la nouvelle», dirigida por Paul Morand. Finalmente, aparecerían en ella con el título conjunto de *Films parlés* (1934).

2. El mensual *Noir et Blanc*, en el que el 22 de julio de 1934 aparecerá la novela breve *El eco*.

3. Se trata de «Nativité» [«Natividad»], publicada en el número del 8 de diciembre de 1933.

que se lo prometí a Carbuccia,[1] cuyo semanario siempre ha sido extraordinariamente amable conmigo.

¿Podría decirme también si, de forma general, puedo disponer de mis relatos libremente (salvo, claro está, para publicarlos en libro) en tanto aparece su semanario, o si por el contrario prefiere reservárselos ya?

Rogándole me perdone por importunarlo tan a menudo, quedo muy sinceramente suya,

Irène Némirovsky

118

Albin Michel a Irène Némirovsky

París, 16 de noviembre de 1933

Querida Sra. Némirovsky:

Nuestro contrato le da la libertad de disponer de sus narraciones para publicarlas en periódicos, pero, cuando aparezca el mío, le pediré que me dé prioridad.

Reciba mis más cordiales saludos.

1. Horace de Carbuccia (1891-1975), director del semanario *Gringoire* y de la editorial Éditions de France.

119

Irène Némirovsky a Marcel Thiébaut

París, 25 de noviembre de 1933

Querido Sr. Thiébaut:

Me he alegrado mucho al saber que mi nombre figura entre los de los colaboradores de su revista.[1]

No obstante, debo señalarle que estoy vinculada a Albin Michel y que, según mi contrato, no puedo publicar ninguna novela en una revista sin su acuerdo.

De todas formas, uno de estos días pasaré a verlo para explicarle todo esto...

Queda muy sinceramente suya,

Irène Némirovsky

120

Irène Némirovsky a Albin Michel

París, 27 de noviembre de 1933

Mi querido editor:

He conseguido ponerme de acuerdo con Paul Morand, respetando rigurosamente mis compromisos con usted: Grasset ha aceptado devolverme la libertad en lo relativo a los guiones que debía publicar con él y Paul Morand está conforme con publicarlos en su colección de la N. R. F. con el título *Films parlés*.

---

1. *La Revue de Paris*, dirigida por el prestigioso crítico literario Marcel Thiébaut (1897-1961). En el número de mayo de 1933 había aparecido una novela breve de Irène Némirovsky, *Un déjeuner en septembre*. En la misma revista se publicarán el relato «Domingo», en junio de 1934, y *El vino de la soledad*, por entregas, a partir de marzo de 1935.

Por supuesto, ese libro sólo contendrá los guiones ya escritos y prometidos a Grasset. No figurará ninguno de los relatos sobre los que hemos hablado con anterioridad, que guardo para usted.

En lo que respecta a *El peón en el tablero*, como creo que lo mandará componer dentro de poco, ¿podría devolverme el manuscrito que obra en su poder, para que pueda empezar a revisarlo, de forma que la composición se haga sobre un texto corregido?

Agradeciéndoselo por adelantado, mi querido editor, queda muy sinceramente suya,

Irène Némirovsky

121

Albin Michel a Irène Némirovsky

París, 28 de noviembre de 1933

Querida Sra. Némirovsky:

Recibo su carta del 27 de noviembre, y estoy conforme con lo [que] me dice respecto a su acuerdo con Paul Morand.

En cuanto a *El peón en el tablero*, le envío el manuscrito, tal como me pidió. Lo mandaré componer en cuanto me lo devuelva, para que aparezca a principios del próximo año.

Reciba mis más cordiales saludos.

122

Irène Némirovsky a Gaston Chérau

París, 25 de diciembre de 1933

Querido maestro:

Permítame enviarles a usted y los suyos mis más sinceros deseos de felicidad y salud para el próximo año, acompañados de otro más egoísta: ¡que escriba otros muchos buenos libros, para alegría de todos nosotros!

Sentí mucho no poder verlo mientras estuvo usted en París para el Goncourt. ¡Si hubiera sabido su dirección, me habría atrevido a recordarle mi existencia! ¿No lo veremos por aquí este invierno?

Queda, mi querido maestro, muy sincera y respetuosamente suya,

Irène Némirovsky

123

Irène Némirovsky a Gaston Chérau

Avenue Daniel-Lesueur, 8
París, 25 de diciembre de 1933

Mi querido maestro:

Ayer mi marido y yo pasamos la velada leyendo en voz alta los magníficos relatos de *La voix de Werther*,[1] que ya habíamos leído por separado, y hablando de usted con el afecto y la admiración que puede imaginar.

---

1. Libro de relatos publicado en 1933 por la editorial Ferenczi.

En lo que me concierne, me ha alegrado y sorprendido mucho la acogida dispensada a *Kurílov*. Porque le han dedicado artículos excelentes y muy elogiosos, y relativamente pocos vapuleos (algunos sí, la mayoría, de rusos: uno nunca es profeta...). Confío en poder dejar París a final de mes. ¿Cómo está usted, querido maestro? ¿Y los suyos?

Mi marido le manda recuerdos y yo, mis mejores deseos y toda mi admiración.

Irène Némirovsky

124

Irène Némirovsky a Jean Paulhan

4 de enero de 1934

A la atención del señor BERL[1]

Muy señor mío:

Hace algún tiempo, el señor Paul Morand me propuso publicar un libro mío titulado *Films parlés* en la colección que dirige para ustedes. Me fue muy grato poder decirle que sí; pero desde entonces han pasado muchas semanas, y aún no he recibido el contrato correspondiente a dicho libro, ni siquiera una respuesta en firme sobre las condiciones que podían ofrecerme.

1. A finales de 1933, Irène Némirovsky obtuvo autorización de Albin Michel para reunir cuatro de sus guiones en un libro titulado *Films parlés*, que publicará Paul Morand en la colección «Renaissance de la nouvelle» de la editorial Gallimard. El 2 de diciembre, Morand escribe a Emmanuel Berl pidiéndole que prepare el contrato. Tres semanas después, el 22 de diciembre, comunica a Gaston Gallimard que ha recibido la siguiente carta de Irène Némirovsky: «Debo decirle que, por desgracia, el contrato con Gallimard es, hasta el momento, inexistente: su editor no da señales de vida, lo que me sorprende y me molesta un poco: me gustaría saber a qué atenerme antes de empezar a trabajar.» Dos semanas más tarde, como último recurso, Irène Némirovsky escribe a Jean Paulhan, director editorial de la N. R. F.

Uno de sus colaboradores, el señor Parain,[1] con quien hablé ayer y he vuelto a hablar hoy, tampoco ha podido informarme sobre el particular.

Si de veras desean publicar el libro, les agradecería que me enviaran un borrador de contrato con urgencia, a ser posible a vuelta de correo, pues me es indispensable saber a qué atenerme sobre este asunto para establecer mi programa de trabajo del mes.

En caso de que el libro no les interese, ¿podrían comunicármelo franca y rápidamente?

Agradeciéndoselo por adelantado, lo saluda atentamente,

Irène Némirovsky

P. D.: El señor Morand me comunica en estos instantes que, después de la conversación que ha mantenido hoy con el señor Berl, estarían ustedes dispuestos a concederme un 12 por ciento y garantizar 5.000 ejemplares. Estoy de acuerdo con esos términos, a condición de recibir de forma urgente una confirmación oficial.

125

Gaston Gallimard a Irène Némirovsky

5 de enero de 1934

Querida Sra. Némirovsky:

Hasta esta mañana no he tenido conocimiento de su conversación de ayer con Parain. Estamos totalmente de acuerdo con usted sobre un porcentaje del DOCE POR CIENTO (12%) en concepto de adelanto y garantizamos los cinco mil primeros ejemplares.

1. Brice Parain (1897-1971), editor en Gallimard desde 1927, tenía, junto con Boris de Schloezer, el cometido de ampliar el catálogo ruso.

En consecuencia, redactaremos el correspondiente contrato, que esperamos enviarle en los próximos días para su firma.

Reciba, querida señora, mis más cordiales saludos.

Gaston Gallimard

126

Irène Némirovsky a Gaston Gallimard

6 de enero de 1934

Señor mío:

Le agradezco su pronta respuesta. Espero el contrato y estoy completamente de acuerdo respecto a los derechos convenidos.

Muy sinceramente suya,

Irène Némirovsky

127

Irène Némirovsky a Éditions Gallimard

10 de enero de 1934

Muy señores míos:

Adjuntas a la presente, les devuelvo las dos copias del contrato *Films parlés* debidamente firmadas. Como verán, he suprimido la cláusula XIV, que entraba en conflicto con mis compromisos externos previamente adquiridos.

Espero que no tengan objeciones al respecto. Por otra parte, el señor Parain me dijo, durante una conversación, que pensaban poner a la venta el libro al precio de 12 o 15 francos. ¿Serían tan amables de concretar sobre esa cuestión?

Queda, señores míos, muy sinceramente suya,

Irène Némirovsky

P. D.: ¿Podrían darme igualmente algunas precisiones respecto a mis derechos de autor sobre los ejemplares en «papel de hilo», AEO, etc. mencionados en la cláusula V? Supongo que son los mismos que para la edición corriente.

128

Irène Némirovsky a Albin Michel

Avenue Daniel-Lesueur, 8
París, 17 de marzo de 1934

Querido Sr. Michel:

Le envío, adjuntas a la presente, las pruebas corregidas de *El peón en el tablero*, la lista de las «obras del mismo autor», una breve biografía y dos fotos. Elija la que le convenga. El nombre y la dirección de los fotógrafos están escritos al dorso. Tenga la bondad de entenderse con ellos y, a continuación, devolverme esas dos copias.

Queda muy sinceramente suya,

Irène Némirovsky

129

Irène Némirovsky a Éditions Gallimard[1]

1 de mayo de 1934

Estimado señor:

Acabo de saber por Paul Morand que, aunque mi libro *Films parlés* (formado, como sabe, por cuatro relatos: «Film parlé», «La Comédie bourgeoise», «Los vapores del vino» e «Ida») no aparecerá probablemente hasta septiembre, La Nouvelle Revue Française ya tiene a mi disposición el adelanto que prevé nuestro contrato y que es del doce por ciento sobre 5.000 ejemplares liquidados.

¿Sería tan amable de hacerme llegar dicha cantidad en un cheque?

Agradeciéndoselo por adelantado, queda muy sinceramente suya,

Irène Némirovsky

P. D.: ¿Cuándo aparecerá «Ida» en *Marianne*?

1. No conocemos el destinatario de esta carta. Quizá Gaston Gallimard.

130

Irène Némirovsky a Henry Bernstein

París, 10 de mayo de 1934

Querido maestro:

Quiero agradecerle la maravillosa velada que pasé ayer gracias a usted. ¡Parece increíble que una obra tan apasionante fuera escrita hace más de veinte años![1]

Cuánto siento no poder manifestar mi admiración públicamente... ¡Tendré que conformarme con esta carta!

Queda, querido maestro, muy sinceramente suya,

Irène Némirovsky

131

Irène Némirovsky a René Lalou[2]

Avenue Daniel-Lesueur, 8
6 de junio de 1934

Señor mío:

Permítame darle las gracias de todo corazón por el excelente artículo sobre *El peón en el tablero* que ha tenido la amabilidad de escribir.[3]

---

1. *L'Assaut* (1912), repuesta en el Théâtre du Gymnase el 9 de mayo de 1934.

2. René Lalou (1889-1960) era cronista literario en la *Revue des Vivants*. Su *Histoire de la littérature française contemporaine* (Puf, 1946) será la primera obra de su género que dedique dos páginas a la obra de Irène Némirovsky.

3. En el artículo, publicado en *Noir et Blanc*, semanario de la editorial Albin Michel (véase carta 109, nota 3), Lalou considera que «*David Golder* fue una salida en falso porque su brillantez nos ocultó la verdadera originalidad de la señora Némirovsky».

No se imagina cuánto se le agradece a un crítico que haya comprendido lo que creías escondido en lo más profundo de ti misma...

Queda muy sinceramente suya,

Irène Némirovsky

132

Irène Némirovsky a Henri de Régnier

París, 21 de junio de 1934

Querido maestro:

¿Cómo agradecerle lo suficiente el excelente artículo que ha tenido la bondad de escribir sobre *El peón en el tablero* para *Le Figaro*? Siento una gran admiración por usted. Cada palabra elogiosa que me dedica me llena de un orgullo muy profundo y muy dulce... y también de vergüenza, cuando pienso en la detestable muchacha que perturbaba su descanso en la rue Boissière, hace diez o doce años...[1]

Permítame pedirle, querido maestro, que presente mis humildes respetos a la señora Gérard d'Houville.[2] Crea, se lo ruego, en mi admiración y mi respetuosa gratitud.

Suya,

Irène Némirovsky

---

1. En ese artículo del 21 de junio de 1934, Henri de Régnier recordaba que, diez años antes, en el piso situado encima del suyo en la rue Boissière, vivía de alquiler una familia rusa muy escandalosa: «Efectivamente, apenas se instalaron, su presencia se hizo notar en forma de idas y venidas inquietantes, portazos estruendosos, conversaciones estridentes, sonoras pisadas, jolgorios y correteos despiadados, no sólo durante el día, sino también a altas horas de la noche.»

2. Seudónimo de Marie de Hérédia (1875-1963), mujer de Henri de Régnier y amante de Pierre Louÿs, autora de novelas apreciadas por Irène Némirovsky y de *Les Rêves de Rikiki*, Plon, 1930, que regalará a su hija Denise.

133

Irène Némirovsky a Albin Michel

París, 27 de junio de 1934

Querido Sr. Michel:

Le adjunto una novela breve que tiene el tamaño requerido para *Noir et Blanc*, y espero que le guste. No obstante, si le pareciera que no se corresponde con el espíritu de su semanario, no dude en devolvérmela: la colocaré fácilmente en otro, porque en estos momentos recibo más peticiones de relatos de las que puedo satisfacer.

Me gustaría tener noticias del *Peón*, aunque me da miedo que sean malas; en efecto, ya no veo el libro en los escaparates de las librerías, y temo que sea una mala señal.

¿Ha leído usted las críticas? Últimamente, las ha habido excelentes.

También he visto que la editorial ha vuelto a promocionar un poco el libro, y quería saber si no es costumbre de ustedes incluir en dichos carteles publicitarios extractos de críticas. Por si deseara hacerlo, sepa que guardo artículos muy favorables de Henri de Régnier, Pierre Loewel, André Bellessort, Franc-Nohain, Marcel Prévost, André Thérive, René Lalou, etc.

La próxima semana dejaré París hasta octubre, espero. Durante ese tiempo, trabajaré en *El vino de la soledad.* Confío en acabarla en noviembre. ¿Sobre qué fecha la necesitaría?

Deseándole que pase un buen verano, queda muy sinceramente suya,

Irène Némirovsky

134

Irène Némirovsky a Gaston Chérau

París, 1 de julio de 1934

Mi querido maestro:

Me ha alegrado mucho recibir su libro, en primer lugar porque me promete estupendas horas de lectura y, en segundo, porque me da buenas noticias suyas, lo que echaba mucho de menos en los últimos tiempos.

Este invierno me encontré con Charles Delac, que me dijo que todos los malentendidos que nos habían dividido estaban aclarados. Me alegró mucho oírlo.

Pasado mañana parto hacia Urruña (Bajos Pirineos), adonde me llevo *Le Pays qui a perdu son âme*, cuyo título me encanta y que leeré con fervor como todo lo que viene de usted.

Créame fielmente suya,

Irène Némirovsky

135

Albin Michel a Irène Némirovsky

París, 3 de julio de 1934

Querida Sra. Némirovsky:

Noir et Blanc publicará su relato[1] con mucho gusto, pero no se sorprenda si no lo ve aparecer enseguida porque, como es un poco corto y no ocupará toda una página, necesitaremos otro texto para llenar el espacio restante. En el futuro, tenga la amabilidad de enviarnos narraciones más largas.

1. Véase carta 119, nota 3.

Su *El peón en el tablero* tuvo una tirada de 17.000 ejemplares, 11.359 de ellos en rústica, y de esta cantidad me quedan en el almacén 680. Así que casi todos los ejemplares en rústica están repartidos por las librerías y, aunque sea demasiado pronto para hacerse una idea exacta de las ventas, puedo decirle que, teniendo en cuenta la situación del libro en general, las ventas de *El peón en el tablero* son buenas.

La publicidad prevista para su novela ya se ha hecho, pero, a su regreso, es decir, en octubre, estaré encantado de verla y estudiar con usted nuevos medios de promoción: quizá podríamos imprimir un pequeño folleto, que insertaríamos en los libros de gran venta o que se podría unir a boletines de propaganda. Lo hablaremos de nuevo a la vuelta del verano.

Le ruego, querida señora, que reciba mis más cordiales saludos y, puesto que deja París, le deseo un buen descanso. Yo también pasaré fuera todo el mes de julio.

P. D.: Si pudiera enviarme en noviembre *El vino de la soledad*, aparecería a finales de enero, principios de febrero.

136

Irène Némirovsky a Gaston Gallimard

3 de julio de 1934

Querido Sr. Gallimard:

Discúlpeme por importunarlo, pero la carta que envié hace algún tiempo al señor Emmanuel Berl ha quedado sin respuesta. Imagino que no la ha recibido porque, según me han dicho, está enfermo.[1]

Paul Morand me ha comunicado que tiene usted a mi disposición la cantidad que se me debe por *Films parlés*, y le estaría muy agradecida si pudiera hacer que me ingresen esa suma de inmediato en mi cuenta n.º 15.958 (Sra. Irène Epstein) del Banque des Pays du Nord, avenue de l'Opéra, 28 bis.

Me haría un gran favor, que le agradezco por adelantado.

Queda muy sinceramente suya,

Irène Némirovsky

1. Por una carta de Louis-Daniel Hirsch a Jean Giono, fechada el 21 de junio de 1934, sabemos que, efectivamente, Emmanuel Berl había tenido que trasladarse a Vichy debido a una grave crisis hepática. *Le Figaro* no anuncia su regreso a París hasta el 10 de julio. «Ida», el «extraordinario relato inédito», había aparecido en dos entregas en el semanario *Marianne* el 16 y el 23 de mayo de 1934. Parece que Irène Némirovsky envió otra narración a su director, Emmanuel Berl, que no le dará respuesta, pero que, a partir del 2 de octubre de 1935, publicará por entregas la novela *Jezabel*.

137

Irène Némirovsky a Albin Michel

París, 4 de julio de 1934

Querido Sr. Michel:

Le agradezco su amable carta, que me complace mucho. Creía que los relatos para *Noir et Blanc* no debían sobrepasar las seis páginas mecanografiadas, pero no tendré dificultad en hacerlos más largos en el futuro.

Deseándole igualmente unas buenas vacaciones, queda muy sinceramente suya,

Irène Némirovsky

138

Gaston Gallimard a Irène Némirovsky

9 de julio de 1934

Querida Sra. Némirovsky:

Hago ingresar hoy mismo en su cuenta del Banque des Pays du Nord, avenue de l'Opéra, 28 bis, la cantidad de 7.200 francos en concepto de anticipo sobre los 5.000 ejemplares de su obra *Films parlés*, cuya publicación está prevista para el próximo mes de octubre.

Reciba, querida señora, mis más cordiales saludos.

Gaston Gallimard

P. D.: Creo que le habrá llegado la respuesta de Berl, que ha debido de cruzarse con su carta.

139

Robert Esménard a Michel Epstein

París, 20 de julio de 1934

Señor mío:

En ausencia de mi suegro, convaleciente en el sur, me complace responder a su carta del 16 de julio, en la que me hacía notar que ninguna librería de San Juan de Luz ni de Hendaya había recibido ejemplares de *El peón en el tablero*.

Me permito señalarle que, aunque tenemos relaciones directas con cuatro libreros de San Juan de Luz y dos de Hendaya, sólo uno de ellos acepta que le mandemos novedades sin petición previa de su parte: el señor Boulesteix, de San Juan de Luz, a quien le hemos enviado ya *El peón en el tablero*.

De los otros cinco libreros, uno, el señor Neymarck, de Hendaya, nos encargó tres ejemplares el 30 de junio. Además, hicimos un envío importante de *El peón en el tablero* a las Messageries Hachette, que, por consiguiente, debieron de distribuir cierto número de ejemplares a los negocios a los que sirven directamente.

De todos modos, no olvidaré recomendar a nuestro viajante, cuando vaya a iniciar su próxima gira por el sudoeste, que insista especialmente a los libreros de esa región para que nos hagan pedidos de la obra de la señora Irène Némirovsky y la expongan en buen lugar.

Reciba mis más cordiales saludos.

140

Irène Némirovsky a [destinatario desconocido]

París, 20 de agosto de 1934

Maestro:

Su carta me emociona especialmente y sus elogios representan un aliento muy valioso para mí, se lo aseguro.

Perdone que le responda con tanto retraso: su carta viajó tras mi estela de París al campo y del campo a París.

Dentro de unos días me marcharé de nuevo, pero volveré definitivamente a París hacia el 10 de octubre. Estaría encantada de conocerlo y poder expresarle la profunda admiración que siento hacia usted.

Queda, querido maestro, muy sinceramente suya,

Irène Némirovsky

141

Irène Némirovsky a Élisabeth Zehrfuss[1]

Estafeta, Urruña (Bajos Pirineos)
18 de septiembre de 1934

Querida Sra. Zehrfuss:

Para empezar, perdóneme por responderle con tanto retraso, pero acabo de volver de un corto viaje y acabo de encontrar mi correo.

---

1. Élisabeth Zehrfuss (1907-2008), joven crítica en *La Revue Hebdomadaire*, en la que Irène Némirovsky publicará reseñas de libros durante el primer semestre de 1935.

Por supuesto que recuerdo nuestro encuentro en casa de la encantadora señorita Le Chevrel,[1] así como su amable propuesta. Me habría encantado poder satisfacerla y entregarle una narración de inmediato, pero en estos momentos sólo dispongo de una, que prometí hace varios meses a *Gringoire*, y tengo en marcha una novela que me impide empezar otra obra. No obstante, en cuanto disponga de algo que pudiera convenirle, se lo enseñaré, si así lo desea, y me alegraré mucho si le interesa.

Crea, querida señora, que guardo de usted un recuerdo muy simpático.

Suya,

Irène Némirovsky

142

Irène Némirovsky a Gaston Chérau

París, 1 de octubre de 1934

Mi querido maestro:

Volví de vacaciones el pasado sábado y encontré en casa su admirable libro.[2] Me hace muy feliz que pensara en enviármelo: ¡para mí es una gran alegría la aparición de cada uno de ellos! El último me cautivó. Una vive con el personaje de Barettier, y le cuesta concebir que su historia sea inventada porque tiene la complejidad, la riqueza, la aparente falta de lógica de la vida real, así que, cuando el libro acaba, siente una gran frustración: ¡quisiera conocer cómo continúa la vida de Barettier-Eberfeld! Sin duda, conforme su hijo crezca, esa conciencia honda y pura

1. Madeleine Le Chevrel (1881-1954), novelista y traductora con el seudónimo de Madeleine Paul, cuyo salón frecuentaba la flor y nata parisina.

2. *Sa destinée*, Albin Michel, 1934.

conocerá muchos momentos de inquietud... Ya ve: tengo el atrevimiento de continuar el libro en mi imaginación, ¡pero usted nos debe el escribirlo!

Aunque lo que más me impresiona y le envidio es que, leyendo sus libros, nunca tienes la sensación de que la vida te aplasta; al contrario, te sientes superior a ella. ¡Es muy hermoso y muy reconfortante!

Perdone esta carta demasiado larga y reciba mi admiración y mi afecto.

Irène Némirovsky

143

Michel Epstein a Adolphe Haquin[1]

Avenue Daniel-Lesueur, 8
París, 6 de noviembre de 1934

Maestro:

El señor Bernard Grasset, que es amigo mío, así como el primer editor de mi esposa, la señora Irène Némirovsky, me ha pedido que le entregue un testimonio relativo a su caso, documento que le envío adjunto a la presente.[2]

---

1. Adolphe Haquin (1869-1944), abogado.

2. Se trata del testimonio de un tal señor Joly, que había ido a ver a Bernard Grasset a la rue des Saints-Pères «por un asunto privado y urgente» y a quien Joseph Peyronnet, el contable, le habría dado, «haciéndole prometer que no la divulgaría», la dirección de la clínica del Château de Garches. Allí acaba de ingresar el editor, que sufría graves trastornos mentales, y que, según precisó el contable, no recibía «absolutamente a nadie». Bernard Grasset, amenazado por un proceso de incapacitación emprendido por sus hermanas, tendrá el apoyo del matrimonio Epstein hasta su reincorporación a su editorial en 1936. Véase carta 144.

El 28 de agosto de 1934, mientras estaba de vacaciones en Urruña, Irène Némirovsky escribía a Bernard Grasset para expresarle su «inmensa admiración» tras leer su artículo sobre *Màría Chapdelaine* [película de 1934 dirigida por Julien Duvivier y basada en la novela homónima de Louis Hémon, editada por el propio Grasset en

De él se infiere que su editorial sigue haciendo todo lo posible para aislarlo por completo. ¿No podría usted, con su autoridad, encontrar el modo de poner fin a semejante proceder, que hace del todo insostenible la situación de Bernard Grasset?

Agradeciéndole muy sinceramente todo lo que ya ha hecho por él y lo que tenga a bien hacer en el futuro, reciba un atento saludo.

144

Michel Epstein al abogado Maréchal

París, 6 de noviembre de 1934

Querido maestro:

A petición de Grasset, me permito enviarle adjunto a la presente un testimonio relacionado con su caso y del que se desprende que su editorial sigue haciendo todo lo posible para aislarlo totalmente. ¡Es muy lamentable que no se pueda poner fin a semejante proceder!

Por otra parte, Bernard Grasset estaría encantado de encontrarse con usted y el señor Ribardière,[1] en el caso de que ya haya regresado. ¿Podría llamarme al banco para ponernos de acuerdo al respecto?

Agradeciéndoselo por adelantado, querido maestro, lo saluda atentamente,

Michel Epstein

1921], publicado el 26 de agosto por *L'Intransigeant*: «Aguardo otros igual de brillantes para desesperación de sus enemigos y alegría de sus amigos, entre los que soy uno de los más fieles, como sin duda sabe (¡eso espero!)»

1. Charles Ribardière, abogado y socio de Maréchal, que tenía su bufete en la rue de Montpensier, 10-12.

145

Irène Némirovsky a Albin Michel

París, 8 de noviembre de 1934

Querido Sr. Michel:

La Revue de Paris me ha ofrecido publicar la novela de la que le hablé, por la que me pagaría 20.000 francos.

Como usted me dijo que me daba plena libertad para tratar esta cuestión de acuerdo con mis intereses, he aceptado la oferta, por lo que *El vino de la soledad* aparecerá en dicha revista a principios del próximo año.[1]

Espero que esta solución lo satisfaga, pues de ese modo evitamos el inconveniente de los semanarios de gran tirada y aprovechamos las ventajas que ofrece una revista de esas características.

En cuanto a la *Revue des Deux Mondes*, tras pensarlo detenidamente decidí no ofrecerles esa novela, que, en realidad, no es adecuada para ellos, ni siquiera con cortes. Prefiero proponerles la siguiente, pero, por supuesto, volveré a hablarlo con usted a su debido tiempo.

Reciba mis más cordiales saludos.

Muy sinceramente suya,

Irène Némirovsky

---

1. El 1 de marzo de 1935.

146

Albin Michel a Irène Némirovsky

París, 10 de noviembre de 1934

Querida Sra. Némirovsky:

Me alegra saber que ha llegado a un acuerdo con *La Revue de Paris* para publicar en sus páginas su próxima novela, *El vino de la soledad*. La cantidad que le han ofrecido es sustanciosa: la felicito por haber obtenido tan buenas condiciones, pues *La Revue de Paris* no suele pagar precios tan altos.

Reciba, querida señora, mis más cordiales saludos.

147

Irène Némirovsky a Henry Bernstein

París, 21 de noviembre de 1934

Querido maestro:

¡Siento por usted una admiración ferviente que no hace más que aumentar con cada una de sus obras!

Asistí a la lectura de *Espoir* con profunda emoción. ¡Qué pureza, qué autenticidad, qué acentos tan tristes y verdaderos en cada frase y cada escena! ¿Cómo se las arregla para dar vida a seres de tanta altura moral como Catherine? Es tan difícil... ¡Pero debo confesarle que me enfadé con usted por no haber hecho llover todas las calamidades posibles e imaginables sobre la cabeza de la madre!

Tal vez sepa que soy culpable ante usted de un plagio involuntario: la novela que acabo de entregar a *La Revue de Paris*[1] tiene como personaje a una madre de la misma índole. Ese triste

1. *El vino de la soledad*, Albin Michel, 1935.

conflicto madre-hija me interesa por motivos que, por desgracia, nada tienen que ver con la literatura...

Si le cuento cosas tan personales, querido maestro, es porque en estos momentos no me dirijo al señor Henry Bernstein, sino al padre espiritual de Catherine... En efecto, ninguna obra de teatro me ha causado nunca una impresión tan honda y duradera. Lo expreso muy mal, pero es que no dejo de decirme: «¿Para qué? ¡Mil cartas le testimoniarán la misma admiración, no menos sincera!»

Así que permítame simplemente darle las gracias por haber sacado a la luz tantos sufrimientos secretos y crea, querido maestro, en la admiración ilimitada y la sincera simpatía de

Irène Némirovsky

148

Irène Némirovsky a Gaston Chérau

París, 30 de noviembre de 1934

Mi querido maestro:

¡Qué susto me he llevado esta mañana al abrir el periódico! ¡Informaba de que su hija y usted habían tenido un accidente de coche! Afortunadamente, unas líneas más abajo me he tranquilizado porque el artículo lo describía a usted en buen estado de salud y de excelente humor, participando en la comida del Goncourt. Pero qué miedo he pasado... En cualquier caso, me alegraría mucho recibir unas líneas suyas diciéndome que no se resiente del accidente. ¡Tal como lo cuentan los diarios, debe de haber escapado usted de milagro! ¿Y su hija? Sea bueno, querido maestro y amigo, tranquilíceme totalmente.

Casi al mismo tiempo que el periódico, ha llegado un paquete muy bonito con dos hermosos libros, que me prometen horas muy gratas en compañía de usted, puesto que, por desgracia, querido maestro, hace ya un año que no he tenido el placer de verlo y conversar con usted más que a través de los libros. ¡Y me gustaría poder hacerlo de las dos formas!

Mi hija se ha puesto contentísima al recibir el que ha tenido usted la bondad de enviarle. Ha silabeado el título con mucho orgullo, pero, como por desgracia su capacidad lectora no pasa de ahí, he guardado el libro en la biblioteca diciéndole que, sin duda, ahora comprendía por qué hay que aprender a leer.

Se ha hecho la importante delante de sus amiguitos y me ha pedido que le dé las gracias y «un beso muy fuerte de mi parte». ¡Y eso hago!

Una vez más, gracias, mi querido maestro, y, cuando venga a París, intente encontrar un hueco para vernos, se lo ruego. ¡Nos dará una gran alegría! ¡Ya sabe que no tenemos candidatos al Goncourt que recomendarle! Así que no tarde demasiado, y reciba todo el respetuoso y profundo afecto de su admiradora y amiga,

Irène Némirovsky

149

Irène Némirovsky a Gaston Gallimard

Avenue Daniel-Lesueur, 8
18 de diciembre de 1934

Señor mío:

He sabido por el señor Paul Morand que tiene usted la intención de aplazar la publicación de *Films parlés* hasta el 15 de enero aproximadamente.

Me apresuro a decirle que, si considera oportuno ese aplazamiento, no tengo ningún inconveniente al respecto.

Queda muy sinceramente suya,

Irène Némirovsky

150

Irène Némirovsky a Albin Michel

París, 30 de diciembre de 1934

Querido Sr. Michel:

He recibido una propuesta de Emmanuel Berl, que desearía publicar en *Marianne* el próximo octubre una novela que acabo de empezar y que se titulará *Jezabel*.

El señor Berl me ha ofrecido 35.000 francos, que es una buena suma, pero con la condición de que le dé mi conformidad de inmediato.

Puesto que me permitió publicar *El vino de la soledad* donde considerara oportuno, supongo que no tendrá inconveniente en que también acepte esta propuesta.

Le agradecería mucho que me respondiera a la mayor brevedad porque también debo dar una respuesta rápida.

Agradeciéndoselo por adelantado, le envío mis mejores y más sinceros deseos para el nuevo año.

Muy sinceramente suya,

Irène Némirovsky

151

Albin Michel a Irène Némirovsky

París, 31 de diciembre de 1934

Querida Sra. Némirovsky:

No veo ningún inconveniente en que publique *Jezabel* en *Marianne*, así que puede cerrar su acuerdo con Emmanuel Berl.

Le agradezco sus amables deseos, y permítame enviarle a mi vez mis muy sinceros votos, así como mis más cordiales saludos.

152

Irène Némirovsky a Gaston Chérau

París, 11 de febrero de 1935

Mi muy querido maestro:

Acabo de recibir sus líneas. *El vino de la soledad* es una novela que aparecerá en *La Revue de Paris*, pero no consiste en la confesión de un borracho solitario, aunque sería un asunto bastante divertido de tratar, ¿no le parece? No, en mi mente, ese título quiere expresar esa especie de embriaguez moral que produce la soledad (también moral) en la adolescencia y la juventud.

A usted, y sólo a usted, le confesaré que es la novela casi autobiográfica que, antes o después, uno siempre acaba escribiendo, fatalmente. Espero que no la ataquen demasiado, pero es uno de esos libros que escribes sobre todo para ti mismo, resignado a que no les guste a los demás.

¡Cuánto tiempo hace que no lo veo, mi querido maestro! Tenía la esperanza de que me hiciera una seña a su paso por París para el Goncourt, pero debía de estar usted muy atrafagado. Mi marido le manda recuerdos. Mi hija tiene encerrado bajo llave *L'Enlèvement de la Princesse* y se niega a prestármelo, con el argumento de que un libro es de quien lo recibe. Así que lo he leído a escondidas. Es un pequeño prodigio de frescura y gracia.

Espero, mi querido maestro, que esté totalmente recuperado del accidente y que usted y los suyos se encuentren bien de salud.

Le mando recuerdos y mi respetuoso y agradecido afecto.

Su Irène Némirovsky

153

Irène Némirovsky a René Lalou

5 de marzo de 1935

Señor mío:

Acabo de leer en *Le Progrès de Lyon* su artículo sobre *Films parlés*. Debo decirle que, en esa época (hace dos o tres años), me interesaba mucho el cinematógrafo, y todo lo que escribía se resentía de ese interés. Creo que tiene usted razón y que no hay que mezclar las dos artes, pero también creo que no hay que temer a los experimentos, ni siquiera cuando no tienen demasiado éxito.

Siempre ha sido usted muy benévolo y encantador conmigo; incluso esta vez se ha preocupado de deslizar algunas frases halagadoras entre sus objeciones. Eso me emociona mucho.

Queda, señor mío, muy sinceramente suya,

Irène Némirovsky

154

Irène Némirovsky a Henry Bernstein

París, 10 de marzo de 1935

Querido maestro:

Me ha alegrado mucho recibir *Le messager*, que tanto me gustó y que me enorgullece tener.

Gracias por pensar en mí. Salude de mi parte a la señora Bernstein y créame muy sinceramente suya,

Irène Némirovsky

155

Irène Némirovsky a [destinatario desconocido]

20 de marzo de 1935

He aquí la notita en cuestión. Esperemos que la señora Koïré esté contenta. ¿Ha tenido noticias hoy de esa encantadora dama? En cuanto a mí, sólo hace veinticuatro horas que no veo su letra y ya la echo de menos.

156

Irène Némirovsky a André Thérive

21 de marzo de 1935

Querido Sr. Thérive:

Acabo de leer *Le Temps* y el artículo que ha tenido la amabilidad de escribir sobre *Films parlés.*[1]

Se me ocurrió que se podía sacar algún provecho de las técnicas cinematográficas, pero ya veo que no he sabido hacerlo.

Me alegra que «Los vapores del vino» no le haya desagradado. Temía que pareciera bárbaro y totalmente disparatado.

Su observación sobre «su poder es potente» me llena de vergüenza. Y sin embargo, Dios sabe que me releo. ¡Ay, si fuera usted buen profeta y yo pudiera ver filmadas esas historias! Pero

1. En ese artículo de *Le Temps*, fechado el 21 de marzo de 1935, André Thérive lamenta los «defectos» impuestos por la estética cinematográfica a las narraciones «vivaces y pintorescas a más no poder» de Irène Némirovsky: «Los diálogos son, confesémoslo, de una vulgaridad y de un convencionalismo que molestan al leerlos, mucho más que al oírlos. Y los argumentos mismos adolecen de un romanticismo que antaño estaba reservado a los melodramas de trazo grueso.» No obstante, Thérive salva el último relato de la colección, «Los vapores del vino», subrayando su «gran fuerza de evocación», pese a algunas torpezas de lenguaje: «No se debe decir "su poder es potente".»

temo que sean demasiado cinematográficas para la literatura y demasiado literarias para el cine.

Espero con mucha impaciencia su novela anunciada en *La Revue de Paris*, querido señor Thérive. Ya sabe cuánto lo admiro.

Queda muy sinceramente suya,

Irène Némirovsky

157

Irène Némirovsky a Solange René-Doumic[1]

París, 19 de mayo de 1935

Querida Srta. Doumic:

Ha sido usted muy amable haciéndome saber que le ha gustado mi *Nieve en otoño*. Me complacería que aceptara este ejemplar que le envío, como recordatorio de su generosa promesa de ayudarme a vender libros para los A. C.[2] el próximo año.

Reciba un afectuoso saludo,

Irène Némirovsky

---

1. Solange René-Doumic (1911-1969), hija del escritor René Doumic (1860-1937), secretario perpetuo de la Academia Francesa y director de la *Revue des Deux Mondes*.
2. La venta caritativa anual de los escritores de la Asociación de Antiguos Combatientes.

158

Irène Némirovsky a Albin Michel

París, 4 de junio de 1935

Querido Sr. Michel:

Le ruego tenga la bondad de tomar nota de mi cambio de dirección, que a partir de ahora será la siguiente: avenue Constant-Coquelin, 10 (7.°).

¿Recibiré pronto las pruebas de *El vino de la soledad*?

Queda muy sinceramente suya,

Irène Némirovsky

159

Irène Némirovsky a Albin Michel

Avenue Constant-Coquelin, 10, VII.°
París, 5 de octubre de 1935

Querido Sr. Michel:

Le adjunto una carta de Paul Lombard, crítico en *L'Homme Libre*, que desearía recibir el avance promocional de *El vino de la soledad*. ¿Sería tan amable de enviárselo? El señor Lombard siempre ha mostrado mucho interés por nuestros libros, y me gustaría complacerlo.

Queda muy sinceramente suya,

Irène Némirovsky

160

Irène Némirovsky a Albin Michel

París, 9 de octubre de 1935

Querido Sr. Michel:

Adjunto a la presente una propuesta de traducción para un periódico vienés de mi novela *Jezabel*, que actualmente se está publicando en *Marianne*. Dejo a su cuidado la respuesta a la traductora en el sentido que desee, pero le agradecería que me informe de su decisión, para que, en su caso, pueda enviarle el texto de la novela. Pienso que, de todos modos, convendría preservar nuestros derechos para la eventual edición en alemán de *Jezabel*.

Igualmente quisiera señalarle que, cuando publiqué *Films parlés* en la N. R. F., el servicio de prensa incluía una veintena de librerías de París y provincias, a las que dediqué personalmente ese libro.

Atribuyo a ello que el volumen se vendiera mucho mejor de lo que esperaba, considerando que se trataba de una colección de relatos. ¿No le parece que merecería la pena hacer lo propio con *El vino de la soledad*? Si es de esa opinión, ¿podría encargar que me enviaran los 20 o 25 ejemplares necesarios?

Queda muy sinceramente suya,

Irène Némirovsky

161

Albin Michel a Irène Némirovsky

París, 24 de octubre de 1935

Querida Sra. Némirovsky:

Adjunta a la presente, encontrará la copia de la carta que envío a la señora Breuer-Lucka[1] con motivo de la eventual aparición en una publicación vienesa de su novela *Jezabel.* Como verá, le anuncio que le mandará usted el texto de dicha novela.

El envío de *El vino de la soledad*, dedicado, a las librerías de París y provincias a las que ya mandó *Films parlés* es una idea excelente, así que dispondré que le lleven una veintena de ejemplares de su novela.

Reciba mis más cordiales saludos.

162

Irène Némirovsky a Henri Bidou[2]

París, 3 de noviembre de 1935

Muy señor mío:

Como puede suponer, he leído con particular interés el artículo que tuvo a bien escribir sobre *El vino de la soledad* y he admirado su crítica, tan penetrante y lúcida, que no es sólo literaria.

En efecto, con su aguda clarividencia, parece usted ver más allá que yo en el alma de personajes muy tristes a los que, sin embargo, creía conocer bien.

---

1. Rosa Breuer-Lucka (1878-1939), traductora de Colette, Julien Green y Georges Duhamel.

2. Carta publicada en el catálogo n.º 91 de Arts & Autographes, septiembre de 2020.

Puede estar seguro de que no tengo la menor debilidad ni por la protagonista ni por los demás, y que merecen toda su mano dura.[1]

Agradeciéndole que haya querido hablarles de ellos a los lectores de *La Revue de Paris*, queda muy sinceramente suya,

Irène Némirovsky

163

Adolphe Shual:[2] «Carta a Irène Némirovsky»

(*Israël*, El Cairo, 6 de noviembre de 1935)

Muy señora mía:

Hace unos años, cuando publicó *David Golder*, el mundo literario aplaudió de manera unánime una obra maestra que engrandecía las letras francesas en un momento en que la falta de criterio amenazaba con restar valor a lo nacido del verdadero talento. Cuando aún no había cumplido los veinticinco años, los críticos menos complacientes la ensalzaron. Y las peripecias de su debut hicieron que ese éxito fuera aún más novelesco. Quizá más aún que en la historia de su fabricante de dinero —paradigma de toda su obra—, su nombre hacía pensar en el guión de una película: una joven anónima manda un manuscrito a una

1. Henri Bidou había juzgado con severidad al personaje de Hélène Karol: «La señora Némirovsky le reserva, por una debilidad muy natural, toda su indulgencia. Pero lo que la soledad ha servido a Hélène no es vino, como dice ella; es veneno», «Le mouvement littéraire», en *La Revue de Paris*, 1 de noviembre de 1935.

2. Corresponsal de prensa en El Cairo, en especial para *Comoedia*, y periodista en *La Semaine Égyptienne*. Algunos pasajes cuidadosamente elegidos de esta carta abierta se publicaron el 29 de noviembre siguiente en *Le Journal Juif* de París precedidos por el siguiente comentario: «Se ha recriminado mucho a la autora de *David Golder* su actitud hacia el pueblo al que pertenece. Se le ha recriminado su antisemitismo. Para defenderse de esa acusación, responde que el escritor es libre y que ella se limita a decir la verdad... El señor Shual le hace observaciones pertinentes llenas de sentido común y humor.»

editorial prestigiosa y se ve aureolada por la fama más inesperada en los inicios de su maternidad. No era una «película hablada», era una película vivida. De hecho, en su pluma, las dos imágenes tienen idéntico significado.

Desde entonces, seis novelas han consagrado su arte. Marcel Prévost tenía razón cuando, a propósito de *El peón en el tablero*, escribió: «No hay muchos contemporáneos de Irène Némirovsky capaces de alumbrar un libro así.»[1] Esas flores volverán a echárselas por su nuevo libro, *El vino de la soledad*. Destaco esta frase: «No se perdona una infancia destrozada», porque veo en ella toda la trama de su relato. ¡Ha hecho bien en ofrecérnoslo! Más o menos. ¿No estamos todos aislados en esta vida? Al relatar la adolescencia de Hélène Karol, ha descrito usted el muro impenetrable hecho de mil nimiedades que separa a esos seres intocados por el amor que se torturan unos a otros escondidos tras mentiras convencionales. La incomprensión total que puede reinar durante largos años entre personas de la misma sangre, de la misma familia, la analiza usted con la maestría que, por norma, sólo exhiben quienes se acercan al ocaso de su carrera. Luego, como siempre, ha cincelado en esa atmósfera la figura de una muchacha. Nos ha mostrado a su Hélène, tan cerebral y al mismo tiempo tan rebelde, con esos gestos rituales que la mujer más pura esboza de forma instintiva ante el hombre que se somete a su debilidad. Y no es sino hacerle justicia añadir que *El vino de la soledad* es *food for thought* que se saborea en la vida o en una novela de Irène Némirovsky.

Sin embargo, también es un alimento peligroso porque, cuando dejamos correr la pluma, es mucho lo que revelamos de nosotros mismos. Y usted, señora, es judía, y no puede evitar escribir como una judía. Quiero decir que ese fatalismo, esa crudeza, esa inclinación a estudiar el sufrimiento y la desesperación de los seres humanos hacen vibrar en nosotros una cuerda fraternal. Pero cuando oigo el sonido que produce en usted, me encuentro frente a... ¡una antisemita!

1. Marcel Prévost, «Romans imaginés et vécus»as», *Gringoire*, 15 de junio de 1934.

¿Por qué? ¿Por exceso de amor, quizá? Nacida en Kiev, su religión, le gustara o no, la diferenció de los demás niños desde muy pequeña. A su alrededor decían: «¡Es una judía!» Siempre la misma cantinela... Creen que nos insultan, pero lo que consiguen es que seamos conscientes de una cualidad, o más bien de un «estado», al que de otra forma no habríamos prestado atención. A usted, eso la marcó de por vida. Así que era inevitable que, en el momento en que encontró su camino, esa obsesión la siguiera. Su primer estereotipo «judío» era un gigante de las finanzas, pero la obsesión no murió al expresarla. Casi en cada uno de sus libros encontramos un «David Golder», que quizá sea un consumado hombre de negocios, ¡pero que de judío ya no tiene nada!

Entonces, ¿por qué insistir en identificar como tales a seres humanos cuya religión, raza, nacionalidad, llámeselo como se quiera, resultan accesorias? ¿Es porque los atraen los innumerables embrollos financieros que agitan nuestra época, o las cartas, o las mujeres, o el lujo, o sabe Dios qué? ¡Pero cuando una escritora de renombre lo proclama, lo que ofrece a las jaurías antisemitas es pan bendito! Sin embargo, ¿somos en verdad así? O, si hay entre nosotros algunos que lo son, ¿no son más que eso? ¿Hay que ser judío o griego para ser hedonista? El ser humano tiene una inclinación natural a satisfacer ante todo sus apetitos materiales. ¿Conoce el recién nacido otra cosa en el mundo que el pecho que lo alimenta? ¡Qué personajes tan lamentables somos cuando se nos juzga del mismo modo que usted nos pinta!

Después de todo, ¿por qué no se la iba a creer? Procede de un país que fue el bastión de la ortodoxia judía. Debido a las barreras impuestas por el Autócrata, no podía usted asimilarse. Aunque hubiera querido hacerlo, su medio social la rodeaba hasta la asfixia. Y cuando alguno de sus hermanos de religión pudieron volar fuera del gueto —pienso en esos grandes hombres de negocios que fueron el barón de Gunzburg, los Poliakov, un Brodski y demás—, siguieron siendo lo que les habían *obligado* a ser durante siglos: ¡ante todo, judíos! Es decir, individuos de un temple moral muy distinto al de sus David Golder, sus Simon, sus Beryl, sus Boris Karol, etc.

Esa infancia rusa que vivió usted, yo no la conocí. Pero no me cuesta mucho sentirla viva en todo mi pasado, se lo aseguro. Y lo que imagino en esos años pretéritos no son hombres de negocios o mujeres embriagadas por su propio cuerpo. Ha descrito usted una burguesía decadente porque el paso de la miseria a la fortuna adquirida con ansia se hizo sin la transición que permite refinar su sabor. Pero es un espectáculo cotidiano e independiente de las razas. Y es extraño que en el hogar judío que ha descrito usted una vez más no encontremos, al lado de unos suegros cristianos, a unos padres judíos —y entre nosotros, ¿quién no tiene su tribu de primos y parientes apegados a la tradición?— para interpretar el papel del coro antiguo y situar la atmósfera en una perspectiva menos material y más conforme a la realidad de las cosas.

Puesto que es así, esa insistencia en el origen de sus personajes principales, ¿en qué puede hacerlos peores o mejores que los que orbitan a su alrededor? Probablemente, sólo sirve para justificar uno de los innumerables agravios de que se nos acusa: esa notoria complacencia en mantenernos en nuestro particularismo. Muy bien, pero todos los días aparecen libros esencialmente judíos que bastan para mostrar nuestro estado de ánimo real. Cuando Shakespeare pinta a un usurero rapaz con los rasgos de Shylock y convierte su religión en el eje de la obra, lo hace porque es necesario, porque *El mercader de Venecia* no es únicamente el drama de una conciencia judía, sino también un alegato contra el fanatismo y la apatía que guían las acciones de los seres humanos. Aquí el Judío no es más que un símbolo: el más trágico, a buen seguro, que Shakespeare hubiera podido encontrar.

Sí, tengamos la sinceridad de reconocer nuestros defectos (¡que, por desgracia, no son pocos!), pero también pongamos fin, en la medida de lo posible, a esa obsesión con el judío y con todos los tópicos que se le endosan convencionalmente. En *El círculo de familia* de André Maurois hay un banquero llamado

Holman cuyo documento de identidad no se muestra en ningún momento. Es perfecto, y como en la vida, el personaje interpreta su papel con las mismas reacciones que si se llamara Durand, Brown o Pellegrini. Los que desean descubrir atributos «raciales» a toda costa pueden descubrirlos entre líneas. El resultado es que ese libro no tiene otra resonancia que la humana, es decir, la universal.

¿Me guardará mucho rencor, señora Némirovsky, por haberme expresado con tanta sinceridad? Después de todo, soy uno de esos «judíos» a los que, según dicen, pinta del natural. A veces me reconozco en las diatribas de un Maurras; en los testimonios de usted, apenas. ¡Ah, pero, cuando se trata de sus otros personajes, la cosa cambia! Entonces, es usted una psicóloga impecable; sé de pocos autores tan jóvenes de los que se pueda decir algo así. En esas criaturas de carne y hueso, todo nos es familiar. Y todo nos sería familiar en sus «hombres de negocios» si su partida de nacimiento no se exhibiera con severidad. Lo que me dicta esta carta no es la susceptibilidad tradicional que tan generosamente se nos achaca. Es el aprecio que siento por su inmenso talento: denos judíos tan auténticos, tan parecidos a nosotros como los diversos personajes que pueblan su obra, o, por favor, no vuelva a permitir que su arte trabaje en favor de nuestra enfermiza necesidad de destruirnos.

164

Albin Michel a Irène Némirovsky

París, 7 de noviembre de 1935

Querida Sra. Némirovsky:

Me complace comunicarle que he tomado las disposiciones necesarias para reimprimir *El vino de la soledad* con una tirada de 3.000 ejemplares. La primera produjo 12.040.

Le envío, querida señora, mis más cordiales saludos.

165

Irène Némirovsky a René Lalou

París, 11 de noviembre de 1935

Muy señor mío:

Acabo de leer en *Le Progrès de Lyon* el artículo que ha sido tan amable de escribir sobre mi último libro, *El vino de la soledad*.

Si en verdad le ha gustado la novela, le aseguro que me alegro mucho. ¡Recordando sus observaciones sobre *El peón en el tablero*, me esmeré especialmente con la primera página!

Una vez más, gracias. Queda muy sinceramente suya,

Irène Némirovsky

166

Irène Némirovsky a René Doumic

Avenue Constant-Coquelin, 10
París, 23 de noviembre de 1935

Querido maestro:

Cuando nos vimos hace unos días en casa de la señora de Régnier,[1] fue tan amable de ofrecerse a intervenir en mi favor ante el señor Léon Bérard[2] con el fin de acelerar mi naturalización y la de mi marido, Michel Epstein.

Como me autorizó a enviarle nuestros currículums, me permito adjuntarlos a la presente.

Me emociona infinito la bondad que nos muestra y le pido mil disculpas por ocupar de este modo su muy valioso tiempo.

Con toda mi admiración y todo mi agradecimiento, le ruego me crea muy sinceramente suya.

Irène Némirovsky

167

Irène Némirovsky a Gaston Chérau

Avenue Constant-Coquelin, 10, VII.°
París, 1 de diciembre de 1935

Mi querido maestro y amigo:

Acabo de terminar *Le Mulet de Phidias*, del que mi marido se apoderó para leerlo a placer. Por eso he tardado en decirle

1. Véase carta 132, nota 2.

2. Léon Bérard (1876-1960), académico, senador por los Bajos Pirineos y, en esos momentos, ministro de Justicia.

cuánto me han gustado sus dos hermosas narraciones. Está usted en ellas de pies a cabeza, con su maravilloso talento, que admiro y envidio.

Gracias, querido maestro, por no olvidarme. Queda muy sinceramente suya,

Irène Némirovsky

168

Irène Némirovsky a Henry Bernstein

Avenue Constant-Coquelin, 10, VII.º
París, 18 de dic. de 1935

Querido maestro:

Ya sabe cuánto lo admiro, pero creo (lo creo en cada ocasión...) que *Le Coeur* es la obra de usted que más me ha emocionado.

Gracias por haberme dado la gran alegría de aplaudirle.

Queda muy sinceramente suya,

Irène Némirovsky

169

Irène Némirovsky a Albin Michel

Avenue Constant-Coquelin, 10, VII.º
París, 5 de enero de 1936

Querido Sr. Michel:

Le agradezco mucho sus buenos deseos para el nuevo año y le ruego que acepte los míos, muy sinceros.

Me alegra saber que *Jezabel* le ha gustado y que piensa que tendrá éxito. ¿Por qué fechas planea publicarlo?

He recibido el resumen de la liquidación de *El vino de la soledad*. Sin embargo, le señalo que aún no me han enviado el correspondiente a *El peón en el tablero*.

Imagino que habrá visto en *Gringoire* el anuncio de mi próxima novela.[1] Le he prometido tenerla para el próximo octubre.

Queda muy sinceramente suya,

Irène Némirovsky

170

Albin Michel a Irène Némirovsky

París, 6 de enero de 1936

Querida Sra. Némirovsky:

Me apresuro a responder a su carta del 5 de enero.[2] Si quiere entregarme ya su *Jezabel*, quizá podamos publicarla a finales de febrero o a lo largo de marzo. Le ruego sea tan amable de enviarme un texto totalmente listo, con el fin de evitar las correcciones.

Efectivamente, he visto que *Gringoire* anuncia su próxima novela, pero espero que haya usted pedido una suma considerable porque la publicación de una obra en un semanario de ese tipo le hará perder gran parte de sus ventas una vez editada en libro.

Reciba, querida señora, mis más cordiales saludos.

P. D.: Sobre una tirada de 17.000 ejemplares de *El peón en el tablero*, sólo se han encuadernado en rústica 12.000. No podremos enviarle datos precisos hasta que finalice la encuadernación.

---

1. *La presa*, que aparecerá en *Gringoire* del 15 de octubre al 25 de diciembre de 1936.
2. Esta carta no se ha encontrado.

171

Irène Némirovsky a Albin Michel

Avenue Constant-Coquelin, 10, VII.°
París, 7 de enero de 1936

Querido Sr. Michel:

He recibido su carta del 6 de enero, y le agradezco la información que me proporciona sobre *El peón en el tablero*.

En efecto, considero que la cantidad que me ofrece *Gringoire* es interesante: 50.000 francos. Le recuerdo que los 35.000 que me pagó *Marianne* por *Jezabel* le parecieron un buen precio.

En lo que respecta a esa última novela, naturalmente es usted el mejor juez a la hora de elegir la época del año en la que quiere publicarla. Yo no tengo preferencia, así que me someto por completo a su criterio. Sólo se lo comento para tener claro cuándo debería entregarle el texto definitivo del libro.

Si le parece, volveremos a hablar del asunto durante la visita que pienso hacerle muy pronto.

Queda muy sinceramente suya,

Irène Némirovsky

172

Albin Michel a Irène Némirovsky

París, 8 de enero de 1936

Querida Sra. Némirovsky:

Coincido con usted en que los 35.000 francos que desembolsó *Marianne* por *Jezabel* eran un buen precio, pero tenga en cuenta que, entre la tirada de 200.000 ejemplares de *Marianne*, y la de *Gringoire*, que es de 500.000, hay una diferencia. No obstante, la cantidad de 50.000 francos que le ofrece *Gringoire* por su nueva novela es, ciertamente, interesante.

Puesto que va a darme el placer de venir a verme pronto, tenga la amabilidad de traerme el texto de *Jezabel.*

Reciba, querida señora, mis más cordiales saludos.

173

Irène Némirovsky a Éditions Gallimard

Avenue Constant-Coquelin, 10
12 de enero de 1936

Muy señores míos:

¿Podrían decirle al señor Gallimard que he recibido el cheque de 500 francos que me envió,[1] que se lo agradezco mucho y que me alegro de haberle sido de ayuda?

Atentamente,

Irène Némirovsky

1. Este pago podría corresponder a la publicación del texto «Le mariage de Pouchkine et sa mort» en *Marianne* el 25 de marzo de 1936.

174

Irène Némirovsky a Lily Bles[1]

Avenue Constant-Coquelin, 10, VII.°
París, 18 de febrero de 1936

Querida Srta. Bles:

Le envío mis mejores deseos de dicha y prosperidad, y le ruego los comparta con su futuro esposo.

Salude de mi parte a su señor padre y créame, se lo ruego, muy sinceramente suya,

Irène Némirovsky

175

Michel Epstein a Bernard Grasset

Avenue Constant-Coquelin, 10, VII.°
París, 10 de marzo de 1936

Mi querido Bernard:

Veo en los periódicos que han traducido *David Golder* al japonés. Si es posible, me gustaría tener un ejemplar de esa edición, y te agradezco por adelantado las instrucciones que tengas a bien dar a tus departamentos para enviármelo.

¿Cuándo te veré?

Tuyo,

Michel Epstein

1. Lily de Ridder (1909-1982), hija natural y adoptiva del crítico y poeta neerlandés Adolf «Dop» Bles. De 1928 a 1930 fue la amante del pintor Piet Mondrian. Irène Némirovsky le envió dedicados todos sus libros desde *Films parlés* (1935) hasta *Dos* (1939).

176

Irène Némirovsky a Gaston Chérau

Avenue Constant-Coquelin, 10, VII.º
París, 12 de abril de 1936

Mi querido maestro y amigo:

Debe perdonarme por haber tardado tanto en expresarle mi admiración por el pequeño *Dagrello*, hermano delicioso, tierno y «casi genial» de Champi-Tortu. Para mi silencio, tengo una justificación muy triste, pues mi marido acaba de perder a su madre, a la que quería con toda el alma. Era una mujer encantadora, que aún podía esperar largos años de vida. Yo también le tenía mucho cariño. Su muerte ha supuesto un duro golpe. Mi marido está empezando a recuperarse de la pérdida y yo, a tener un poco de tiempo libre.

He leído *Le petit Dagrello* de un tirón: lo empecé ayer noche y no he podido dormir hasta saber «cómo acaba». Y después... Lo he vuelto a empezar, simplemente para reencontrarme con ese marqués de Calorne balzaquiano, su nuera y, sobre todo, ese pobre niño. Me ha sorprendido saber que partió usted de un hecho real, pero creo que ha recreado la verdad de tal manera que se ha vuelto más profunda y más fuerte que la realidad.

¿Se enfadará el padre espiritual de Champi-Tortu si le confieso que Dagrello y Champi-Tortu luchan en mi corazón y que no sé a cuál de los dos prefiero?

En cualquier caso, que el padre de ambos reciba mi más calurosa felicitación por este admirable libro, que se suma a otros no menos admirables y que admiro de todo corazón.

Me entristece verlo tan poco y pienso en usted a menudo, créame. Para empezar, verlo me daría una gran alegría y, en segundo lugar, necesito consejos como los que era tan amable de darme antaño. Me he hecho mayor, pero aún sigo necesitándolos.

Durante una de sus próximas visitas a París, concédame ese grandísimo placer y, hasta entonces, quedo, querido maestro, muy sinceramente suya,

Irène Némirovsky

177

Irène Némirovsky a Albin Michel

Avenue Constant-Coquelin, 10, VII.°
París, 21 de abril de 1936

Querido Sr. Michel:

Le envío con un propio las pruebas corregidas con el plácet de impresión de *Jezabel*, el encarte y el adelanto para la prensa de *El vino de la soledad*, y le propongo el siguiente texto para la faja:

Una mujer ha asesinado...

¿Por qué?

Espero que le guste. ¿Sería tan amable de decirme si *Jezabel* aparecerá antes del 15 de mayo? Me piden que firme libros en la venta benéfica de los Antiguos Combatientes, que se celebra en esa fecha, y me gustaría saber si puedo mandar a alguien a recoger ejemplares de la obra a la editorial para ese día.

Espero, querido señor Michel, que pueda enviarme mis ejemplares de autor a casa con un propio, como tuvo la amabilidad de hacer con mi anterior novela.

Agradeciéndoselo por adelantado, queda muy sinceramente suya,

Irène Némirovsky

178

Irène Némirovsky a Solange René-Doumic

Avenue Constant-Coquelin, 10, VII.°
París, 26 de abril de 1936

Querida Srta. Doumic:

Acabo de telefonearle, pero no la he encontrado. Quería preguntarle si el 11 de mayo podría ser mi vendedora en la venta de los E. A. C.[1] Hace dos años tuvo la amabilidad de ayudarme y para mí fue un placer que querría repetir este año si a usted le parece bien.

Aguardo su respuesta, que espero sea favorable, y le ruego que me crea muy sinceramente suya.

Irène Némirovsky

179

Michel Epstein a Bernard Grasset

París, 5 de mayo de 1936

Mi querido Bernard:

Mi mujer ha recibido de tu editorial una carta fechada el 30 de abril según la cual se habría ingresado en su cuenta deudora con la casa la cantidad de:

5.500 francos

correspondientes a su parte en el pago por la cesión a Ferenczi de *El caso Kurílov* para su edición en 35.000 ejemplares.

1. La venta benéfica anual de los Escritores de la Asociación de antiguos Combatientes.

Te agradecería mucho que consideraras la posibilidad de hacer que abonen ese dinero a Irène, en lugar de ingresarlo en dicha cuenta.

Supongo que la venta de los *Kurílov* en tu propia edición no ha podido cubrir hasta ahora la cantidad que recibió mi mujer al publicarse el libro. No obstante, estoy seguro de que te será posible no utilizar esos 5.500 francos para cubrir esa diferencia y hacer que se los entreguen directamente.

Efectivamente, dejando a un lado consideraciones «ajenas a los negocios», a las cuales eres, lo sé, muy sensible, Irène había recibido por *El caso Kurílov* ofertas mucho más ventajosas que las que aceptó de tu editorial. Esas ofertas las rechazó en su día por fidelidad hacia ti, pero las tengo delante y te las mostraré si se da la ocasión. Creo que no querrás hacerle sufrir un nuevo perjuicio reteniendo esos 5.500 francos.

Por otra parte, es indudable que, si el lanzamiento de *Kurílov* hubiera estado a la altura del de los libros de Irène que habías editado anteriormente, la cuestión de los 5.500 francos no se plantearía en el momento actual.

Por último, recuerda a tus directores financieros todo lo que te han reportado la edición, la adaptación cinematográfica, la traducción, etc., de *David Golder* y *El baile*.

Creo que puedo contar con tu amistad para hacer lo necesario y te lo agradezco por adelantado.

Hasta pronto, ¿no es eso?

Tuyo,
Michel Epstein

180

Michel Epstein a Éditions Bernard Grasset

Avenue Constant-Coquelin, 10
18 de mayo de 1936

Muy señora mía:

Para una venta benéfica, mi mujer necesitaría una decena de ejemplares de cada uno de los siguientes libros:

David Golder
El baile
Nieve en otoño

¿Sería tan amable de hacérselos llegar?

Mil gracias por adelantado.

Suyo,

Michel Epstein

181

Telegrama de Irène Némirovsky a la señora Régnier

23 de mayo de 1936
París, 44, n.º 23644, 14.29 h

~~TRIS~~ DESCONSOLADA AL CONOCER FALLECIMIENTO SR. HENRI DE RÉGNIER A QUIEN ME UNÍA GRAN AMISTAD Y ENORME GRATITUD – LE RUEGO ACEPTE MI MÁS RESPETUOSO Y ~~SINCERO~~ SENTIDO PÉSAME.[1]

Irène Némirovsky

1. Las tachaduras son del telegrafista.

182

Irène Némirovsky a Éditions Arthème Fayard

Avenue Constant-Coquelin, 10, VII.°
París, 10 de junio de 1936

Muy señor mío:

Perdóneme por responderle con tanto retraso: he estado gravemente enferma y no he podido hacerlo antes.

Como ya sabe, *Pushkin* no es más que un proyecto a estas alturas. Tenía previsto trabajar en él de manera que estuviese terminado en la primavera de este año, o en todo caso para enero de 1937, pero aún no he escrito una sola palabra de ese libro.

En principio, no se trata de una obra de crítica, sino tan sólo de retratar al Pushkin hombre: su vida, tan novelesca, la sociedad rusa de su tiempo, sus costumbres, etc.

Planeo utilizar libros publicados en la URSS que no se han traducido al francés. Conforman toda una biblioteca y me sería fácil conseguirlos. Como le dije en su momento,[1] me basaré especialmente en Veresaev, que cuenta la vida de Pushkin de su nacimiento a su muerte con la ayuda de cartas y documentos oficiales; en las *Cartas de Pushkin*, que cubren el período de 1826 a 1832; y, por último, en el *Diario de Pushkin*, que, naturalmente, nunca se ha traducido.

Creo que, con esas obras y otras de las que he oído hablar, pero cuyos títulos exactos no recuerdo, se puede hacer algo bastante bueno.

---

1. Para celebrar el centenario de la editorial, Fayard quería publicar en 1937 una biografía de Pushkin basada en su correspondencia inédita y otros documentos recién publicados por Vikenti Veresaev en la Unión Soviética. Inspirándose en ellos, el 25 de marzo de 1936 Irène Némirovsky había publicado en *Marianne* un relato titulado «Le mariage de Pouchkine et sa mort» (véase nota en carta 173). En 1940, la autora retomará en Issy-l'Évêque, con la colaboración de su marido, el esbozo de una «Vie amoureuse de Pouchkine» (Vida amorosa de Pushkin).

Vea, estimados señor, si eso puede interesarle al señor Fayard, y reciba mis más cordiales saludos.

Irène Némirovsky

P. D.: Tal como me pidió, le devuelvo la carta de Georges Blond.[1]

183

Irène Némirovsky a Robert Chauvelot

Avenue Constant-Coquelin, 10, VII.°
París, 13 de junio de 1936

Querido Sr. Chauvelot:

¡Cuánto me ha emocionado su carta! Me alegra mucho que la señora Chauvelot[2] y usted no me hayan olvidado.

Espero verlos más el próximo invierno, porque, como saben, el último estuvo marcado por una muerte en la familia de mi marido, y no fui a ninguna parte. Y, para colmo, tuve la rubeola (¡a mi edad!) y estuve terriblemente enferma. Ahora eso es agua pasada, por suerte, y ya estoy pensando en viajar.

Espero que en su casa vaya todo bien. Dele recuerdos a la señora Chauvelot y transmita, se le ruego, mis respetuosos saludos a la señora Daudet.

Muy cordialmente suya,

Irène Némirovsky

---

1. Georges Blond (1906-1989), periodista en *Candide*, acababa de publicar sus dos primeras novelas en Fayard.

2. Robert Chauvelot (1879-1937), abogado, periodista y conferenciante, autor de relatos de viajes, era el marido de Edmée Daudet, hija de Alphonse Daudet.

184

Irène Némirovsky a [destinataria desconocida]

Estafeta, Urruña (Bajos Pirineos)
19 de julio de 1936

Querida señora:

Le escribí a Bernard pidiéndole su dirección, porque quería preguntarle si ha tenido tiempo de leer el manuscrito (*La Fin d'un monde*) que le envié.[1]

¿Podría decirme cuál es su decisión al respecto? Porque el autor se muere de angustia, a juzgar por sus cartas.

Me ha alegrado mucho saber que Bernard está bien y me congratulo por el gran éxito de los *Commentaires*[2].

Saludos a los dos.

Su Irène Némirovsky

P. D.: Mi dirección hasta octubre: Estafeta, Urruña (Bajos Pirineos).

---

1. En 1931, Irène Némirovsky le había recomendado a Max Fischer, director literario de la editorial Flammarion, una novela de su amigo Isidore Akivisson titulada *Aron, Friedmann et Cie* y publicada con el seudónimo «Baruch» en agosto de 1932. A finales de 1935, Flammarion renunció a publicar la nueva novela de Akivisson, titulada *La Fin d'un monde*, biografía ficticia de un «aprendiz de bolchevique». Véase O. Philipponnat, «Le mystère Baruch», *Approches*, n.º 180, noviembre de 2019, pp. 73-84.

2. Recopilación de cartas y ensayos de Bernard Grasset, que incluye «Considérations sur le roman», y «Sur l'inspiration romanesque».

185

Irène Némirovsky a Albin Michel

Personal

Avenue Constant-Coquelin, 10, VII.°
París, 7 de octubre de 1936

Querido Sr. Michel:

Le agradezco el cheque de 4.000 francos que me ha hecho llegar como pago de la última mensualidad que se me debía según nuestro contrato de 1933.

Permítame recordarle a este respecto la visita que le hice la primavera pasada con el objeto de preguntarle si era posible considerar algún arreglo para el futuro porque, como puede comprender, ahora la situación se ha vuelto muy dura para mí. Usted me respondió entonces que haría todo lo que estuviera en su mano para darme satisfacción y que debía tener plena confianza en usted. En ese momento no quiso decirme de qué manera se proponía arreglar las cosas, pero prometió comunicármelo antes de dos meses como muy tarde.

Sin embargo, no me ha escrito al respecto desde que mantuvimos esa conversación, que se remonta a hace casi cuatro meses. Por ese motivo, me atrevo a preguntarle cuáles son sus intenciones, esperando comprenda las necesidades de la vida para alguien que como yo no posee ninguna fortuna y sólo vive de lo que gana escribiendo.

Le ruego que siga manifestándome la simpatía que me ha demostrado hasta ahora y me saque de dudas lo antes posible. Sabe que tengo total confianza en usted, y estoy convencida de que actuará de la mejor forma posible.

Queda, querido señor, muy sinceramente suya,

Irène Némirovsky

186

Albin Michel a Irène Némirovsky

París, 12 de octubre de 1936

Querida Sra. Némirovsky:

Si la situación se ha vuelto dura para usted, le aseguro que para las editoriales aún lo es más. Al menos, los autores tienen la posibilidad de colaborar en los semanarios, que tanto perjudican a la edición; los editores, que sólo vivimos de la venta de libros, no tenemos esa compensación.

Por desgracia, las obras llamadas «de ficción» se venden cada vez menos. Usted conoce las causas: los semanarios, la situación económica, las restricciones que deben imponerse el público culto, antiguo comprador de libros, cuyos medios son cada vez más escasos... El gobierno del Frente Popular nos había augurado (¡entre otras cosas!) que, si los burgueses ya no compraban libros, éstos encontrarían muchos amantes en la clase obrera —y esto podría habernos consolado de aquello—, pero esa previsión dista de haberse cumplido. Era de esperar...

Pese a ello, en estos tiempos de recesión le he pagado a usted treinta y seis mensualidades de 4.000 francos, o sea, 144.000 francos, y sus derechos sobre la totalidad de las tiradas de sus libros, incluida la parte que le corresponde por las traducciones, y deducción hecha de una factura de 27 francos, ascienden, según el estado de cuentas que anexo, a 71.212,35 francos. Así pues, su descubierto asciende a 72.787,65, y aún tengo en el almacén más de 10.000 ejemplares de *El peón en el tablero*, 2.900 de la primera edición de *El vino de la soledad* (producto de devoluciones de las librerías), más 1.500 ejemplares sin encuadernar de la reimpresión de 3.000/3.500, y, por último, de *Jezabel* me quedan, contando encuadernados y sin encuadernar, 4.500 ejemplares.

Ahora me ruega usted que aumente su descubierto. ¡Confieso que en estos tiempos de fuerte bajada de las ventas no veo cómo! Sin embargo, sabe que nada me gustaría más que complacerla, de modo que, si necesita un pequeño complemento, trataré de hacer un nuevo esfuerzo, así que venga a verme en los próximos días y estudiaremos juntos lo que se puede hacer.

Reciba, querida señora, mis más cordiales saludos.

187

Irène Némirovsky a la dirección de *Le Figaro*

Avenue Constant-Coquelin, 10 (VII.°)
París, 16 de octubre de 1936

Muy señores míos:

Les estaría muy agradecida si, a ser posible, tuvieran la amabilidad de enviarme dos ejemplares del número de *Le Figaro* en el que aparece mi cuento «Un amor en peligro».[1]

Agradeciéndoselo por adelantado, queda muy sinceramente suya,

Irène Némirovsky

1. Relato publicado en *Le Figaro Littéraire* el 22 de febrero de 1936.

188

Michel Epstein a Irène Némirovsky

24.2.37

Me llamo Doret.

¡Ojalá mamá Minouche me quiera! Nací para ella y espero que me utilice como utiliza a mi hermana mayor Bel-Azur, que podrá descansar de vez en cuando.

Doret[1]

189

Michel Epstein a Irène Némirovsky

24.2.37

Somos francos franceses. Rogamos a nuestra adorada mamá Minouche que nos gaste en cosas bonitas para ponerse guapa.

Quinientos francos

1. Doret y Bel-Azur eran modelos de pluma estilográfica. Michel Epstein escribió esta nota y la siguiente con motivo del cumpleaños de Irène Némirovsky.

190

Irène Némirovsky a la señora Melinesco[1]

Avenue Constant-Coquelin, 10, VII.°
10 de mayo de 1937

Querida Sra. Melinesco:

He leído con gran placer el articulito sobre *Nieve en otoño*. ¡Me emociona mucho que no me haya olvidado! Tal como deseaba usted, envío en el mismo sobre unas líneas para el señor Blache.

Muy sinceramente suya,

Irène Némirovsky

191

Denise Epstein a Irène Némirovsky

Sábado, 4 de diciembre [1937]

Queridos padres:

Os quiero mucho, no volveré a hacer muecas cuando algo no me guste, seré muy buena contigo, papá y Nounou[2] para que estéis contentos conmigo, me sentaré bien a la mesa, estudiaré mucho, seré ordenada y obediente, contestaré bien a Nounou y Cras[3] y a ti y a papá, y cuando Nounou me regañe no replicaré.

Denise

---

1. El catálogo de venta (Espace Tajan, 5 de diciembre de 2017) precisa que la carta iba acompañada de otra de pésame. En otra misiva de 1931 a la misma señora Melinesco, Irène Némirovsky le daba cita un viernes y añadía: «Será un placer firmarle todo lo que quiera.»

2. Cécile Michaud, de soltera Mitaine, niñera, natural del pueblo de Issy-L'Évêque.

3. Henriette Quidu, apodada «Kra», cocinera del matrimonio Epstein.

192

Michel Epstein a Albin Michel

Avenue Constant-Coquelin, 10, VII.°
París, 16 de enero de 1938

Querido Sr. Michel:

Durante nuestro encuentro del pasado martes me prometió usted que el jueves le escribiría a mi mujer para confirmarle que había decidido volver a abonarle las mensualidades que recibió durante los tres primeros años de su contrato con usted.

Como no ha tenido noticias suyas a ese respecto, me permito recordarle su promesa. En efecto, estoy convencido de que esa noticia le aportará la tranquilidad que tanto necesita.

Le agradezco muy sinceramente por adelantado una pronta respuesta y le envío mis más cordiales saludos.

M. Epstein

193

Albin Michel a Michel Epstein

París, 18 de enero de 1938

Querido Sr. Epstein:

Cuando le dije que el jueves examinaría la posibilidad de reiniciar el pago de mensualidades a la señora Némirovsky, pensaba en el jueves de la siguiente semana, es decir, ésta. Efectivamente, esos días tenía mucho trabajo —de hecho, aún estoy sobrecargado—, y además no me habría sido posible darle una respuesta dos días después de su petición, porque debo pedir que examinen la situación de la venta de las obras de la señora Némirovsky y de los pagos que se le han efectuado, y hasta después de esas comprobaciones no veré si puedo retomar las mensualidades y, en caso afirmativo, cuál será su importe.

Así pues, espero poder responderle a ese respecto el jueves o el viernes de esta semana.

Entretanto, reciba mis más cordiales saludos.

194

Michel Epstein a Albin Michel

Banque des Pays du Nord
Avenue de l'Opéra, 28 bis
París, 19 de enero de 1938

Querido Sr. Michel:

Acabo de recibir su carta del 18 del corriente, que, se lo confieso, me ha decepcionado mucho.

Permítame recordarle que durante nuestra entrevista del pasado martes 11 de enero, después de haberme indicado que el saldo deudor de mi mujer con usted era de en torno a 65.000 francos y saber por mí que ella tenía dos novelas para entregarle, usted tuvo a bien decirme que estaba de acuerdo en reanudar el pago de las mensualidades suspendido al final de los tres primeros años del contrato.

Igualmente admitió la posibilidad de no retener a partir de ahora como amortización del saldo deudor de mi mujer más que una parte de las cantidades procedentes de la venta, traducción, etcétera, de sus libros. En consecuencia, deduje que usted le escribiría (usted me dijo mañana o pasado mañana) para confirmarle que volvería a recibir, en las mismas condiciones que antes, es decir, durante tres años, abonos mensuales de 4.000 francos.

Puesto que está estudiando su situación en la editorial, le llamo la atención sobre el hecho de que, de los 144.000 francos que pagó en total a mi mujer, ella sólo sigue debiéndole unos

65.000 francos, y eso pese a que en los dos últimos años no ha aparecido ningún libro suyo.

Además, le recuerdo el comienzo de nuestra conversación: yo le señalé muy particularmente que a mi mujer le era imposible trabajar sin tener unos ingresos fijos asegurados. Como usted sabe, las cantidades que ha recibido hasta ahora de diversos semanarios representan ganancias muy aleatorias, y lo son cada vez más. De modo que, ciertamente, no puede contar con ese dinero como si fueran ingresos seguros, y, para ella, escribir novelas sin tener el mañana asegurado no es algo posible.

Le estaría muy agradecido si quisiera tener en cuenta todo lo precedente al tomar su decisión, que sigo esperando sea conforme a lo que comprendí durante nuestro encuentro del martes. Si no obstante considera excesivo para usted el esfuerzo que le pido, ¿podría considerar otra sugerencia?

Como ya le he dicho, mi mujer no puede trabajar si no es con la seguridad de mensualidades fijas y, dada la carestía de la vida, al menos iguales a las que recibía al principio de su relación con usted. Si a usted no le es posible, ¿aceptaría devolverle su libertad, puesto que la ejecución estricta de su contrato sería, tanto para ella como para usted, de un interés nulo? En efecto, ella no podría trabajar, o en todo caso, trabajar bien, y usted no podría obtener de ello ningún beneficio.

Mi mujer le debe unos 65.000 francos. Estoy convencido de que mi banco me facilitaría el modo de reembolsarle esa cantidad, con la condición de que usted me permitiera hacerlo, no en un solo pago, sino en varios plazos a determinar entre nosotros.

Aunque esta solución no aporta dinero a mi mujer, le permitirá dedicarse por entero a sus hijas, escribir sólo cuando sienta el deseo de hacerlo y cobrar el precio de sus libros cada vez que escriba uno.

Cuento con su amabilidad y su comprensión, y, esperando una pronta respuesta, lo saluda atentamente,

M. Epstein

195

Michel Epstein a Albin Michel

Banque des Pays du Nord
Avenue de l'Opéra, 28 bis
París, 20 de enero de 1938

Querido Sr. Michel:

Tras nuestro encuentro de ayer, tomo buena nota de lo que convinimos en lo que respecta al año en curso, puesto que (y lo comprendo perfectamente) le es imposible adquirir compromisos a más largo plazo, dadas las circunstancias actuales.

1. Usted abonará a mi mujer, a partir del 31 de enero de 1938 y durante un año, es decir, hasta el 31 de diciembre de 1938 inclusive, mensualidades de 3.000 francos.

2. Como en el pasado, los derechos generados por la venta y la traducción de los libros de mi mujer serán destinados por usted a la amortización de la deuda.

He puesto al tanto de estos acuerdos a mi mujer, que le enviará el texto de su novela *La presa* en cuanto usted se lo indique.

Me ha sido particularmente grato conocerlo, y quiero agradecerle muy sinceramente la acogida que me ha dispensado.

Reciba mis más cordiales saludos.

M. Epstein

196

Albin Michel a Irène Némirovsky

París, 21 de enero de 1938

Querida Sra. Némirovsky:

Le confirmo la conversación que tuve con su marido.

Queda entendido que, a partir de finales del corriente y durante todo el año 1938, le abonaré mensualidades de 3.000 francos.

También queda entendido que, como en el pasado, su parte de los derechos generados por la venta, las traducciones y las adaptaciones cinematográficas de sus novelas (a excepción de la adaptación de *Jezabel*) los destinaré a la amortización de su cuenta deudora.

Respecto a *Jezabel*, le confirmo que, si acabo efectuando la cesión de los derechos cinematográficos de esa obra, le abonaré su parte, es decir, la mitad del precio de cesión. Mis negociaciones con vistas a la adaptación al cine de esa novela están así:

Tal vez me sea posible obtener, por una cesión de los derechos de adaptación sonora y hablada de *Jezabel* para América Latina, en versión española y explotación únicamente en América Latina (por una duración de seis años), el precio de 6.000 pesos, es decir, unos 51.000 francos si la cotización del peso se mantiene a 8,50. De ese precio de 6.000 pesos, habría que deducir una comisión del veinticinco por ciento. En caso de que los derechos de cesión se vendieran a un precio más alto, la comisión sería del treinta por ciento sobre la proporción de los derechos que superara los 6.000 pesos.

Pero, como ya sabe, la editorial estadounidense de *Jezabel* —Holt— tiene una opción sobre los derechos cinematográficos de esa novela hasta el 28 de febrero de 1939, opción por la que ha pagado 300 dólares. Por lo tanto, necesito su conformidad, y acabo de escribirles manifestándoles el deseo de que me permitan negociar este asunto sin que tengan que participar en el precio de la cesión, desde el momento en que se trata tan sólo de una versión en español, explotable exclusivamente en América Latina.

Espero su respuesta y, por supuesto, la mantendré al corriente de esta cuestión.

¿Sería tan amable de hacerme llegar el texto de *La presa*, que me propongo publicar durante este primer semestre? En cuanto a la novela que aparecerá en *Gringoire* próximamente,[1] la editaré, salvo imprevistos, durante el segundo semestre.

Le ruego, querida señora, reciba mis más cordiales saludos.

197

Irène Némirovsky a la Société des Gens de Lettres[2]

[24 de marzo de 1938]

Les agradezco que se hayan preocupado tanto por la traducción japonesa de *David Golder*. La cantidad no es grande, efectivamente, pero la Sociedad de Autores de Japón ha sido muy amable sustituyendo a la editorial en bancarrota. Denles las gracias de mi parte cuando tengan ocasión y díganles que, si por casualidad fuera posible conseguir un ejemplar en japonés un día, lo compraría con mucho gusto.

---

1. *Dos* aparece en *Gringoire* de abril a julio de 1938. Albin Michel no la publicará en libro hasta marzo de 1939.

2. Copia realizada por Denise Epstein de una carta perdida.

198

Michel Epstein a Albin Michel

París, 4 de abril de 1938

Querido Sr. Michel:

Le envío, adjunto a la presente:

1. El recibo de los 3.000 francos que me mandó el 31 de marzo de 1938;

2. Un extracto del artículo de Henri de Régnier sobre *Jezabel* que apareció en *Le Figaro* del 23 de mayo de 1936 (su último artículo publicado).[1]

Creo que, añadido a los relativos a mis anteriores novelas, le bastará para la cubierta de *La presa*.

Créame, querido señor, muy sinceramente suyo.

Por la Sra. Irène Némirovsky,

M. Epstein

1. «Que yo sepa, es la primera vez que el tipo de mujer que no quiere envejecer y que nos han mostrado diversos escritores en distintas épocas aparece ante nosotros en toda su inconsciente monstruosidad. [...] Con implacable compasión e intensa veracidad, la señora Némirovsky ha colocado frente al espejo que refleja indiferentemente las gracias y las desgracias otro espejo que devuelve la imagen del alma, y al que esas completas egoístas en que se convierten ciertas mujeres muy hermosas y preocupadas tan sólo por esa hermosura jamás consultan.» El artículo apareció el mismo día de la muerte de Régnier.

199

Irène Némirovsky a Jean Zay[1]

Avenue Constant-Coquelin, 10, VII.°
París, 15 de junio de 1938

Excmo. Sr. Ministro:

Le ruego me disculpe por dirigirme a usted sin conocerlo personalmente, pero la consideración que siempre ha testimoniado al mundo de las letras me hace esperar que mi nombre no le sea desconocido. Soy autora de varias novelas, entre ellas *David Golder*, *Jezabel*, *El vino de la soledad*, etc.

No obstante, me apresuro a decirle que el motivo que me impulsa a escribirle no tiene ninguna relación con la literatura. Se trata de lo siguiente.

Mi intención era matricular en octubre a mi hija mayor, Denise-Catherine Epstein, de ocho años, en el liceo Victor-Duruy, pero allí me dicen que hay muy pocas esperanzas de que la admitan debido a la falta de plazas.

Eso me causa la mayor preocupación porque en mi barrio (y no podría llevar a la niña a otro, ya que mis ocupaciones me impiden hacer los cuatro largos trayectos diarios a los que me vería obligada) no hay, aparte del mencionado liceo, más que colegios católicos muy estrictos en los que se niegan a admitir a una niña judía.

Es un problema tan acuciante para mí que me permito preguntarle si le sería posible intervenir en mi favor ante la dirección del liceo Victor-Duruy, a la que, por lo demás, envié mi solicitud dentro del plazo establecido.

Una vez más, perdone mi atrevimiento y reciba, señor ministro, el testimonio de mi muy alta consideración.

Irène Némirovsky

---

1. Ministro de Educación Nacional de junio de 1936 a septiembre de 1939. Jean Zay, nacido en 1904, morirá asesinado por la Milicia el 20 de junio de 1944.

200

Jean Zay a Irène Némirovsky

París, 28 de junio de 1938

Muy señora mía:

Me complace anunciarle que la admisión de su hija, Denise-Catherine Epstein, en el liceo Victor-Duruy es un hecho.

Reciba mis más cordiales saludos.

201

Irène Némirovsky a Jean Zay

Avenue Constant-Coquelin, 10, VII.°
París, 30 de junio de 1938

Excmo. Sr. Ministro:

No sé cómo agradecerle la pronta y favorable respuesta que acaba de comunicarme.

Me siento muy emocionada por la bondadosa acogida que me ha dispensado y le ruego crea en mi profunda gratitud.

Irène Némirovsky

202

Irène Némirovsky a Paul Morand

Villa «Ene Etchea»
Hendaya (Bajos Pirineos)
18 de julio de 1938

Querido amigo:

Empecé a leer *Isabeau de Bavière*[1] para distraerme, pero he encontrado personajes vivos, emocionantes y, sobre todo, un tono profundo y apasionado que acrecienta, si cabe, mi admiración por usted.

Permítame expresársela una vez más y agradecerle que pensara en mandarme el libro.

Dele recuerdos a la señora Morand y reciba un saludo de su admiradora y amiga,

Irène Némirovsky

203

Irène Némirovsky a René Lalou

Avenue Constant-Coquelin, 10, VII.°
París, 20 de agosto de 1938

Muy señor mío:

Acabo de leer su artículo sobre mi última novela, *La presa*. No se imagina cuánto lamento que no le guste, porque es usted uno de los críticos cuya opinión más me importa.

Quería decírselo y reiterarle mi inalterable simpatía.

Muy sinceramente suya,

Irène Némirovsky

---

1. Paul Morand, *Isabeau de Bavière, femme de Charles VI. Histoire tragique*, Éditions de France, 1938.

204

Irène Némirovsky a René Lalou

«Ene Etchea»
Hendaya (Bajos Pirineos)
29 de agosto de 1938

Estimado Sr. Lalou:

Su carta me emociona mucho y me interesa sobremanera. Es cierto, creo que esta vez sólo he tenido conocimiento del artículo de *Nouveautés*. Las objeciones que me hace usted son muy profundas. Cuando escribo un libro siento una especie de pudor inexplicable que me impide hablar de él incluso con las personas más cercanas. Creo que muchos de mis errores vienen de ahí.

Me ha alegrado mucho recibir su carta.

Crea, querido señor, en mi muy viva simpatía.

Irène Némirovsky

205

«¿Dónde ha pasado usted las vacaciones? ¿A qué las ha dedicado?»

(*Toute l'édition*, 3 de septiembre de 1938.
Encuesta de Joseph Van Melle)

Le escribo desde Hendaya, donde paso las vacaciones. Le envío una foto mía y de mi hija Élisabeth, que tiene dieciséis meses. En estos momentos, la construcción de castillos de arena para esta joven personita es mi pan de cada día.

Aparte de eso, corrijo las pruebas de mi novela *Dos*, que apareció en *Gringoire* este invierno y se publicará en libro dentro de unos meses, y trabajo en otra cuyo título (provisional) es *Enfants de la Nuit*.[1]

206

Irène Némirovsky a Yvette Guilbert

Avenue Constant-Coquelin, 10, VII.°
París, 6 de noviembre de 1938

Muy señora mía:

Su pregunta es muy interesante, pero le confieso que me pone en un aprieto.[2]

Creo que, si hubiera tenido la desgracia de ser la señora Verlaine, pese al genio de mi marido, pese a mi admiración por él, no habría podido evitar sufrir tanto como lo habría hecho la esposa del hombre más corriente en un caso similar, y mis reacciones, me temo, también habrían sido completamente ordinarias, desde la paciencia esperanzada hasta la rebelión y la huida.

Creo que ni el genio ni la cultura literaria han influido nunca en los sentimientos elementales del amor, cuando éste es sincero...

Me alegra, apreciada señora, poder expresarle cuánto la admiro. La he aplaudido muy a menudo, y su maravillosa voz, su consumado arte y su impecable dicción me han procurado grandes alegrías. Permítame manifestarle ahora todo mi agradecimiento por las gratas horas que le debo.

Suya,

Irène Némirovsky

1. Título inicial de *Les Échelles du Levant* (1939) y de *Los perros y los lobos* (1940), proyectos que aún no eran independientes.

2. Yvette Guilbert, cantante y recitadora, preparaba una conferencia-recital en la sala Chopin-Pleyel los días 30 de noviembre y 3 de diciembre de 1938 sobre el tema «Grandeza y miseria de Paul Verlaine». Parece que por ese motivo preguntó a varias mujeres famosas qué clase de esposa habrían sido para el «pobre Lélian».

207

Albin Michel a Irène Némirovsky

París, 22 de noviembre de 1938

Querida Sra. Némirovsky:

Le agradezco su amable invitación. Por desgracia, no tendré el placer de asistir, porque padezco artritis en la rodilla izquierda y me desplazo con mucha dificultad. Además, los ataques de asma, que en invierno sufro con frecuencia, me obligan a tener la mayor precaución.

Crea, querida señora, que lo siento de veras, y reciba mis más cordiales saludos.

208

Irène Némirovsky a Jean Vignaud

Avenue Constant-Coquelin, 10, VII.°
París, 1 de diciembre de 1938

Querido presidente:

Tal como acordamos, le envío la copia de mi solicitud de naturalización[1] y dos cartas de recomendación, una para mi marido y otra que el señor André Chaumeix[2] tuvo la bondad de escribir para mí.

---

1. El 30 de diciembre, el ministro de Justicia, Paul Marchandeau, acusa recepción del expediente de naturalización presentado por Jean Vignaud (1875-1962), periodista, novelista y presidente de la Société des Gens de Lettres desde abril de 1936.

2. Tras la muerte de René Doumic en diciembre de 1937, el académico André Chaumeix (1874-1965) había asumido la dirección de la *Revue des Deux Mondes*, en la que Irène Némirovsky publicaba desde 1935. En su carta al ministro de Justicia, Paul Marchandeau, el 20 de noviembre de 1938, decía: «Hace veinte años que la señora Némirovsky vive en Francia. Ha publicado obras de ficción por las que se la considera con razón uno de los autores contemporáneos con un talento más vigoroso y ori-

Si necesita otros documentos, le ruego me lo haga saber.

No sé cómo agradecerle su amabilidad, querido presidente. Me emociona que haya decidido ocuparse en persona de esta gestión, tan importante para mí, como usted sabe. Me alegraría mucho verlo el sábado 10 de diciembre, como le pedí: encontraría al señor André Chaumeix, mi segundo garante, y a otros amigos comunes, y yo podría volver a agradecerle las molestias que se ha tomado por mí.

Queda muy sinceramente suya,

Irène Némirovsky

209

Irène Némirovsky a monseñor Vladimir Ghika

Avenue Constant-Coquelin, 10, VII.°
París, 21 de diciembre de 1938

Monseñor:

El padre Bréchard,[1] párroco de Besse-en-Chandesse, me asegura que me dispensará usted una cálida acogida.

El padre Bréchard le ha explicado de qué se trata: mi gran deseo y el de mi marido es recibir el Santo Bautismo para nosotros y para nuestras dos hijas.

---

ginal. Desea vivamente adquirir la nacionalidad francesa, y me permito apelar a la gran generosidad de su excelencia en favor de su solicitud.»

1. Irène Némirovsky conoció al sacerdote Antoine Roger Bréchard (1900-1940), promotor del movimiento scout en Auvernia, durante unas vacaciones en Besse-en-Chandesse. Bréchard la recomienda al obispo rumano Vladimir Ghika (1873-1954), director espiritual de numerosos escritores y responsable de la Iglesia diocesana de los Extranjeros de la rue de Sèvres, al que el padre Bréchard había podido frecuentar en el círculo del filósofo Jacques Maritain en Meudon. Marguerite Perroy (*Sacerdos Alter Christus: l'Abbé Roger Bréchard*, Clermont-Ferrand, 1949, p. 75) cita la siguiente carta de Irène Némirovsky al padre Bréchard, que probablemente data de diciembre de 1938: «He creído comprender que Monseñor deseaba bautizarnos él mismo. Me he inclinado ante su deseo pensando que a usted le agradaría. ¿He hecho bien?»

Si pudiera usted dedicarme un poco de su tiempo, monseñor, me haría infinitamente feliz.

Estoy a su disposición para el día y la hora en que le convenga recibirme.

Le ruego, monseñor, que acepte todo mi agradecimiento y el testimonio de mi más profundo respeto.

Irène Némirovsky

210

Irène Némirovsky a monseñor Vladimir Ghika

Avenue Constant-Coquelin, 10, VII.°
16 de enero de 1939

Monseñor:

Pensaba ir a verlo al final de la semana, porque hasta ahora la amenaza de las paperas no permitía fijar ninguna fecha para el bautismo. Pero ayer se cumplieron las tres semanas, y creo que el período de contagio ha terminado.

Así pues, el viernes a las 3 iré a la iglesia de los Extranjeros para preguntarle qué día le convendría. Si fuera posible el 1 o el 2 de febrero, como dijimos, me alegraría mucho. No obstante, añado a mi carta una nota[1] que le proporcionará las precisiones necesarias sobre nuestra boda.

Monseñor, le estoy muy agradecida por su bondad para con nosotros. Permítame expresársela aquí y créame muy respetuosamente suya,

Irène Némirovsky

1. Se trata de una pequeña cartulina en la que Michel Epstein escribió lo siguiente: «Nuestra boda religiosa se celebró el 1 de agosto de 1926 en el templo [sinagoga] de la rue Théry [actual rue de Montevideo]. Nuestras hijas son: Denise-France-Catherine y Élisabeth-Léone.»

211

Irène Némirovsky a Henry Bernstein

Avenue Constant-Coquelin, 10, VII.°
París, 19 de enero de 1939

Querido Sr. Bernstein:

He extraído de mi novela *Jezabel*, de la que quizá haya oído hablar, una pieza dramática que me gustaría mostrarle.[1] ¿Le interesaría? Si es así, sea tan amable de hacérmelo saber, y le enviaré el manuscrito.

Queda muy sinceramente suya,

Irène Némirovsky

212

Irène Némirovsky a monseñor Vladimir Ghika

Avenue Constant-Coquelin, 10, VII.°
París, 21 de enero de 1939

Monseñor:

Le pido mil disculpas por no ir a verlo hoy, como habíamos acordado.

Tengo un fuerte constipado, y me da un poco de miedo el frío de la iglesia, porque la fecha del bautizo se acerca, y sería lamentable retrasarla por una indisposición.

1. No hay el menor rastro de esa pieza, respecto a la que Irène Némirovsky decía en julio de 1936 que había renunciado a escribirla, aconsejada por «amigos que son técnicos del teatro y me han convencido de que el tema no es apropiado para ese medio de expresión» (*Toute l'édition*, n.º 331, 4 de julio de 1936).

Pero iré mañana entre las 3 y las 5 horas, o bien, si no estuviera mejor, acudiría mi marido para darle toda la información que desee.

He recibido respuesta del padre Bréchard, que acepta ser el padrino.[1] Estoy muy contenta.

Quisiera expresarle aquí, monseñor, cuánto le agradecemos que, pese a todas las tareas que lo abruman, encuentre tiempo para ocuparse tan paternalmente de nosotros.

Crea, monseñor, en mi profunda y respetuosa gratitud.

Irène Némirovsky-Epstein

213

Henry Bernstein a Irène Némirovsky

[Hotel Palace, Saint-Moritz]
26 de enero de 1939

Querida amiga:

Me gustó mucho *Jezabel*, y será un placer leer la pieza que ha extraído de esa hermosa novela.

Pero, a renglón seguido, debo decirle que no tendré teatro hasta el próximo octubre y que el programa de la primera temporada ya está cerrado.

Le ruego acepte el testimonio de mi viva y confraternal simpatía.

1. Marguerite Perroy (*Sacerdos Alter Christus*, *op. cit.*, p. 75) cita la siguiente carta de Irène Némirovsky al padre Bréchard, escrita varios días antes: «No sé cómo agradecerle que haya querido ser nuestro padrino. Ciertamente, no me habría atrevido a importunarlo si no hubiera visto que usted deseaba estar en París el día del bautizo.»

214

Albin Michel a Irène Némirovsky

París, 31 de enero de 1939

Querida Sra. Némirovsky:

Grosso modo e incluida la tirada de *Dos*, mi editorial le habría adelantado hasta la fecha de hoy unos cuarenta mil francos, pero acepto continuar con las mensualidades de 3.000 durante este año. Adjunto a la presente, encontrará el cheque cruzado n.º 514.563 del Crédit Commercial de France correspondiente a la del mes de enero.

Para equilibrar su cuenta, deberíamos negociar una película, lo que me parece factible. En esa esperanza me baso para avenirme a este nuevo descubierto.

Reciba, querida señora, mis más cordiales saludos.

P. D.: Le ruego tenga la amabilidad de devolverme el recibo adjunto, debidamente firmado.

215

Irène Némirovsky a monseñor Vladimir Ghika

Avenue Constant-Coquelin, 10, VII.º
París, 4 de febrero de 1939

Monseñor:

Para mi gran pesar, no me verá usted ni hoy ni mañana, porque el médico me prohíbe salir. Efectivamente, tengo paperas. Nos hemos dado cuenta porque, para colmo de males, mi marido también las tiene, y muy fuertes, lo que me preocupa bastante.

¡Qué alegría, haber podido bautizarnos el jueves![1]
Le ruego, monseñor, que nos envíe a todos su bendición con el pensamiento, y créame muy respetuosamente suya.
Irène Némirovsky-Epstein

216

Irène Némirovsky a monseñor Vladimir Ghika

Avenue Constant-Coquelin, 10, VII.°
París, 7 de febrero de 1939

Monseñor:
Nada podría complacerme más que su amable nota y las obleas.
Le agradezco infinito la dedicatoria, que valoro mucho.
Ayer noche leí sus hermosos y nobles pensamientos.[2] No basta con leerlos, lo sé; a continuación, habría que ponerlos en práctica. Pero ¡qué difícil es!
Me emociona que se interese tanto por nuestra salud. Mi marido aún tiene fiebre, pero no hay motivo para preocuparse, siempre que se eviten complicaciones fastidiosas. En cuanto a mí, me encuentro muy bien; hoy incluso he salido un poco. Cuando el período de contagio haya pasado, espero ir a verlo.
Una vez más, gracias por pensar en nosotros, monseñor.
Con toda mi profunda y respetuosa gratitud,

Irène Némirovsky

---

1. Irène Némirovsky, Michel Epstein y sus hijas recibieron el bautismo el 2 de febrero de 1939 en la capilla de la abadía de Sainte-Marie, en el XVI.° distrito, con el padre Roger Bréchard como testigo.
2. Irène Némirovsky alude sin duda al libro *Pensées pour la suite des jours* de monseñor Ghika, publicado por la editorial Beauchesne en 1936.

217

Irène Némirovsky a monseñor Vladimir Ghika

Avenue Constant-Coquelin, 10, VII.°
París, 10 de febrero de 1939

Monseñor:

Esta noche no puedo evitar pensar en la tristeza que debe de sentir usted tras enterarse de la muerte de Su Santidad el Papa.[1]

¿Me permite que le exprese mi profundo y respetuoso pésame?

Quien acaba de morir era, verdaderamente, un Santo y un Padre para todos, y creo que no habrá «hombre de buena voluntad» que esta noche no esté afligido.

Por eso me he permitido escribirle, monseñor.

Muy respetuosamente suya,

Irène Némirovsky

218

Mark Vishniak[2] a Irène Némirovsky

12 de febrero de 1939

¡Querida Sra. Némirovsky!:

No sé si conoce la existencia de los *Rousskije Zapiski*. En cualquier caso, sepa que es una revista mensual (aparece a principios de mes, concretamente) y que va ya por su segundo año

1. Pío XI, fallecido el 10 de febrero de 1939.

2. Mark Vishniak (1883-1977), emigrado ruso, era el redactor jefe de la revista *Rousskije Zapiski* (Notas rusas), cuyo primer número había aparecido en 1937. Emigró a Estados Unidos en 1940.

de publicación, bajo la dirección de P. N. Miliukov[1] y con mi colaboración como secretario de redacción. Nos gustaría ofrecer a los lectores de *Rousskije Zapiski* la posibilidad de descubrir el trabajo de usted, y nos atrevemos a pedirle que nos proporcione un relato, una novela breve o no muy larga escrita en ruso por usted.

Esperando su respuesta, le ruego acepte el testimonio de mi profunda consideración.

219

Irène Némirovsky a Mark Vishniak

Avenue Constant-Coquelin, 10
16 de febrero de 1939

Muy señor mío:

Disculpe que responda en francés a su amable carta, pero por desgracia mi ruso es muy deficiente, lo que le explicará la imposibilidad en que me encuentro de proporcionarle, como me pide, una obra en ruso.

Por otra parte, mis novelas futuras (así como mis relatos) están comprometidos desde hace tiempo con las revistas y semanarios con los que estoy vinculada.

Lo lamento de corazón, porque aprecio mucho la excelente línea literaria de su revista y tengo la mayor estima por su redacción.

Así pues, le agradezco que haya pensado en mí y, reiterándole mi pesar, quedo muy sinceramente suya,

Irène Némirovsky

1. Pável Nikoláievich Miliukov (1859-1943), figura histórica del KD (Partido Democrático Constitucional) y ministro de Asuntos Exteriores de febrero a abril de 1917, emigró a París tras la revolución de Octubre, donde fundó el periódico *Posliedne Novosti* (Últimas noticias).

220

Irène Némirovsky a monseñor Vladimir Ghika

Avenue Constant-Coquelin, 10, VII.°
París, 5 de marzo de 1939

Monseñor:

Acabo de recibir su nota. No se preocupe, se hará lo necesario para anular el cheque y extender otro.

Lo espero el jueves, y no sé cómo expresarle la alegría que siento al pensar que lo veré en mi casa.

Muy respetuosamente suya,

Irène Némirovsky

221

Irène Némirovsky a monseñor Vladimir Ghika

Avenue Constant-Coquelin, 10, VII.°
París, 12 de marzo de 1939

Monseñor:

Como acordamos, le envío algunos libros. Espero que interesen y distraigan a sus enfermos.

Me habría gustado escribirles directamente, pero me parece que no sabría expresar lo bastante bien la compasión que siento hacia ellos, así que le ruego tenga la bondad de ser mi intérprete para transmitirles mis deseos de recuperación y el afecto que me inspiran, aun sin conocerlos. Pero los conozco por sus palabras, monseñor.

Espero que ya esté totalmente restablecido.

Mi marido y yo le rogamos nos tenga presentes en sus oraciones.

Muy respetuosamente suya,

Irène Némirovsky

222

Irène Némirovsky a monseñor Vladimir Ghika

Avenue Constant-Coquelin, 10, VII.°
París, 25 de marzo de 1939

Monseñor:

Hoy no podré ir a verlo, como deseaba: tengo la gripe. ¡Realmente, qué neófita tan lamentable ha conseguido la Iglesia conmigo!

No me olvide, monseñor, porque me siento muy irascible con los demás y conmigo misma, y muy desanimada, y sólo su bendición puede sacarme de ahí. Así pues, démela con el pensamiento, se lo ruego. En cuanto me restablezca, iré a verlo.

Espero de todo corazón que se encuentre bien.

Muy respetuosamente suya,

Irène Némirovsky

223

Irène Némirovsky a monseñor Vladimir Ghika

Avenue Constant-Coquelin, 10, VII.°
París, 19 de abril de 1939

Monseñor:

Mi marido acaba de ponerse enfermo sin previo aviso. Tememos que sea una neumonía. Está en una clínica. Mi médico intenta tranquilizarme, pero estoy muy preocupada y muy triste.

Se lo suplico, monseñor, rece usted, a quien Jesús oye antes que a nosotros, para que mi marido se cure pronto.

Perdone esta carta tan apresurada y créame muy respetuosamente suya.

Irène Némirovsky

224

Irène Némirovsky a monseñor Vladimir Ghika

Avenue Constant-Coquelin, 10, VII.°
París, 27 de abril de 1939

Monseñor:

Me alegra mucho poder escribirle que mi marido ya se encuentra bien. El médico dice que está curado. En unos días podrá volver a casa.

He temido tanto perderlo... No sé qué habría sido de mí si no hubiera tenido la gran dicha de dirigirme a Dios con fe y esperanza.

No sé cómo agradecerle el consuelo de su visita. Sabía que pensaba usted en nosotros, que rezaba por nosotros, y ése era mi mejor bálsamo.

Se lo agradezco con toda el alma.

En cuanto pueda iré a hacerle una pequeña visita.

Hasta entonces, queda muy respetuosamente suya,

Irène Némirovsky

225

Irène Némirovsky a monseñor Vladimir Ghika

Avenue Constant-Coquelin, 10, VII.°
París, 4 de junio de 1939

Monseñor:

He ido dos o tres viernes seguidos a la iglesia de los Extranjeros, pero no lo he visto. Creo, no obstante, que está en París.

¿Podría pedirle una cita? Se trata de la comunión privada de Denise, y quisiera consultarle sobre el particular. Y, además, me gustaría muchísimo verlo antes de que nos marchemos a Hendaya a principios de julio.

Mi marido se ha recuperado bien de la enfermedad. Se queja de un poco de debilidad, pero creo que es normal.

Dígame el día, la hora y el lugar que le vayan mejor, monseñor, salvo, a ser posible, el martes.

Muy respetuosamente suya,

Irène Némirovsky

226

Irène Némirovsky a monseñor Vladimir Ghika

Avenue Constant-Coquelin, 10, VII.°
[junio de 1939]

Monseñor:

Al llegar a casa, Denise me ha dicho que los exámenes de ingreso en el liceo tendrán lugar precisamente el 26 y 27 de junio por la mañana. Así que quería preguntarle si sería posible fijar el 28 de junio, el 1 o el 2 de julio para la primera comunión de mi hija.

¿Sería tan amable de decirle a la criada que le llevará esta carta si le va bien alguno de esos días y elegir el que desee?

Le pido mil perdones por este contratiempo.

Muy respetuosamente suya,

Irène Némirovsky

227

Irène Némirovsky a Albin Michel

Avenue Constant-Coquelin, 10, VII.°
París, 16 de junio de 1939

Querido Sr. Michel:

En los próximos días me marcharé para unas largas vacaciones y me vendría muy bien que pudiera adelantarme las mensualidades de los meses de verano, es decir: junio, julio, agosto y septiembre.

Espero que no tenga inconveniente y se lo agradezco de todo corazón por anticipado.

Muy sinceramente suya,

Irène Némirovsky

228

Irène Némirovsky a Albin Michel

[21 de junio de 1939]

IRÈNE NÉMIROVSKY

le agradece mucho su amabilidad, querido editor, y espera que se encuentre ya en un excelente estado de salud.

229

Irène Némirovsky a monseñor Vladimir Ghika

Avenue Constant-Coquelin, 10, VII.°
París, 3 de julio de 1939

Monseñor:

He telefoneado a André Gavoty con relación a las noticias comunicadas por Paul Morand a la *Revue des Deux Mondes*,[1] pero me ha dicho que no sabe nada del asunto. No obstante, es posible que Morand acudiera directamente al señor André Chaumeix. Como éste no se encuentra en París, lo más sencillo sería, creo yo, esperar hasta el regreso del señor o la señora Morand para saber a qué atenerse.

Siento no poder darle mejores noticias. Permítame decirle una vez más, monseñor, que la primera comunión de mi hija me dejó una gran sensación de paz y dulzura, y darle las gracias por ello.

Muy respetuosamente suya,

Irène Némirovsky

1. No está claro a qué noticias se refiere, quizá se relacionaban de algún modo con «Le Mouchard mouché», comedia en un acto que Paul Morand publicaría el 1 de agosto en la *Revue des Deux Mondes*, donde André Gavoty (1894-1966) trabajaba como periodista.

230

Irène Némirovsky a monseñor Vladimir Ghika

Avenue Constant-Coquelin, 10, VII.°
París, tarde del 3 de julio

Monseñor:

He recibido su carta cuando me disponía a mandarle la mía, que he abierto para añadir unas líneas.

Mañana telefonearé a Albin Michel y le recomendaré a la señorita Bouvier des Marets. A continuación, ella podrá llamar al señor Sabatier para pedir una cita; es una persona muy amable y servicial, director de la editorial, y recibirá muy bien a su amiga.

Me alegra mucho poder serle de ayuda, monseñor, y le ruego me crea muy respetuosamente suya.

Irène Némirovsky

231

Carta de recomendación para Cécile Michaud

Avenue Constant-Coquelin, 10
París, 5 de julio de 1939

Certifico que la señora Cécile Michaud[1] ha estado a mi servicio durante cinco años. La recomiendo encarecidamente. Es honrada, limpia, trabajadora, perfecta para los niños, y tiene maña para coser, limpiar, lavar, planchar, etc. <u>Es digna de absoluta confianza.</u>

I. Epstein

1. Véase carta 191.

232

Irène Némirovsky a [destinatario desconocido]

Avenue Constant-Coquelin, 10, VII.°
París, 3 de agosto de 1939

Querido amigo:

Mil gracias por enviarme el librito sobre Chéjov. No tema, lo trataré con mucho cuidado y se lo devolveré puntualmente en otoño, aquí, si me da el gusto de visitarme.

Porque cuento con que ayude al azar y venga a verme.

Basta con que envíe una nota el día anterior diciéndome la hora para tener la seguridad de encontrarme en casa. Me dará una gran alegría.

Muy cordialmente suya,

Irène Némirovsky

Incertidumbre

(1939-1941)

Tras el advenimiento de Hitler, Irène Némirovsky no tiene la menor tentación de reproducir la «peligrosa aventura» de Golder. *En cuanto al antisemitismo nazi, ya en 1934 lo calificaba de «locura real y contagiosa [que revela] un estado de ánimo terriblemente inquietante para los vecinos de una nación en la que el sadismo, el orgullo y la crueldad se glorifican de semejante modo». En 1936, sin embargo, la sospecha planea sobre ella. La* Revue des Deux Mondes *de René Doumic rechaza por «antisemitismo» una de sus novelas breves,* Fraternidad, *en la que la autora se proponía recordar a los judíos de larga implantación su parentesco con los inmigrados recientes. «Sigo pintando la sociedad que mejor conozco, formada por personas sin rumbo, sacadas de su medio, del país en el que normalmente habrían vivido, y que no pueden adaptarse a una nueva vida sin traumas ni sufrimiento», escribe.*

El auge de la xenofobia y las malas ventas de sus últimas novelas la reconducen, pese a sus temores, hacia su tema favorito: la inmigración judeo-rusa. Trabaja con pasión en Le Charlatan, *el mito de Fausto trasladado a la inmigración, mientras que* Los perros y los lobos *presenta una visión fantaseada de la emigración judía, así como de una cierta hipocresía francesa. Publicada en mayo de 1940, en el momento de la ofensiva alemana, la novela pasará desapercibida. En cuanto a su naturalización, pese a apoyos relevantes, se ve aplazada una y otra vez, hasta su suspensión en septiembre de 1939 «debido a las circunstancias». Irène Némirovsky confió a sus hijas a la madre de su antigua niñera, en el pueblo borgoñón de Issy-l'Évêque, donde se reunirá con ellas en mayo de 1940. La derrota francesa le inspira una ambiciosa novela, amarga e irónica, titulada provisionalmente* Pánico. *Tiene la convicción de estar escribiendo su* Guerra y paz *sobre el tema. Entretanto, termina una biografía de Chéjov para la editorial Albin Michel, que la apoya mal que bien. Pero, sometida a las prohibiciones del Estatuto de los Judíos, tras el despido de su marido del banco que lo empleaba desde hacía quince años por «abandono del puesto» en junio de 1940, no tarda en verse obligada a publicar con seudónimo en el semanario* Gringoire, *como «una encajera entre los salvajes»...*

233

Michel Epstein a Albin Michel

Avenue Constant-Coquelin, 10, VII.º
París, 26 de agosto de 1939

Querido Sr. Michel:

Mi mujer se encuentra actualmente en Hendaya con las niñas. Estoy preocupado por ella en estos tiempos difíciles porque no tiene a nadie que pueda acudir en su ayuda en caso de necesidad.

¿Puedo contar con su amistad para que me haga llegar, si eso es posible, unas palabras de recomendación de las que ella podría hacer uso en caso necesario ante las autoridades y la prensa de esa región (Bajos Pirineos, las Landas, Gironda)?

Agradeciéndoselo mil veces por adelantado, queda muy sinceramente suyo,

M. Epstein

234

Albin Michel a Michel Epstein

París, 28 de agosto de 1939

Querido Sr. Epstein:

¡El nombre de Irène Némirovsky debería abrirle todas las puertas por sí solo! Pese a ello, nada más grato para mí que proporcionar a su esposa unas palabras de presentación para los periódicos que conozco, pero necesitaría conocer ciertos detalles. Le ruego que venga a verme esta misma tarde.

Reciba mis más cordiales saludos.

235

Albin Michel a Irène Némirovsky

París, 28 de agosto de 1939

Querida Sra. Némirovsky:

Vivimos en estos momentos unas horas angustiosas que pueden convertirse en trágicas de un día para otro. Y, siendo usted rusa y judía, podría suceder que personas que no la conocen —pocas, sin duda, dada su fama como escritora— le creen dificultades.[1] Así que, como hay que preverlo todo, he pensado que mi testimonio de editor podría serle útil.

Por consiguiente, estoy dispuesto a atestiguar que es usted una literata de gran talento, como demuestra por lo demás el

1. El 16 de mayo de 1947, el abogado y crítico Pierre Loewel admitirá en un artículo de *L'Aurore* titulado «Les posthumes d'Irène Némirovsky» haber recibido igualmente una carta de la novelista en septiembre de 1939 donde ella le comunicaba el nombre y la dirección de la señora Mitaine, en Issy-l'Évêque, «por si nosotros desapareciéramos».

éxito de sus obras tanto en Francia como en el extranjero, donde existen traducciones de algunos de sus libros.

Estoy también más que dispuesto a declarar que, desde octubre de 1933, época en la que acudió a mí después de haber publicado con mi colega Bernard Grasset varios libros —uno de los cuales, *David Golder*, fue toda una revelación y dio lugar a una película notable—, siempre he mantenido con usted y con su marido las relaciones más cordiales, aparte de las propias de un editor y su editada.

Reciba, querida señora, mis más cordiales saludos.

236

Irène Némirovsky a Jean Paulhan

4 de septiembre de 1939

Querido Sr. Paulhan:

He recibido la carta que me envió y en la que me informa de que su revista proseguirá su actividad como hasta ahora.

Siendo así, ¿puede decirme si le interesaría publicar en ella una parte de la *Vida de Chéjov* que preparo actualmente y de la que ya he comprometido unas sesenta páginas con la *Revue des Deux Mondes*?[1]

Por lo demás, ¿le interesan otro tipo de colaboraciones, por ejemplo, relatos (para la revista, por supuesto, no para su publicación en libro)?

Queda muy sinceramente suya,

Irène Némirovsky

P. D.: Le ruego me responda a la siguiente dirección: Sra. Némirovsky-Epstein. Banque des Pays du Nord, avenue de l'Opéra, 28 bis, París.

---

1. El capítulo «La juventud de Chéjov», anunciado en dicha revista en diciembre de 1939. Finalmente, aparecerá en *Les Œuvres Libres* en mayo de 1940.

237

Irène Némirovsky a Louis-Daniel Hirsch

[Entre el 4 y el 14 de septiembre de 1939]

IRÈNE NÉMIROVSKY
agradece por adelantado al señor Hirsch la atención que tenga a bien conceder a esta novela[1] y su pronta respuesta.

238

Irène Némirovsky a Jean Paulhan

París, 10 de septiembre de 1939

Muy señor mío:

Le envío con un propio el manuscrito de la *Vida de Chéjov* («La infancia», que forma, como podrá ver, un episodio aparte). Le ruego tenga la bondad de examinarlo y responder tan pronto pueda a mi marido: Sr. Epstein, Banque des Pays du Nord, avenue de l'Opéra, teléfono Opé. 66-70.

En caso de que el texto le interese, le indico que la *Revue des Deux Mondes* me paga por el mismo número de páginas 10.000 francos.

Queda muy sinceramente suya,

Irène Némirovsky

1. Probablemente, *Les Échelles du Levant*, publicada por entregas en *Gringoire* de mayo a septiembre de 1939, pero que no aparecerá en libro hasta 2005, con el título *El maestro de almas* (Denoël).

239

Gaston Gallimard a Irène Némirovsky

14 de septiembre de 1939

Querida Sra. Némirovsky:

Estamos trasladando las Éditions de la Nouvelle Revue Française a Mirande, Sartilly (La Mancha). El señor Jean Paulhan todavía no ha llegado, pero lo esperamos en unos días. En cuanto esté aquí, le entregaré su carta del 4 del corriente con relación a la *Vida de Chéjov*, y no dude de que responderá con prontitud a su amable propuesta.

Reciba mis más cordiales saludos,

Gaston Gallimard

240

Irène Némirovsky a Albin Michel

[20 de octubre de 1939]

Querido Sr. Michel:

Tal como me pidió, he escrito a la Société des Gens de Lettres diciéndoles que le envíen directamente a usted las cartas relacionadas con la traducción de *Dos* al serbio. Espero que se encuentre mejor, y se lo repito: ¡use Dyspné-Inhal para los ataques de asma!

241

Henriette Charron a Michel Epstein

21.11.39

Muy señor mío:

He recibido de mi amiga la señora Piquet una carta, de la que copio el siguiente párrafo:

«Respondo enseguida a su petición, para que tranquilice al señor Epstein en lo que respecta a sus hijitas. Le ruego que le dé mi número de teléfono, el 13 de Montceau. Es el de las Minas de Blanzy (nos pasan la llamada). Si la niñera necesitara un consejo o un médico, tengo aquí mismo al doctor Mardon, asignado a la mina, que se trasladaría de inmediato a Issy-l'Évêque si se lo pido. Bastaría con escribirme, telegrafiarme o telefonearme. En caso de urgencia, incluso podría ir allí en mi coche o en taxi. Si disponemos de gasolina y el tiempo lo permite, un domingo iremos a Issy para ver a las niñas y darle noticias de ellas a usted para que se las transmita a sus padres. Debemos ayudarnos unos a otros en medio de la tempestad en la que estamos entrando y que aún no ha empezado. Deme, por si acaso, la dirección del señor Epstein.»

Envío su dirección a la señora Piquet. Será más sencillo y, sobre todo, más rápido que tenerme a mí como intermediaria.

Me alegra poder transmitirle este ofrecimiento entusiasta y fiable de una amiga que une a su buena voluntad la experiencia de la edad.

No obstante, sigo, como siempre, a su disposición. Perdone esta carta, que escribo yo misma para ganar tiempo, y reciba mis más cordiales saludos,

Henriette Charron

Le he dado a la niñera el número de teléfono de la señora Piquet.

242

Señorita Le Fur[1] a Irène Némirovsky

París, 20 de diciembre de 1939

Querida Sra. Némirovsky:

Me complace enviarle, adjunto a la presente, el cheque cruzado n.º 10.550 del Crédit Commercial de France por la cantidad de 3.000 francos, correspondientes a la mensualidad de diciembre de 1939, en concepto de adelanto sobre sus derechos de autor y cinematográficos. Tenga la amabilidad de confirmar que ya está en sus manos devolviéndonos firmado el recibo anejo.

Los perros y los lobos debe de aparecer en marzo; recibirá el principio de las pruebas en enero.

Deseándole buenas fiestas de fin de año junto a sus queridas hijitas y mis mejores deseos, la saluda cordialmente,

Srta. Le Fur

P. D.: Le adjunto el estado de cuentas de sus regalías por la segunda tirada de *Dos*, cantidad que ya ha sido acreditada a su cuenta. La tercera tirada en curso consta de 3.000 ejemplares.

243

Irène Némirovsky a la señorita Le Fur

[Entre el 20 el 27 de diciembre de 1939]

¡Gracias por el cheque! Feliz año para usted y los suyos.

Acompaña a esta carta el aparatito del que le hablé. Procure que el señor Michel lo utilice; desde luego, no le hará ningún

1. Secretaria de la editorial Albin Michel.

daño, y puede aliviarlo considerablemente. Hay que poner un poco de líquido en el recipiente, de forma que el extremo del tubito quede sumergido en él. De todas formas, el aparato va acompañado de instrucciones.

244

Señorita Le Fur a Irène Némirovsky

París, 28 de diciembre de 1939

Querida Sra. Némirovsky:

El señor Albin Michel aprecia sinceramente que le haya enviado el Dyspné-Inhal, que por supuesto utilizará siempre que lo necesite, y me pide que se lo agradezca mucho. Estos días, una congestión leve le obliga a guardar cama.

Junto con sus mejores deseos para el nuevo año, para usted y los suyos, reciba, querida señora, mis más cordiales saludos,

P. O. Sr. Albin Michel

245

Albin Michel a Irène Némirovsky

París, 19 de enero de 1940

Querida Sra. Némirovsky:

Acabé 1939 con una pizca de congestión pulmonar y empecé 1940 con un absceso que me hizo sufrir horriblemente y me mantuvo en cama quince días. Pero no he tenido ningún ataque de asma y aún no he usado el Dyspné-Inhal que fue tan amable de enviarme. He encontrado el aparato sobre mi escritorio, al que he regresado con la esperanza de no tener que abandonarlo de nuevo, porque mi presencia en la rue Huyghens es realmente indispensable.

Así que no me tome en cuenta que haya tardado tanto en expresarle mi gratitud y mis buenos deseos, que son muy vivos y sinceros. Le deseo, en particular, nuevos éxitos literarios, y quiero asegurarle que siempre lo pondré todo de mi parte para el lanzamiento de sus obras. Por lo demás, no me cabe duda de que su nueva novela, *Los perros y los lobos*, recibirá una acogida muy favorable de la crítica y el público, puesto que ayer mismo uno de mis autores jóvenes me aseguró que había escrito usted una obra maestra.

Le ruego, querida señora, que tenga la certeza de mi muy sincera y respetuosa amistad.

246

Irène Némirovsky a Albin Michel

Avenue Constant-Coquelin, 10, VII.°
París, 28 de marzo de 1940

Adjunto a la presente, encontrará el texto de la nota para la prensa sobre *Los perros y los lobos*. Espero que le parezca adecuada. En lo que respecta a la faja, le propongo: EL NUEVO NÉMIROVSKY.

Queda muy sinceramente suya,

Irène Némirovsky

Esta novela es una historia de judíos. Seré más precisa: de judíos no franceses, sino llegados del Este, de Ucrania o de Polonia.

Naturalmente, no todos los judíos son como mis protagonistas: la variedad de una raza humana es infinita. He contado una historia que, por muy diversas razones, sólo podía ocurrirles a judíos.

La he escrito no sin temor. Sé que habrá quienes digan: «¿Y qué nos importan a nosotros los judíos?» Entiendo su punto de vista, pero no puedo responderles nada.

No obstante, temo más las objeciones de los propios judíos: «¿Por qué habla de nosotros?», dirán. «¿Acaso ignora la persecución de que somos víctimas, el odio con que se nos acosa? ¡Si se habla de nosotros, que al menos sea para alabar nuestras virtudes y llorar por nuestras desgracias!»

A eso respondería que en literatura no hay tema «tabú». ¿Por qué se va a negar un pueblo a ser visto tal como es, con sus cualidades y sus defectos?

Creo que algunos judíos se reconocerán en mis personajes. Quizá se molesten conmigo. Pero yo sé que digo la verdad.

247

Michel Epstein a la señorita Le Fur

París, 29 de mayo de 1940

Srta. Le Fur:

Mi mujer me ha encargado pedirle que, si es posible, le envíe su mensualidad de mayo por giro telegráfico a la siguiente dirección:

Sra. Epstein
Casa del señor Loctin
Issy-l'Évêque (Saona y Loira)[1]

Agradeciéndoselo por adelantado, la saluda atentamente,

M. Epstein

248

Irène Némirovsky a la señorita Le Fur

Issy-l'Évêque, 31 de mayo de 1940

Estimada Srta. Le Fur:

He recibido los 3.000 francos. Permítame darles las gracias a usted y al señor Michel, que espero se encuentre bien.

Le ruego que le dé recuerdos y quedo muy sinceramente suya,

Irène Némirovsky

1. El 29 de mayo de 1940, Irène Némirovsky llega a Issy-l'Évêque, donde había dejado a sus dos hijas al cuidado de Marie-Louise Mitaine, y se instala en el hotel Des Voyageurs, regentado por el señor Loctin.

249

Michel Epstein a la señorita Le Fur

París, 10 de junio de 1940

Srta. Le Fur:

La molesto una vez más a propósito de mi mujer. No sé si prevén ustedes replegarse, pero, en caso afirmativo, ¿puedo tener la seguridad de que mi mujer seguirá recibiendo sus mensualidades? De no ser así, ¿estaría de acuerdo el señor Michel en enviarle ya algunos meses de adelanto? Me da mucho miedo que se vea sin dinero con las niñas e imposibilitada, quizá, de comunicarse conmigo.

Mil gracias por adelantado.

Muy sinceramente suyo,

M. Epstein

250

Señorita Le Fur a Irène Némirovsky

París, 11 de junio de 1940

Querida Sra. Némirovsky:

A petición del señor Epstein, que acaba de enviarnos un mensaje neumático, y aunque el señor Michel aún no se plantea retirarse, nos apresuramos a hacerle llegar un giro postal de 9.000 francos, correspondientes a sus mensualidades de junio, julio y agosto de 1940.

Tenga la amabilidad de acusarnos recibo. El señor Michel le agradece sus recuerdos y le manda un saludo cordial, a la espera de tener el enorme placer de volver al verla tras la Victoria.

Reciba toda mi simpatía y mi afecto.

P. O. Sr. Albin Michel
Srta. Le Fur

251

Telegrama de Michel Epstein a Irène Némirovsky

Orleans
11 [de junio de 1940], 13 h

PAUL[1] Y YO SANOS Y SALVOS ORLEANS — CONTINUAREMOS VIAJE HACIA LUZY[2] — ESTATE TRANQUILA BESOS — EPSTEIN

1. Paul Epstein, el hermano pequeño de Michel.

2. La estación más cercana a Issy-l'Évêque se encontraba en el pueblo de Luzy, a unos diez kilómetros.

252

Irène Némirovsky a Albin Michel

Issy-l'Évêque (Saona y Loira)
12 de julio de 1940

Querido Sr. Michel:

Hace apenas dos días que el servicio de correos funciona con cierta normalidad en el pueblecito en que me encuentro. Por si acaso, le escribo a su dirección de París. Espero de todo corazón que haya superado felizmente estos terribles momentos y que no tenga inquietud por ninguno de los suyos. En lo que a mí respecta, aunque las operaciones militares se han desarrollado muy cerca de aquí, no nos han afectado. Ahora mismo mi mayor preocupación es conseguir dinero.

En consecuencia, le estaría eternamente agradecida si hiciera todo lo posible para que pueda recibir mis mensualidades. La del 30 de junio no me ha llegado.

Agradeciéndoselo por adelantado, queda muy cordialmente suya,

Irène Némirovsky

253

Irène Némirovsky a Albin Michel

Issy-l'Évêque (Saona y Loira)
16 de julio de 1940

Querido Sr. Michel:

No sé si la carta que le envié hace unos días le ha llegado, por eso le envío ésta con un conocido que va a París y tiene que volver a Issy-l'Évêque la próxima semana. Me alegraría mucho tener noticias suyas a través de él.

En caso de que aún no me haya enviado las mensualidades, le agradecería que se las confiara a esa persona en efectivo. Si le es posible entregarle las correspondientes al 30 de junio, 31 de julio y 31 de agosto, me haría un gran favor.

Agradeciéndoselo por adelantado, queda muy cordialmente suya,

Irène Némirovsky

254

Señorita Le Fur a Irène Némirovsky

París, 19 de julio de 1940

Querida Sra. Némirovsky:

Acabo de recibir su carta del 12 del corriente, y me sorprende mucho que no le haya llegado el giro postal de nueve mil francos, correspondientes a las mensualidades de junio, julio y agosto del presente año, que el señor Albin Michel le envió el pasado día 11 a petición del señor Epstein.

La editorial reabrió el 1 de julio varias horas al día con el muy escaso personal que no ha abandonado París. Hasta hace dos días no tuvimos noticias del señor Albin Michel, que está en Dordoña con su familia. Afortunadamente, todos se encuentran bien. También recibimos una carta del señor Esménard, al que esperamos desmovilicen pronto.

Iré a la oficina de correos para poner una reclamación con relación a su giro, pero, por su parte, ¿tendría la amabilidad de escribirme una carta para que pueda presentarla en Correos como prueba de que no ha recibido nada?

Con los mejores deseos en lo que respecta a su salud y la de sus hijitas, queda muy cordialmente suya,

P. O. Sr. Albin Michel

255

Fernand Brouty[1] a Irène Némirovsky

Clermont-Fd,[2] 25 de julio de 1940

Querida Sra. Némirovsky:

Me ha alegrado mucho tener noticias suyas y saber que está tranquilamente instalada en Saona y Loira.

En cuanto a nosotros, refugiados aquí desde el 11 de junio, seguimos realizando nuestra actividad periodística, y hasta ahora nuestros semanarios han aparecido con total regularidad, salvo durante el período de ocupación de Clermont-Ferrand, es decir, unos diez días.

Hay importantes conversaciones en marcha, y espero que lleguen a buen puerto en breve. Después, podremos regresar a París.

---

1. Fernand Brouty (1885-?), yerno y socio de Arthème Fayard, cuñado de Jean Fayard y director del semanario *Candide*.

2. La sede de *Candide* se había trasladado provisionalmente a Clermont-Ferrand, rue Blatin, 29.

Así pues, envíeme un relato en cuanto pueda, será bienvenido.

En lo que respecta a la novela, no hay tanta prisa, puesto que la falta de papel y la limitación del número de páginas, consecuencia de aquélla, no nos permiten publicar folletines.[1]

Reciba, querida señora, mis más cordiales saludos.

Fernand Brouty

256

Michel Epstein a Joseph Koehl[2]

Issy-l'Évêque (Saona y Loira)
26 de julio de 1940

Sr. Director General:

Como sabe, hace en torno a un año padecí una septicemia. Motivos operacionales y, más tarde, la guerra me impidieron coger la baja prolongada que necesitaba para reponerme de esa enfermedad. Inevitablemente, mi estado de salud se resintió, y en los últimos tiempos mi médico me ha ordenado, de forma perentoria, reposo absoluto durante un mes. El certificado médico se encuentra en mi expediente en el banco.

Usted tuvo a bien concederme esa baja; luego, esa autorización se anuló. Por entonces —principios de junio—, se hablaba de evacuar los bancos a provincias. Creía poder contar con que, de tomarse dicha medida, abandonaría París con nuestra Dirección, lo que me habría permitido seguir cuidándome mal que bien.

1. Irène Némirovsky entrecomilló estas dos últimas frases para citarlas en su respuesta a Jean Vignaud del 16 de noviembre de 1940 (carta 303).

2. Director general del Banque des Pays du Nord, evacuado a Clermont-Ferrand.

Pero el 4 de junio el señor Gaulis[1] me dijo que, en el caso de que los bancos se vieran obligados a trasladarse, su intención era retenerme junto a él en París.

Entonces le recordé a usted mi estado de salud; también le expuse otras razones que se oponían a tal solución, y me permití insistir en todo ello en diversas ocasiones.

Para mi gran pesar, usted no quiso tenerlo en cuenta, y el 10 de junio me comunicó que, si abandonaba París, consideraría que ya no formaba parte del personal del banco.

Los términos que utilizó y su negativa final a concederme un descanso del que, sin embargo, tenía una necesidad tan grande y urgente no me dejaron ninguna duda sobre sus intenciones respecto a mí y su evidente deseo de prescindir de mis servicios. Así que saqué las conclusiones que se imponían y me reuní con mi familia en el momento en que usted y mis compañeros se dirigían a Clermont-Ferrand.

Cuando pienso en los quince años de trabajo y entrega que he dedicado al banco, para llegar a este resultado, tan triste como inmerecido, lo hago con mucha amargura, señor Director General.

Espero que al menos las condiciones de mi despido se correspondan con mi larga y fiel colaboración, y le estaría muy reconocido si me las comunicara lo más rápidamente posible.

Agradeciéndoselo por adelantado, le ruego acepte el testimonio de mi sincera consideración.

P.D.: Mi tardanza en responderle se ha debido únicamente a la interrupción del servicio postal.

1. Robert Jacques Gaulis (1899-?), uno de los directores del Banque des Pays du Nord.

257

Irène Némirovsky a la señorita Le Fur

Issy-l'Évêque (Saona y Loira)
1 de agosto de 1940

Querida Srta. Le Fur:

Me alegra mucho saber que tiene buenas noticias del señor Albin Michel y los suyos. Espero que también usted esté bien de salud.

Según su deseo, le adjunto una carta confirmando que no he recibido el giro postal de 9.000 francos.

Le ruego encarecidamente que haga todo lo necesario para que reciba ese dinero, porque lo necesito con urgencia.

Agradeciéndoselo por adelantado, queda muy cordialmente suya,

Irène Némirovsky

258

Irène Némirovsky al señor Brouty[1]

[Principios de agosto de 1940]

Querido Sr. Brouty:

Le he enviado varias copias del relato que fue tan amable de pedirme en su carta del pasado 25 de julio. No sé si le ha llegado alguno de esos envíos, porque no he recibido confirmación de usted al respecto. Así que, en los próximos días, es muy posible que le llegue otra copia de «El señor Rose».[2] Tenga la bondad de acusarme recibo a la siguiente dirección:

---

1. Carta no enviada.
2. Esta novela breve aparecerá en *Candide* el 18 de agosto de 1940.

Señor PERRUCOT (para la Sra. LOCTIN)
Tratante de ganado en
SEMUR-EN-BRIONNAIS
(Saona y Loira)

También me gustaría que me dijera en esa carta si puedo enviarle otros relatos. Confío en que sea así, porque, con la llegada del invierno, en el campo el aburrimiento es terrible, y lo único que ayuda a pasar esas largas horas es el trabajo.

Por supuesto, le concedo, como de costumbre, amplia libertad para modificar mis textos como considere oportuno. Por otra parte, le recuerdo que en otros tiempos algunas obras mías, por ejemplo, *El baile*, aparecieron en *Les Œuvres Libres* con el seudónimo «Pierre Nérey». Si cree conveniente resucitarlo (sólo usted puede juzgarlo), lo autorizo a hacerlo con mucho gusto.

En lo que respecta al dinero por «El señor Rose», le ruego que lo envíe mediante giro postal al señor Perrucot, para la señora Loctin, a la dirección indicada más arriba.

¿Qué planes tiene para el futuro? ¿Piensa volver a París? Espero que usted y los suyos se encuentren perfectamente bien. Una pronta respuesta suya me alegraría mucho.

Muy sinceramente suya.

259

Irène Némirovsky a la señorita Le Fur

Issy-l'Évêque (Saona y Loira)
4 de agosto de 1940

Querida Srta. Le Fur:

Me apresuro a comunicarle que he recibido el giro postal de 9.000 francos correspondientes a mis mensualidades de junio, julio y agosto de 1940. Le agradezco mucho todas las molestias que se ha tomado para hacerme llegar el dinero.

Me gustaría mucho tener noticias del señor Albin Michel. ¿Puede usted comunicarse con la zona no ocupada? *Candide* me ha pedido un relato.[1] Lo tengo listo, pero me es imposible enviárselo. Si tiene alguna forma de comunicarse con el país libre a través de la editorial, le ruego que me lo indique.

Me alegra saber que está bien de salud, querida señorita, y le envío mis saludos más cordiales.

Irène Némirovsky

260

Señorita Le Fur a Irène Némirovsky

París, 8 de agosto de 1940

Querida Sra. Némirovsky:

Acabo de recibir su carta del 4 del corriente en la que me informa de que al fin ha recibido nuestro giro postal enviado el 11 de junio. Me alegro mucho; ayer repetí mi reclamación en Correos y estaba muy preocupada por usted.

En estos momentos, al igual que usted, no tenemos forma de comunicarnos con la zona no ocupada. Confiamos en que el señor Albin Michel se encuentre bien. Habrá que esperar; seguramente, esta interrupción de las relaciones postales no durará mucho.

Reciba, querida señora, mis saludos más cordiales,

P. O. Sr. Albin Michel
Srta. Le Fur

1. Véase carta 258.

261

Irène Némirovsky a la señorita Le Fur

Issy-l'Évêque (Saona y Loira)
9 de agosto de 1940

Querida Srta. Le Fur:

Confío en que haya recibido mi carta acusándole recibo de los 9.000 francos. Permítame exponerle el motivo por el que me dirijo a usted en esta ocasión. Figúrese que en un pequeño diario de la región he leído la nota que le adjunto.[1]

Quisiera obtener precisiones respecto a esa medida y he pensado que quizá usted podría proporcionármelas.

¿Cree usted que afecta a una extranjera que, como yo, vive en Francia desde 1920? ¿Se refiere a escritores políticos o también a autores de ficción?

Como bien sabe, me encuentro totalmente aislada del mundo y lo ignoro todo sobre las medidas que hayan podido adoptarse en la prensa en los últimos tiempos.

Si cree usted que determinado asunto podría ser de mi interés, le ruego que me lo haga saber. Y eso no es todo; voy a seguir molestándola porque recuerdo lo amable y servicial que es usted.

Quería saber qué escritores están en París, y si continúan colaborando en los periódicos que aún aparecen.

¿Sabe usted si *Gringoire*, *Candide* y otras grandes revistas planean regresar a París?

¿Y las editoriales? ¿Cuáles continúan su actividad? Son un montón de preguntas para las que me encantaría obtener respuestas.

---

1. «El domingo apareció el primer número de un nuevo periódico, *L'Effort*, destinado a sustituir a *Le Populaire*. Se subtitula "órgano socialista de reconstrucción nacional" y reúne los nombres de los señores Charles Spinasse (director político), Paul Rives (redactor jefe) y E. Gaillard (administrador delegado). Añadamos que, en virtud de una disposición reciente, ningún extranjero podrá colaborar en el nuevo diario.» Ignoramos la procedencia de esta nota, pero el 4 de agosto había aparecido un suelto similar en *Le Figaro*.

Agradeciéndoselas por adelantado, le envío un saludo muy cordial.

Irène Némirovsky

262

Señorita Le Fur a Irène Némirovsky

París, 20 de agosto de 1940

Querida Sra. Némirovsky:

Supongo que recibió mi carta del 8 del corriente, en la que le decía que me alegraba saber por la suya del día 4 que al fin le había llegado el giro postal.

No tengo mucha información concreta en relación con lo que me pregunta; lo más sencillo sería que se dirigiera a la Société des Gens de Lettres, Fbg. St-Jacques, 38, París.

En cuanto a los escritores que se quedaron en París, leí en un periódico que en la última sesión de la Academia Francesa había 4 académicos, entre ellos los señores Abel Bonnard y Abel Hermant. También he visto las firmas de los señores Pierre Guitet-Vauquelin, Jacques de Gachons y Jean de La Hire en el periódico *Le Matin*, y otro periódico ha anunciado un cuento del señor Marcel Berger.

Imagino que, escribiendo aquí, a París, a la editorial Fayard, la informarán respecto a *Candide*. Por el momento, no se tiene ninguna noticia de la zona libre.

Lamento no poder darle una información más amplia y le envío mis más cordiales saludos.

Srta. Le Fur

263

Michel Epstein a Joseph Koehl

Issy-l'Évêque, 30 de agosto de 1940

Sr. Director General:

Me complace acusar recibo de la carta y del giro postal de los 8.027,45 francos que me envió el banco el 21 del corriente.

En primer lugar, permítame responder a su alegación de que no le escribí hasta el 26 de julio para exponerle las circunstancias que me obligaron a abandonar París: aquí, el servicio postal no se restableció hasta alrededor de esa fecha.

Permítame, a continuación, volver sobre el párrafo de su carta que sugiere que puse fin a mi colaboración con el banco por mi propia voluntad: se trata de un malentendido, porque nunca se me pasó por la cabeza presentar mi dimisión.

El año pasado padecí una enfermedad grave (septicemia). Las circunstancias (vacaciones reducidas por la guerra a ocho días y, después, movilización de los señores De Maizière[1] y Pradère-Niquet)[2] no me permitieron ocuparme cuando debía de mi salud, muy perjudicada por la enfermedad. Al límite de mis fuerzas, como pudo comprobar usted mismo y como confirma el certificado del doctor Delafontaine,[3] que encontrará en mi dosier, le pedí a usted una baja de un mes, que necesitaba imperiosamente para cuidarme. Usted consideró que no podía concedérmela. Fue entonces cuando, ante la imposibilidad física en que me encontraba de continuar mi trabajo y ante la absoluta necesidad de cuidados prolongados, pedí que me llevaran al campo, con mi familia.

Por otra parte, de su carta se desprende que, frente a lo que yo suponía, no tenía usted intención de prescindir de mí. Si en

1. Philippe de Maizière, director del Banque des Pays du Nord.
2. Jacques-Alexandre-Marie Pradère-Niquet (1896-1975), apoderado de dicha entidad.
3. Director de Formación de la Cruz Roja francesa y médico de Michel Epstein.

verdad era así, si interpreté sus palabras de forma errónea, le ruego tenga presente que estoy a la entera disposición del banco, dado que me encuentro del todo restablecido.

Esperando su respuesta, que le agradezco por adelantado, le ruego acepte el testimonio de mi respetuosa consideración.

264

Irène Némirovsky a la señorita Le Fur

Issy-l'Évêque, 8 de septiembre de 1940

Querida Srta. Le Fur:

Muchas gracias por su amable carta. Me alegra saber que sigue bien. No menciona al señor Albin Michel. ¿Tiene buenas noticias de él y del señor Esménard? ¿Y qué es de nuestro amigo Sabatier? Si está en París, dele recuerdos de mi parte y dígale que he terminado la *Vida de Chéjov*.

En lo que a mí respecta, los persistentes rumores que circulan por aquí me hacen pensar que uno de estos días podríamos encontrarnos en zona libre,[1] y me pregunto cómo me las arreglaría entonces para disponer de mis mensualidades, la próxima de las cuales se me debería enviar el 30 de septiembre. Así que quería pedirle que, para mayor tranquilidad, intente adelantarme ya todo lo que pueda sobre lo que me queda por percibir hasta final de año.

También le agradecería que me diera la dirección del señor Albin Michel, si sigue en provincias.

Agradeciéndoselo por adelantado, queda muy sinceramente suya,

Irène Némirovsky

---

1. Efectivamente, el trazado de la línea divisoria, objeto de negociaciones, fluctuará «hasta el otoño de 1940. Los mapas topográficos no se fijarán hasta finales de 1941» (Jeanne Guillot-Voisin, *La Saône-et-Loire sous Hitler. Périls et Violences*, Mâcon, Fédération des Œuvres laïques, 1996).

265

Irène Némirovsky a René-Pierre Coldefy

Actualmente:
Issy-l'Évêque (Saona y Loira)
13 de septiembre de 1940

Sr. Subprefecto de Autun:

Me permito apelar a su amabilidad para rogarle que tenga a bien hacer llegar a su excelencia el mariscal Pétain la carta que acompaña a la presente.

Ignoro si mi nombre le es conocido: soy novelista y tengo el honor de colaborar en la misma publicación que el jefe del Estado: la *Revue des Deux Mondes*.

Agradeciéndole por adelantado su amabilidad, le ruego acepte el testimonio de mi respetuosa consideración.

> Excmo. Señor:
>
> Tenía la intención de rogar al señor André Chaumeix, director de la *Revue des Deux Mondes*, en la que colaboro, que atrajera la atención de su excelencia sobre mi caso. Por desgracia, no me es posible comunicarme con él, dado que se encuentra en la zona libre. No obstante, me atrevo a esperar que esta carta obtenga audiencia ante usted.
>
> Se trata de lo siguiente: he sabido que su Gobierno ha decidido tomar medidas contra los apátridas. Siento una gran angustia al pensar en la suerte que nos espera a mi familia (mi esposo, que ha estado enfermo de gravedad recientemente, y mis hijas, de 10 y 3 años) y a mí misma.
>
> Mi marido y yo somos de origen ruso; nuestros padres emigraron durante la revolución bolchevique. Vivimos en Francia desde hace 20 años, sin haberla abandonado una sola vez, y durante los últimos 15 mi marido ha sido apoderado del Banque des Pays du Nord (que pertenece

al grupo Schneider), puesto al que desgraciadamente ha tenido que renunciar debido a su enfermedad.

Si quisiera informarse a través del señor Chaumeix, él le confirmará que colaboro en la *Revue des Deux Mondes* desde hace años. Él mismo puede responder de mí, porque en su momento tuvo la bondad de apoyar nuestra solicitud de naturalización, cuya tramitación probablemente se vio interrumpida por la guerra. Conozco en persona a la familia del señor René Doumic; estoy segura de que la señora de Doumic y la señora de Régnier serán tan amables de confirmarlo.

Apenas es necesario decir que nunca me he ocupado de política, puesto que no he escrito sino obras de ficción. Por lo demás, tanto en los periódicos extranjeros como en la radio, siempre he puesto todo mi empeño en promover el conocimiento y el amor a Francia.

No puedo creer, Excmo. Señor, que no se haga distinción alguna entre los indeseables y los extranjeros honrados que, si recibieron de Francia una hospitalidad magnífica, tienen conciencia de haber hecho todos los esfuerzos posibles para merecerla.

Así pues, solicito de su gran munificencia que mi familia y yo misma seamos incluidos en esa segunda categoría de personas, que se nos permita residir libremente en Francia y que yo pueda continuar ejerciendo en ella mi profesión de novelista.

Agradeciéndole muy vivamente por adelantado la atención que decida dispensar a esta carta, le ruego acepte el testimonio de mi profundo respeto.

P.D.: Adjunto copia de la declaración que recibí el 1 de septiembre de 1939 del presidente de la Société des Gens de Lettres de Francia.[1]

---

1. Declaración enviada por Jean Vignaud a Michel Epstein: «El presidente de la Société des Gens de Lettres, Jean Vignaud, comendador de la Legión de Honor y Cruz de Guerra, certifica que la señora Irène Epstein, conocida como "Irène Némirovsky"

266

Robert Esménard a Irène Némirovsky

Éditions Albin Michel
Rue Huyghens, 22, París, XIV.°
París, 13 de septiembre de 1940

Querida Sra. Némirovsky:

He regresado a la librería, y acabo de leer su carta del 8 de septiembre.

Adjunto a la presente, encontrará el cómputo de sus derechos de autor, realizado el día de hoy. Por otra parte, le envío con esta misma fecha un giro postal con la cantidad de 3.000 francos, correspondiente a su mensualidad de septiembre.

Su última novela, *Los perros y los lobos*, no ha obtenido el éxito que cabía esperar cuando se puso a la venta, lo que ocurrió muy poco tiempo después de desencadenarse la ofensiva alemana. Además, la perspectiva de cerrar un contrato cinematográfico para una de sus obras —perspectiva en la que mi suegro[1] depositaba muchas esperanzas— ha dejado de existir en estos momentos. Por último, como puede imaginar, la venta de obras literarias se ha visto muy reducida. Por todas estas razones y sintiéndolo mucho, no podré seguir abonándole mensualidades después del mes de septiembre, en tanto mi suegro, que se repone poco a poco de sus ahogos, siga ausente de su editorial.

---

en el mundo literario, pertenece a la Société des Gens de Lettres como afiliada. / Esta escritora es autora de novelas famosas y goza de la amistad y la estima de sus colegas tanto por su carácter como por su talento. / El señor Chaumeix, miembro de la Academia Francesa y director de la *Revue des Deux Mondes*, y yo mismo llamamos la atención del ministro de Justicia sobre la solicitud de naturalización de la señora Epstein, de soltera Némirovsky, que es de origen ruso, y son las circunstancias las que han debido de retrasar la tramitación de dicha solicitud, recibida favorablemente. / Estoy a disposición de todas las autoridades para aportar a la señora Némirovsky, en caso necesario, el apoyo y la ayuda de la Société des Gens de Lettres» (Imec, NMR 6.39).

1. Albin Michel.

De todos modos, tenga la seguridad de que, una vez regrese, no olvidaré rogarle que estudie su caso.

El señor Michel se encuentra en Gourdon, departamento de Lot, en casa del abogado señor Taupiac. En cuanto a André Sabatier, de quien seguimos sin tener noticias, debe de continuar en Siria.

Reciba, querida señora, mis más cordiales saludos,

R. Esménard

P. D.: Naturalmente, ignoro cómo funcionarán más adelante la correspondencia y los envíos de dinero de la zona ocupada a la libre y viceversa.

267

Irène Némirovsky a Jean Vignaud

Issy-l'Évêque (Saona y Loira)
14 de septiembre de 1940

Estimado Sr. Presidente:

Ignoro si está en París. Aun así, le escribo esta carta, confiando en que le llegue.

Se trata de lo siguiente. He leído en la prensa que el Gobierno ha decidido tomar ciertas medidas con relación a los apátridas. Como sabe, mi marido y yo pertenecemos a esa categoría, puesto que somos de origen ruso y que nuestra naturalización, de la que usted tuvo la amabilidad de ocuparse en su día, ha quedado en suspenso debido a la guerra.

Espero poder contar con su apoyo y el de la Société des Gens de Lettres en el caso de que me importunen. Unas líneas suyas me tranquilizarían y me alegrarían mucho.

Le recuerdo que vivimos en Francia desde hace 20 años y que mis hijas, nacidas en París, son francesas.

Espero de todo corazón que haya usted atravesado este triste período sin daños ni para usted ni para los suyos.

Agradeciéndoselo por adelantado, lo saluda muy cordialmente,

Irène Némirovsky

268

Irène Némirovsky a Robert Esménard

Issy-l'Évêque (Saona y Loira)
17 de septiembre de 1940

Querido Sr. Esménard:

La carta que me escribió el 13 de septiembre me resulta incomprensible. Quizá ignora usted el acuerdo al que llegamos el señor Albin Michel y yo misma: su suegro se comprometió a pagarme (hasta el 31 de enero de 1941, si no me falla la memoria) mensualidades de 3.000 francos. Y deduciendo el abono de septiembre, que acabo de recibir, su editorial me debe, en virtud de dicho acuerdo, la cantidad de 12.000 francos.

Sin embargo, me informa usted de que ha decidido poner fin al envío de mis futuras mensualidades, invocando circunstancias de las que no soy responsable. Creo que se trata de un simple malentendido, puesto que hasta ahora el señor Albin Michel ha cumplido sus compromisos de la forma más estricta, por lo que yo sé. En caso de que su editorial mantenga su decisión de suprimir los pagos que se me deben, le expreso por la presente todas mis reservas en lo que respecta a mis propios compromisos con ella.[1]

1. En el borrador de esta carta (Imec, NMR 6.II), parte de la frase aparece tachada: «[...] le expreso por la presente todas mis reservas tanto en lo que respecta a mis propios compromisos con ella como a lo relativo a los perjuicios que ciertamente sufriría yo debido a esa decisión».

Por favor, comuníqueme con urgencia lo que acabe decidiendo y reciba mis más cordiales saludos,

Irène Némirovsky

269

Robert Esménard a Irène Némirovsky

Éditions Albin Michel
Rue Huyghens, 22, París, XIV.°
París, 23 de septiembre de 1940

Querida Sra. Némirovsky:

Me apresuro a responder a su carta del 17 del corriente. La cuestión sobre la que me escribe depende evidentemente del señor Albin Michel. Por mi parte, me he limitado a ponerla al tanto de la situación actual y señalarle que no me sería posible abonarle más mensualidades por iniciativa propia.

He revisado la correspondencia que ha intercambiado usted con mi suegro y no he encontrado la menor alusión a un compromiso para el año 1940. Sin embargo, su carta menciona explícitamente un acuerdo entre el señor Michel y usted. En consecuencia, ¿tendría la amabilidad de darme todas las precisiones oportunas y enviarme una copia de las pruebas que tenga sobre ese particular? Cuando esté en posesión de ellas, me encontraré en condiciones de plantearle el asunto a mi suegro a la primera oportunidad.

Estoy seguro de que comprende que no puedo efectuar pagos sin conocer los acuerdos establecidos. De todas formas, quiero que sepa —de hecho, estoy seguro de que no duda de ello— que, en ausencia del señor Albin Michel, los compromisos adquiridos se respetarán tan escrupulosamente como los respetaba él.

Reciba, querida señora, mis más cordiales saludos,

R. Esménard

270

Irène Némirovsky a Robert Esménard[1]

Issy-l'Évêque, 25 de septiembre de 1940

Querido Sr. Esménard:

De su carta del 23 de septiembre, copio el siguiente párrafo: «Quiero que sepa —en realidad, estoy seguro de que no duda de ello— que, en ausencia del señor Albin Michel, los compromisos adquiridos se respetarán tan escrupulosamente como los respetaba él.»

Eso habría bastado para tranquilizarme si, al mismo tiempo, no me hubiera pedido que le enviara una «copia de las pruebas» para que esté usted «en condiciones de tomar una decisión». Las pruebas las tiene usted en la forma de los recibos que le enviaba al señor Albin Michel tras cada uno de sus abonos mensuales. De hecho, la secretaria de su suegro, la señorita Le Fur, está muy al corriente de los compromisos del señor Michel conmigo, creo, puesto que era ella quien me enviaba las mensualidades. Usted mismo ordenó que me mandasen la de septiembre, advirtiéndome que las siguientes se suprimirían: puesto que pide una, ¿qué más prueba necesita de que los compromisos en cuestión existen?

Muchas veces, tratándose de sus acuerdos conmigo, me conformé con la palabra del señor Albin Michel. Hasta ahora, nunca me había arrepentido. Ignoro si en mis archivos hay una carta del señor Michel con relación al dinero que debía pagarme en 1940, y no haré el viaje a París para intentar encontrarla. Le aseguro que ese compromiso se adquirió, y espero que mi palabra le baste, como a mí siempre me bastó la de su suegro.

Le ruego sea tan amable de comunicarme lo más rápidamente posible si recibiré o no mis mensualidades del 31 de octubre, el 30 de noviembre, el 31 de diciembre y el 31 de enero:

1. Borrador de una carta que Irène Némirovsky parece no haber enviado.

necesito que se defina sobre esta cuestión con urgencia y claridad para, por mi parte, poder tomar las decisiones que exige la situación que usted ha creado.

271

Irène Némirovsky a Robert Esménard

Issy-l'Évêque, 25 de septiembre de 1940

Querido Sr. Esménard:

Acabo de recibir su carta del 23 de septiembre. Estoy convencida de que usted y yo nos entenderemos, como nos hemos entendido su suegro y yo desde hace siete años y como espero siga ocurriendo durante los trece que aún me vinculan a su editorial.

Si no le he dado antes las precisiones que me solicita, ha sido porque daba por hecho que conocía usted nuestros acuerdos perfectamente. Luego me acordé de que, en la época en que fui a ver al señor Michel, usted estaba movilizado. Fue en noviembre o diciembre de 1939, es decir, poco antes de que expiraran nuestros compromisos para dicho año. Le pregunté a su suegro lo que tenía intención de hacer. Sin la menor vacilación, me respondió que seguiría enviándome mis mensualidades un año más, o sea, hasta finales de enero de 1941. Llamó a la señorita Le Fur y le dijo: «Prolongará usted las mensualidades de la señora Némirovsky durante 1940.» Estoy segura de que ella lo recuerda tan bien como yo y podrá confirmárselo.

No reflejamos ese acuerdo verbal por escrito. Desde que conozco al señor Albin Michel, siempre hemos cumplido escrupulosamente nuestros compromisos el uno con el otro. Jamás he dudado de su palabra ni por un instante, del mismo modo que él no ha dudado de la mía. Lo tenía (lo tengo) en tal estima que me habría parecido ofensivo pedirle una confirmación por escrito, una vez que me había prometido algo. Su promesa era firme, sin condiciones de ningún tipo. El compromiso debía respetarse, como yo he respetado los míos, puesto que, pese a los sobresaltos y las penalidades de este terrible año, he terminado la *Vida de Chéjov*, como le prometí a su suegro, y escrito otra novela.[1]

Usted me describe la situación actual. ¿Es responsabilidad mía? Si *Los perros y los lobos* se puso a la venta el mes de mayo, ¿qué culpa tengo yo? Una novela no es una mercancía perecedera. Ésa había tenido éxito en *Candide*, como me dijo su propio suegro (conservo su carta en París; está fechada el 1 de enero de 1940, y sin duda encontrará usted copia en sus archivos). Tal vez se pueda relanzar más adelante, no lo sé. Lo que sí sé es que no soy responsable de sus malas ventas, creo yo. Sólo veo una cosa: hubo compromisos recíprocos. Hay que cumplirlos.

Me habla de la mala situación de la editorial. ¿Y qué decir de la mía? Las publicaciones en las que colaboro están en la zona libre; aunque tengo encargos que datan de julio, no me puedo comunicar con ellas. Para vivir, cuento exclusivamente con las mensualidades que usted pretende suprimir. Confío tanto en la palabra de su suegro que ni siquiera se me había pasado por la cabeza la posibilidad de que pudiera usted hacer algo así. Todo esto, me dirá, no le aporta pruebas. Yo sólo puedo darle mi palabra de honor y apelar a su sentido común: ¿por qué se me iban a haber abonado mensualidades hasta ahora si no fueran la consecuencia de los compromisos adquiridos por el señor Albin Michel?

Estoy segura, señor Esménard, de que, por doce mil francos, no querrá comprometer el perfecto entendimiento que siempre ha existido entre su editorial y yo. En consecuencia, no me cabe duda de que, tal como dice usted en su carta, «en ausencia del señor Albin Michel, los compromisos adquiridos se respetarán tan escrupulosamente como los respetaba él».

Rogándole sea tan amable de confirmármelo, queda sinceramente suya,

Irène Némirovsky

---

1. *Los bienes de este mundo*, que Albin Michel no podrá publicar hasta 1947.

272

Robert Jacques Gaulis a Michel Epstein

Square Trudaine, 1, 9.°
París, 1 de octubre de 1940

Querido amigo:

Me extraña que no haya respondido usted a mi carta.

En ella le decía que no estaba «completamente» de acuerdo con usted en lo relativo a la redacción de su carta al BPN.[1] ¿Le ha molestado, quizá? La verdad es que me sorprendería, porque me conoce lo bastante bien para saber que siempre he tenido por principio decir lo que pienso. En fin, espero que todas estas cábalas sólo sean producto de mi imaginación y que, a la primera oportunidad, podamos liquidar rápidamente esta pequeña discrepancia.

Me alegra saber que su salud se ha restablecido, porque realmente estaba usted muy tocado.

¿Qué planes tiene para el invierno?

Le ruego transmita mis saludos a la señora Epstein y que me crea, querido amigo, fielmente suyo,

Gaulis

---

1. Sin duda, la carta del 26 de julio de 1940 a Joseph Koehl.

273

Robert Esménard a Irène Némirovsky

Éditions Albin Michel
Rue Huyghens, 22, París, XIV.°
París, 2 de octubre de 1940

Querida Sra. Némirovsky:

Ante las precisiones que me da, me pliego. Así pues, la última semana de cada mes, hasta el final del presente año de 1940, le abonaré la cantidad de 3.000 francos, es decir:

3.000 francos en octubre,
3.000 en noviembre,
3.000 en diciembre.

Me alegro de que hayamos llegado a un acuerdo y le ruego acepte el testimonio de mi sincero aprecio,

P. O. Albin Michel
R. Esménard

274

Irène Némirovsky a Georges Robert[1]

[Issy-l'Évêque, 5 de octubre de 1940]

Hace algún tiempo que escribí a nuestro presidente[2] personalmente, pero no he tenido respuesta. Quizá esté fuera de París.

Se trata de lo siguiente: las revistas y semanarios en los que colaboro (*Revue des Deux Mondes*, *Candide*, *Gringoire*) están en la zona libre y en consecuencia me es imposible comunicarme con ellas. No obstante, tengo relatos y una novela que me encargaron entregarles. ¿Sería tan amable de decirme si existe un organismo similar a los que funcionan para las relaciones comerciales e industriales que me permita hacer llegar mis manuscritos a la zona libre y recibir el dinero que se me debe? Me parece que sería precisamente el papel de su sociedad.

Le estaría muy agradecida [etc.]

275

Irène Némirovsky a Robert Esménard

Issy-l'Évêque (Saona y Loira)
8 de octubre de 1940

Querido Sr. Esménard:

Gracias por su carta del 2 de octubre: estaba convencida de que acabaríamos por entendernos.

1. Copia realizada por Denise Epstein de una carta perdida. Georges Robert era el director de la Société des Gens de Lettres.

2. Jean Vignaud.

No obstante, le señalo un punto, sobre el que no puedo afirmar con absoluta certeza que no me equivoque, puesto que todos mis documentos están en París. Un vistazo a la correspondencia intercambiada entre el señor Albin Michel y yo le permitirá salir de dudas.

Se trata de lo siguiente: estoy casi segura de que el compromiso de pagarme 3.000 francos al mes se extendía, no hasta finales de diciembre, como indica usted, sino hasta el 31 de enero de 1941; y, puesto que el acuerdo sucesivo se concertó, como de costumbre, por un período de doce meses, lógicamente sería válido hasta el 31 de enero próximo.

Rogándole sea tan amable de aclararme esta cuestión, quedo muy sinceramente suya,

Irène Némirovsky

276

Michel Epstein a Joseph Koehl[1]

[8 de octubre de 1940]

Querido Sr. Koehl:

Esta carta va dirigida personalmente a usted, pero, después de leerla, tal vez acepte ser mi intercesor ante el consejo del banco.

El 25 de septiembre me anunció que había decidido prescindir definitivamente de mi colaboración. Acato su decisión.

No obstante, quiero recordarle que, durante quince años, he servido al banco sin desmayo, con toda la entrega y toda la discreción que requería mi cargo, y hasta el límite extremo de mis

1. Michel Epstein envía una copia de esta carta a Philippe de Maizière, que se la devuelve el 7 de octubre después de haber eliminado el quinto párrafo, para que esté más acorde con «el estado de ánimo del destinatario».

fuerzas. No me han faltado testimonios de satisfacción de parte de la Dirección; soy consciente de haberlos merecido.

Hace alrededor de un año, caí gravemente enfermo. Las secuelas de esa septicemia, tratada de forma insuficiente debido a los acontecimientos, tuvieron, es cierto, repercusiones negativas en mi trabajo. Mi estado de salud iba empeorando, y uno de los mejores médicos de París, el doctor Delafontaine, dejó constancia de ello en un certificado que se encuentra en el banco. Al borde del agotamiento, tanto físico como anímico —puesto que el uno conlleva el otro— tuve que interrumpir toda actividad a principios del pasado junio.

Como recompensa por mis 15 años de servicios, me atrevo a decir que irreprochables, puesto que se me puso al cargo de un departamento en el que era indispensable tener plena confianza en la persona que lo ocupaba (el visado de los cheques y el descuento, por ejemplo), recibí tres meses de sueldo, eso, sin contar la deducción de un saldo deudor de unos 5.000 francos (esta última cantidad correspondía a una parte de los gastos ocasionados por mi enfermedad).

Mi situación actual es la siguiente: en las presentes circunstancias me es imposible encontrar trabajo. En cuanto a mi mujer, no ingresa nada, porque las publicaciones en las que colabora (la *Revue des Deux Mondes*, etc.) se encuentran en la zona libre. Tengo 44 años, con dos hijas a mi cargo y sin derecho a una pensión.

Pongo en sus manos toda mi esperanza de que el banco vuelva a estudiar las condiciones de mi despido. Creo firmemente que sus propios principios de bondadosa equidad, así como los de la rue d'Anjou,[1] no permitirán que la situación a la que me han llevado circunstancias ajenas a mi voluntad se vuelva del todo insostenible.

Así pues, cuento con su poderosa intervención, se la agradezco por adelantado y le ruego crea, querido señor Koehl, en mi respetuosa estima.

---

1. Sede del grupo Schneider.

277

Jean Fayard[1] a Irène Némirovsky

París, 9 de octubre de 1940

Querida Sra. Némirovsky:

He recibido la carta que dirigió a la Librería Arthème Fayard. Soy yo quien se ocupa de la editorial en París.

Estoy casi seguro de que su texto llegó a manos del señor Brouty, puesto que, en uno de los números de agosto de *Candide*, apareció un relato suyo.[2]

En cuanto a su novela, naturalmente las condiciones actuales son muy especiales, y la reducción de las páginas de los periódicos no nos permiten publicarla.

Si a usted le apremiara recuperar su libertad, preferiría desistir de publicar esa obra, renunciando usted al adelanto sobre los derechos que ya ha recibido. Si no, tendríamos que esperar a un cambio de las condiciones actuales.

Me gustaría hablar de todo esto con usted, si viene algún día a París.

Le ruego, querida señora, acepte el testimonio de mi sincero aprecio,

J. Fayard

---

1. Jean Fayard (1902-1978), premio Goncourt en 1931, fue director desde 1936 de la Librería Arthème Fayard y del semanario *Candide*, en el que aparecía por entregas la nueva obra de la novelista, *Los bienes de este mundo*.

2. «El señor Rose», *Candide*, 28 de agosto de 1940.

278

Irène Némirovsky a André Bellessort[1]

Issy-l'Évêque (Saona y Loira)
9 de octubre de 1940

Querido maestro:

Me permito apelar a su gran bondad al llamar su atención sobre la solicitud de concesión de un premio Cognacq-Jay[2] que el señor Auguste Antoine Pascal Barre, residente en Issy-l'Évêque (Saona y Loira), ha dirigido en el día de hoy a la secretaría del Institut de France.

No creo que exista persona más merecedora de ayuda que el señor Barre. Padre de nueve hijos, combatió con valor en la guerra del catorce. Herido de gravedad, fue condecorado con la Medalla Militar y la Cruz de Guerra. La señora Barre es titular de la Medalla de Plata de la familia francesa.

Este muy modesto y muy digno matrimonio vive con grandes penalidades, pues ninguno de sus nueve hijos está en edad de ayudar con su trabajo. El señor Barre es recaudador de impuestos (2.ª clase, 3.ª categoría) en el pueblecito en que me encuentro. Sé con certeza que sus ingresos son muy escasos y que debe hace prodigios de economía y trabajo para conseguir alimentar a sus pequeños de forma más o menos adecuada y educarlos en los excelentes principios que son los suyos.

Espero no haberlo importunado señalándole un caso tan interesante y confío en tenga a bien dar su valioso apoyo a la candidatura del señor Barre.

1. André Bellessort (1866-1942), poeta y ensayista, secretario perpetuo de la Academia Francesa.

2. El premio Cognacq-Jay, creado en 1920 y confiado a la Academia Francesa, otorgaba 25.000 francos a una familia numerosa de cada departamento francés. Los padres debían ser franceses de nacimiento, estar vivos, no estar separados y tener al menos nueve hijos en común.

Agradeciéndoselo vivamente por adelantado, quedo muy sinceramente suya.

279

Michel Epstein a Charles-Albert de Boissieu[1]

Issy-l'Évêque (Saona y Loira)
9 de octubre de 1940

Muy señor mío:

Como sin duda sabe, desde principios de junio ya no pertenezco al personal del Banque des Pays du Nord.

Durante más de quince años, he servido a dicha entidad con toda mi dedicación, y soy consciente de haber cumplido todos mis deberes para con ella.

Hace aproximadamente un año sufrí una septicemia. Mal curada debido a las circunstancias, esa grave enfermedad me arruinó la salud. En mayo, mi médico, el doctor Delafontaine, me ordenó cesar por algún tiempo toda actividad, como confirma su certificado, en posesión del banco. Sin embargo, continué con mi trabajo hasta el límite extremo de mis fuerzas; pero en junio me vi obligado a abandonarlo.

Ahora me encuentro con los míos en un pueblo de la zona ocupada no muy distante de Le Creusot, aislado de todos nuestros amigos. Quizá sepa usted que mi esposa, la señora Irène Némirovsky, colabora desde hace mucho tiempo con la *Revue des Deux Mondes*; podría recurrir a su director, el señor André Chaumeix, con quien mantiene una relación muy amistosa, pero, desgraciadamente, toda la dirección de la revista, así como el resto de quienes podrían ayudarnos, están en la zona libre, y nos es imposible comunicarnos con ellos. Por eso, recordando la

1. El conde Charles-Albert de Boissieu (1896-1981), administrador del Banque des Pays du Nord y secretario general en la Delegación del Gobierno en los territorios ocupados.

bondad que siempre nos ha mostrado y su autorización para que recurriera a usted en caso de necesidad, me permito molestarlo pese al trabajo que, bien lo sé, lo atosiga.

Se trata de lo siguiente: las autoridades ocupantes han prescrito el registro de los judíos, y temo que sólo sea el preludio de graves decisiones que quizá se tomen contra los judíos apátridas. Es nuestro caso, puesto que somos de origen ruso, aunque llevamos veinte años en Francia. Mis hijas son francesas. Nosotros somos católicos, aun cuando nuestros padres fuesen judíos. No he combatido en esta guerra a causa de mi situación familiar, que me coloca en la clase 12, así como debido a mi estado de salud. No obstante, el 26 de marzo de 1940 firmé una declaración en la que me ponía a la entera disposición del país. Mi único sobrino, que se alistó como voluntario, está prisionero en Alemania.

Así pues, me permito preguntarle si le sería posible prestarme su apoyo ante las autoridades francesas y alemanas, en circunstancias particularmente dramáticas para los míos y para mí mismo, enviándome una carta de presentación para ellas, o de cualquier otro modo.

Me atrevo a esperar que tendrá a bien ayudarme. Le expreso de antemano mi profunda gratitud por ello y le ruego acepte el testimonio de mi respetuosa estima.

280

Irène Némirovsky a Jean Fayard

Issy-l'Évêque (Saona y Loira)
11 de octubre de 1940

Querido Sr. Fayard:

Me ha alegrado mucho saber que está en París y celebro que la narración que me había pedido el señor Brouty haya llegado a buen puerto. ¿Sería tan amable de mandarme el dinero aquí?

¿Puedo enviarle otros relatos para *Candide*? Le agradecería mucho que me respondiera sobre ese particular.

Siento mucho no estar en París ni tener previsto, por ahora, mi regreso allí. En efecto, habría ido a visitarlo. En lo que respecta a la novela, comprendo perfectamente que hoy por hoy le resulte imposible publicarla. Así que esperaremos, como propone usted, a que se produzca un cambio en las condiciones actuales. Sólo le ruego que tenga la amabilidad de abonarme treinta mil francos a la entrega de mi manuscrito, como habíamos acordado.

Tanto para los relatos como, llegado el caso, para la novela, había pensado que quizá sería oportuno resucitar mi seudónimo de Pierre Nérey, con el que su padre publicó varios de mis cuentos[1] en *Les Œuvres Libres*, o utilizar uno nuevo.

Esperando su respuesta, quedo muy sinceramente suya.

---

1. *L'Ennemie* (1928) y *El baile* (1929).

281

Georges Robert a Irène Némirovsky[1]

[12 de octubre de 1940]

He recibido su carta, e ignoro por qué no le ha respondido nuestro presidente. La cuestión que nos plantea ya ha recibido toda la atención posible de la Sociedad, que actualmente se esfuerza en resolver el problema al que alude, tanto en lo que respecta a la entrega de textos ya publicados a nuestros periódicos abonados como a la entrega de manuscritos a las editoriales que permanecen en la zona libre.

No obstante, es una cuestión muy delicada y de difícil solución, porque, por desgracia, no se puede plantear en el plano económico. Sea como fuere, en cuanto se encuentre una solución, se lo haré saber.

282

Jean Fayard a Irène Némirovsky

París, 14 de octubre de 1940

Querida Sra. Némirovsky:

Le envío, adjunto a la presente, un cheque de 3.000 francos por su último relato publicado en *Candide*, en el mes de agosto.

En lo que respecta a la novela, por desgracia la cuestión es más difícil, pues hay un caso de fuerza mayor que me prohíbe publicarla por el momento (la solución del seudónimo no resuelve el problema, puesto que, naturalmente, debemos conocer a los autores). Por tanto, le pediría que acepte esperar hasta que se resuelva dicha cuestión, porque, como comprenderá, no po-

1. Copia realizada por Denise Epstein de una carta perdida.

demos pagar una novela que nos es imposible publicar. Por otra parte, tenga en cuenta que admito de buen grado que los 30.000 francos ya abonados no implican ninguna obligación de su parte hacia nosotros y que le devuelvo su entera libertad si tiene ocasión de publicar ese libro.

Reciba, querida señora, mis más cordiales saludos.

J. Fayard

283

Charles-Albert de Boissieu a Michel Epstein

Estado francés
París, 14 de octubre de 1940

Querido Sr. Epstein:

He recibido su carta, que me hace sentir bastante incómodo. Me encantaría ayudarlo, porque guardo un buen recuerdo de su forma de trabajar y, como ya le he dicho con anterioridad, admiro infinitamente el talento de su esposa, pero no veo qué puedo hacer por usted. Creo que, por desgracia, es necesario que cumpla con las formalidades exigidas por las autoridades alemanas.

[...][1]

1. Copia realizada por Denise Epstein de una carta incompleta.

284

Michel Epstein a Charles-Albert de Boissieu

Issy-l'Évêque (Saona y Loira)
16 de octubre de 1940

Querido Sr. de Boissieu:

No puede imaginarse cuánto me ha emocionado su carta. Me alegra mucho que mi trabajo le dejara un buen recuerdo.

Huelga decir que cumpliré las formalidades alemanas: por supuesto, era mi intención.

Puesto que desea usted seguir interesándose por la suerte de mi familia, me permito exponerle en qué circunstancias me gustaría poder pedirle su apoyo: en el caso de que los apátridas, y sobre todo los apátridas judíos, se enfrentaran a represalias como, por ejemplo, el campo de concentración. Lo único que deseo es ser tratado del mismo modo que los judíos franceses. ¿Le sería posible ayudarnos en tal eventualidad?

Crea, querido señor De Boissieu, que me resulta muy penoso importunarlo de este modo y reciba el testimonio de mi respetuosa y agradecida estima.

285

Robert Esménard a Irène Némirovsky

Éditions Albin Michel
Rue Huyghens, 22, París, XIV.°
París, 17 de octubre de 1940

Querida Sra. Némirovsky:

Perdone que no haya respondido hasta hoy a su carta del 8 de octubre. He tenido que examinar la correspondencia que el señor Michel intercambió con usted, además de las notas que la señorita Le Fur redactó para nuestro departamento de contabilidad en relación con los compromisos adquiridos por mi suegro.

El 20 de enero de 1938, en su carta al señor Michel, su marido le recordaba el acuerdo concluido el día anterior entre ambos y le escribía: «Usted abonará a mi mujer, a partir del 31 de enero de 1938 y durante un año, es decir, hasta el 31 de diciembre de 1938 inclusive, mensualidades de 3.000 francos.» A lo que, sólo un día después, el señor Michel respondió: «Queda entendido que, a partir de finales del corriente y durante todo el año 1938, le abonaré mensualidades de 3.000 francos.»[1]

De inmediato, la señorita Le Fur redactó una nota para nuestro jefe de contabilidad, y más tarde le envió otra, relativa a las mensualidades pagaderas durante 1939, en la que detallaba los sucesivos vencimientos desde finales de enero de 1939 hasta el 31 de diciembre de 1939 a razón de 3.000 francos mensuales.

También he conseguido encontrar la ficha que la señorita Le Fur redactó para el año 1940. Como la anterior, detalla las mensualidades que se pagarían, es decir, 3.000 francos, del 31 de enero al 31 de diciembre. Lleva la fecha del 6 de diciembre, coincidente sin duda con la visita que hizo usted a mi suegro, fecha en la que esos datos quedaron registrados en nuestro libro de caja con vistas a la preparación de las mensualidades.

Así pues, no puede haber discrepancia alguna respecto al mes de la última mensualidad prevista para el año 1940. Le hago todas estas precisiones para que no le quede ninguna duda.

Le agradezco las amables palabras que me dedica y le ruego, querida señora, que acepte el testimonio de mi sincero aprecio.

P. O. Albin Michel:
R. Esménard

1. Véanse cartas 195 y 196.

286

Irène Némirovsky a Jean Fayard[1]

[17 de octubre de 1940]

Querido Sr. Fayard:

No estoy en absoluto de acuerdo con usted por lo que respecta a la novela que he escrito para *Candide*. Su editorial no sólo adquirió conmigo el compromiso firme de abonarme 30.000 francos[2] a su entrega, sino que, además, el señor Brouty volvió a hablarme del asunto en una carta posterior [del 25 de julio de 1940] enviada desde Clermont-Ferrand.

Como comprenderá, no puedo admitir semejante ruptura unilateral de un contrato que nos obliga a ambos. Creo que sería la primera vez que se diera un caso así en Fayard et Cie.

Trabajo para ustedes por una cantidad convenida. A la entrega de mi trabajo, esa cantidad debe pagárseme, sean cuales sean las circunstancias. Así pues, le ruego que tenga la amabilidad de volver a estudiar la cuestión, para que, por mi parte, pueda tomar todas las medidas necesarias para la salvaguarda de mis intereses.

Le ruego igualmente que me haga saber si el Gobierno francés ha decretado que, en la zona libre, está prohibido publicar obras de escritores judíos y que los contratos pactados entre ellos y las publicaciones quedan anulados. Si es así, le agradecería que me indicara la fecha de la aparición del decreto en el *Journal Officiel*.

Espero una respuesta suya a vuelta de correo y le envío mis más cordiales saludos.

---

1. Borrador de una carta que Michel Epstein finalmente no envió.

2. El 3 de mayo de 1940, *Candide* había enviado a Irène Némirovsky un primer cheque de 30.000 francos en concepto de adelanto sobre la mitad de los derechos de su novela pendiente de publicación, titulada provisionalmente *Jóvenes y viejos* (*Los bienes de este mundo*).

287

Irène Némirovsky a Jean Fayard

Issy-l'Évêque (Saona y Loira)
17 de octubre de 1940

CERTIFICADA

Querido Sr. Fayard:

Acabo de recibir su carta, que me ha dejado estupefacta. No puedo creer que, en ninguna circunstancia, su editorial pueda desentenderse de un compromiso que adquirió libremente.

Tenga en cuenta que, el 25 de julio de 1940, en una carta enviada desde Clermont-Ferrand, el señor Brouty no sólo me pedía que le diera noticias, sino que también mencionaba la novela, limitándose a decirme que, debido a la falta de papel, no era necesario que me apresurara a terminarla; pero sin hacer la menor alusión a la eventualidad de una ruptura de contrato. Supongo que no conocía usted la existencia de esa carta. Como comprenderá, si yo hubiera podido prever su negativa a pagarme, no habría seguido trabajando como lo he hecho; habría buscado otros recursos, que entonces me habría sido fácil encontrar, mientras que ahora me es imposible.

¿Se da usted cuenta de que con su decisión me deja absolutamente desprovista de dinero, puesto que mi marido está enfermo e incapacitado para trabajar, y con dos hijas a mi cargo? Esos 30.000 francos, con los que tenía legítimo derecho a contar, debían permitirme pasar el invierno. Así pues, ¿hay una ley que prohíbe publicar en la zona libre las obras de los escritores judíos? Y sobre todo, ¿hay una ley que permite a las editoriales considerar como nulos sus compromisos con tales escritores?

Incluso si es así, me niego a creer que usted esté dispuesto a invocarlas.

Estoy segura de que no cometerá semejante injusticia por una cantidad que para usted es relativamente pequeña, mientras que para mí, en estos momentos, representa una cuestión de vida o muerte.

Así pues, espero su respuesta con confianza y quedo muy sinceramente suya.

288

Jean Fayard a Irène Némirovsky

París, 22 de octubre de 1940

Querida Sra. Némirovsky:

Soy yo quien está muy sorprendido ante el tono de su carta.

En efecto, hay una ley válida para todos los franceses y, en consecuencia, sin distinción de zona, que prohíbe a las publicaciones periódicas emplear a redactores judíos (salvo, dice la ley, para temas estrictamente científicos).

¡Reconozca que, en estas condiciones, sería bastante absurdo pagar una novela que no estaríamos autorizados a publicar!

Creo que somos bastante generosos renunciando, sin ninguna contrapartida, a los 30.000 francos que ya le hemos pagado por esa novela.

Reciba, querida señora, mis más cordiales saludos.

J. Fayard

289

Tarjeta preimpresa de los señores Bréchard a Irène Némirovsky

Busséol, 22 de octubre de 1940

Teniente Bréchard,[1] caído en combate el 20 de junio.

Familia, muy afligida.

El padre y la madre del Tte., desconsolados, le envían recuerdos abatidos, sabiendo la amistad de su hijo hacia usted.

Angèle Bréchard

290

Robert Jacques Gaulis a Michel Epstein

Avenue de l'Opéra, 28 bis
París, 22 de octubre de 1940

Querido amigo:

Le agradezco sus dos cartas, la primera, para aclarar un «malentendido». Supongo que habrá recibido el giro enviado el sábado, es decir, a la recepción de su cheque.

De M.[2] me ha puesto al corriente de su gestión ante De B. Me alegra saber que ha obtenido usted satisfacción.

Pienso a menudo con angustia en su situación «civil». En fin, no hay que desanimarse, porque los acontecimientos suelen ir más deprisa que nuestro pensamiento.

En el banco todo está bastante tranquilo desde el punto de vista de los asuntos corrientes. ¡Ojalá pudiera decirse lo

1. Véase carta 209.

2. Philippe de Maizière, véase carta 263, nota 1.

mismo de lo demás! Auzépy está de vuelta en París (bastante deprimido, por cierto). Ha preguntado mucho por usted.

Espero recibir noticias suyas de vez en cuando. ¿Vendrá a París pronto? Si lo hace, llámeme para comer juntos.

Muy cordialmente suyo,

Gaulis

291

Joseph Koehl a Michel Epstein

Banque des Pays du Nord
Avenue de l'Opéra, 28 bis
París, 23 de octubre de 1940

Querido Sr. Epstein:

Recibirá por giro postal separado 5.000 francos.

Es la gratificación suplementaria que he conseguido obtener para usted y que, de este modo, se añade a su indemnización por despido.

Como ve, el Comité no ha sido insensible a su petición, y puede agradecérselo al señor de Boissieu, a quien transmití su carta del 8 del corriente.

En aras del buen orden, tenga la amabilidad de avisarme cuando le llegue el giro.

Reciba, querido señor Epstein, mis más cordiales saludos.

Joseph Koehl

292

Irène Némirovsky a Georges Robert

Issy-l'Évêque (Saona y Loira)
24 de octubre de 1940

CERTIFICADA

Querido Sr. Robert:

Le agradezco su carta referente al envío de manuscritos a la zona libre. Espero que nuestra Sociedad pueda elaborar un *modus vivendi* sobre ese particular.

Ahora le escribo por un asunto que es muy importante para mí, pero que puede interesar a otros miembros de nuestra Sociedad.

Se trata de lo siguiente: el pasado abril, un gran semanario[1] que en estos momentos aparece en la zona libre me encargó una novela. El precio acordado eran 60.000 francos, de los que cobré la mitad al aceptar el encargo; el resto, es decir, 30.000 francos, debía abonárseme a la entrega del manuscrito.

Sin embargo, dicho semanario se niega a pagarme esa segunda cantidad. En una carta que acabo de recibir, su representante en París justifica su negativa del siguiente modo:

«En efecto, hay una ley válida para todos los franceses y, en consecuencia, sin distinción de zona, que prohíbe a las publicaciones periódicas emplear a redactores judíos (salvo, dice la ley, para temas estrictamente científicos).»

En mi opinión, ese punto de vista está en flagrante contradicción con el texto de la ley en cuestión (*Journal Officiel* del 18 de octubre de 1940). Efectivamente, el artículo 5 de dicha ley dice lo siguiente:

«Los judíos no podrán, sin distinciones ni salvedades, ejercer ninguna de las siguientes profesiones: directores, gerentes o

1. *Candide*, publicación de la editorial Fayard.

redactores de diarios, revistas, agencias o publicaciones periódicas, etc.»

Por otra parte, el artículo 4 de la misma ley dice así:

«El acceso a las profesiones liberales, las profesiones libres... y su ejercicio están permitidos a los judíos.»

El hecho de publicar una novela en un semanario no puede, creo yo, encuadrar a su autor en la categoría de los «directores, gerentes o redactores de diarios».

El espíritu mismo de esa ley parece oponerse a tal interpretación, puesto que autoriza a los judíos a ejercer profesiones libres y, en consecuencia, nada me prohíbe publicar mi novela en forma de libro.

Le estaría particularmente agradecida si aceptara someter mi carta a uno de los eminentes consejeros jurídicos de nuestra Sociedad con toda urgencia. En caso de que su opinión coincidiera con la mía, le pediría a usted que fuera tan amable de encargarse de obtener del semanario en cuestión el pago de los 30.000 francos que sigue debiéndome y de entregarle, en París, el texto de mi novela. Huelga decir que debería usted retener la parte alícuota de esa cantidad que corresponda a la Sociedad.

Agradeciéndole por adelantado una pronta respuesta, quedo muy sinceramente suya.

P. D.: En el caso de que el punto de vista de ese semanario fuera correcto, ¿podría preguntarle también a nuestro consejo jurídico si opina que la ley en cuestión tiene efectos retroactivos y permite al semanario considerar nulos sus compromisos conmigo?[1]

1. El 24 de octubre de 1940, la Société des Gens de Lettres pondrá la carta de Irène Némirovsky en manos de Adrien Peytel, abogado ante la corte de apelación.

293

Irène Némirovsky a Robert Esménard

Issy-l'Évêque (Saona y Loira)
25 de octubre de 1940

Querido Sr. Esménard:

He recibido su carta. Puesto que ha encontrado el rastro de mis acuerdos con el señor Albin Michel, todo está claro y queda entendido que sólo me debe 9.000 francos.

Ahora se trata de lo siguiente. Seguramente sabe usted que, aquí, podemos convertirnos en zona libre en cualquier momento. De ser así, temo no poder recibir su dinero. Puesto que ya estamos de acuerdo en la cantidad, ¿le sería posible enviármela ahora mismo? La verdad es que me haría un gran favor, porque me da un miedo terrible no poder comunicarme con usted y quedarme sin dinero.

¿Mejora un poco la venta de libros? Todas las noticias que pueda darme serán bien recibidas, porque aquí estamos muy aislados.

Agradeciéndoselo por adelantado, queda muy sinceramente suya,

Irène Némirovsky

294

Robert Esménard a Irène Némirovsky

Éditions Albin Michel
Rue Huyghens, 22, París XIV.°
París, 30 de octubre de 1940

Querida Sra. Némirovsky:

Siempre es un placer complacerla, así que tengo el gusto de adjuntar a la presente un cheque de 9.000 francos, cantidad que completa el total de las mensualidades que el señor Albin Michel se comprometió a pagarle durante el presente año de 1940.

La venta de libros no va tan mal, considerando la reducción de las salidas de que disponemos. Lo cierto es que las librerías de la zona libre están desabastecidas de obras y que, si por fin pudiéramos servirlas, tendríamos que atender un número considerable de pedidos interesantes. Aun así, creo que el público tiende a apartarse de las obras de ficción pura en beneficio de los libros de pensamiento. La gente se ha encerrado en sí misma y busca sacar provecho de sus lecturas. En lo que a nosotros respecta, aguantaremos todo el tiempo que sea necesario.

Reciba, querida señora, mis más cordiales saludos.

R. Esménard

295

Michel Epstein a Joseph Koehl

Issy-l'Évêque (Saona y Loira)
31 de octubre de 1940

Querido Sr. Koehl:

He recibido su carta del 23 de octubre, así como los cinco mil francos que me anunciaba.

Sé bien que ahora hay que saber conformarse con poco y que incluso ese poco no siempre es fácil de conseguir. De modo que le agradezco muy sinceramente su intervención, cuyo resultado me proporciona algunas semanas de tranquilidad, por desgracia, muy relativa.

Espero que usted y los suyos estén bien de salud y le ruego, querido señor Koehl, que acepte el testimonio de mi respetuosa estima.

Michel Epstein

P. D.: Escribo al señor De Boissieu para agradecerle su ayuda.

296

Michel Epstein a Philippe de Maizière

Issy-l'Évêque (Saona y Loira)
31 de octubre de 1940

Querido Sr. de Maizière:

El otro día, el señor Koehl me envió 5.000 francos. Huelga decir que es bien poco: estoy seguro de que usted piensa como yo y de que hizo lo que pudo para conseguir más. Pero conozco la casa y los sentimientos que la animan. Mil gracias por su apoyo.

Le pregunté si le sería posible informarse sobre la suerte del padrino de mi hija, el padre Bréchard, párroco de Besse-en-Chandesse, movilizado como teniente en un regimiento de zapadores. No se moleste en hacer más averiguaciones; por desgracia, ayer salí de dudas: lo mataron el 20 de junio.[1] Estamos muy apenados.

Ahora, dos ruegos:

1. ¿Podría conseguirme un certificado del banco? No quiero pedírselo más que a usted, pues sé que de ese modo se redactará de forma totalmente distinta a como lo haría Robin o cualquier otro.

2. Sigo preocupado por las medidas relativas a los apátridas. Tal vez sepa usted que los prefectos están autorizados a internarlos en campos de concentración. Si nos ocurriera eso, ¡figúrese el panorama aquí! ¿Podría encontrar a alguien importante que nos recomendara al subprefecto de Autun y al prefecto de Saona y Loira, de los que dependemos? Se lo ruego, intente ayudarme en esto, para que, al menos sobre este particular, podamos estar tranquilos.

Intento en vano imaginar la vida que lleva usted en París. Sus tareas en el banco ¿siguen siendo las mismas? ¿Continúa sus estudios Colette? ¿Y François? ¿Y Catherine?

Rogándole transmita mis respetuosos saludos a la señora De Maizières, queda sinceramente suyo,

M. Epstein

P. D.: Recuerdos a Gaulis y Pradère. Espero que se encuentren bien y pienso muy a menudo en ellos.

---

1. El teniente Roger Bréchard murió el 20 de junio de 1940 en Le Ménil-Thillot, en la región de los Vosgos, de un disparo en la cabeza. Al enterarse, Irène Némirovsky escribió a sus padres: «Vivió de una forma que estaba por encima de la del resto de los hombres y murió del mismo modo. Yo lo quería y lo respetaba infinitamente porque era un verdadero santo» (M. Perroy, *op. cit.*, p. 76). El sacerdote será el modelo del personaje del padre Péricand, de *Suite francesa*.

297

Irène Némirovsky a Robert Esménard

Issy-l'Évêque, 1 de noviembre de 1940

Querido Sr. Esménard:

Le agradezco su amabilidad de todo corazón. Ahora tendré tranquilidad por algún tiempo, y, créame, lo necesitaba. En cuanto al futuro, confiemos en que será mejor pronto, porque si no...

Lo que me cuenta sobre la actividad de la editorial me ha interesado vivamente. Téngame al corriente de lo que pasa, se lo agradeceré mucho.

Le envío mis más cordiales saludos.

Muy sinceramente suya,

Irène Némirovsky

298

Philippe de Maizière a Michel Epstein

Avenue Gourgaud, 7
París, 8 de noviembre de 1940

Querido amigo:

Aquí tiene el certificado que me pidió. A petición mía, Pradère ha hecho lo necesario con relación al tema de la pensión. Recibirá unas líneas de Robin.[1]

---

1. El 6 de noviembre, Robin le escribe a Michel Epstein que ha pedido a la Caisse des Dépôts et Consignations la devolución de la prima del seguro de vida por el período del 22 de agosto de 1940 al 31 de enero de 1941, y que el 20 de agosto el banco le ha reembolsado las cotizaciones para la jubilación retenidas sobre su salario, es decir, 588,15 francos. El 11 de noviembre, Epstein escribe al director general de la Caisse para recuperar las cuotas del 31 de diciembre de 1938 y el 31 de diciembre de 1939, de 879 y 2.144 francos, respectivamente. El 14 de diciembre le responden que «los ingresos realizados para la alienación del capital están destinados únicamente a la

En lo que respecta a la prefectura, busco, por desgracia en vano, alguna forma de ayudarlo... Tenga la certeza de que pienso en ello y de que me esforzaré en encontrar algún conocido capaz de hacerme ese favor.

En casa todos han vuelto al trabajo. ¡Colette se licenció y va a empezar el doctorado! François está en Carnot, en tercero, y Catherine en Sainte Ursule...

En el banco, los negocios son bastante escasos; las nuevas complicaciones los sustituyen desde el punto de vista del trabajo... No ha habido cambios en el papel de cada cual, salvo en el caso de [Cliquet], que se ha quedado en el B. R.

¿Piensa volver a París? ¿Qué planes tiene?

Salude de mi parte a su esposa, mi querido amigo. Muy cordialmente suyo,

Philippe de Maizière

París, 9 de noviembre de 1940

El Banque des Pays du Nord certifica que el señor Michel Epstein formó parte de su plantilla del 26 de marzo de 1925 al 31 de agosto de 1940.

El señor Epstein, que disponía de una firma de 1.ª categoría, tenía a su cargo los departamentos dependientes de la Dirección, en especial, las Relaciones Francesas y Extranjeras y los Créditos Documentarios.

Durante esos quince años siempre desempeñó ese cargo de confianza, que requería iniciativa, con gran inteligencia y dedicación.

Dejó el Banque des Pays du Nord por motivos personales y voluntad propia.

El Director:
Philippe de Maizière

constitución de rentas vitalicias cuyo rescate no está autorizado por la ley» y que por tanto no se le pueden devolver.

299

Irène Némirovsky a Georges Robert[1]

[8 de noviembre de 1940]

Me ha complacido mucho comprobar que el consejo jurídico de nuestra Sociedad comparte mi punto de vista. Le ruego tenga la bondad de expresarle mi gratitud.

Mi cuñado me ha informado de la amable acogida que le dispensó usted, así como de sus consejos en relación con la discrepancia que me separa del semanario en cuestión. Son muy juiciosos, y los seguiré.

300

Irène Némirovsky a Fernand Brouty

Issy-l'Évêque (Saona y Loira)
8 de noviembre de 1940

Personal:

Querido Sr. Brouty:

Desde su carta del 25 de julio, a la que respondí enviándole «El señor Rose», no he tenido noticias suyas. En cambio, he intercambiado correspondencia con el señor Jean Fayard. Ignoro si él lo ha puesto al corriente de dicha correspondencia, pero, en cualquier caso, quiero compartir con usted la siguiente carta, que me envió el señor Fayard y [que] se refiere a la novela que me había encargado *Candide*:

«Soy yo quien está muy sorprendido ante el tono de su carta.

1. Copia realizada por Denise Epstein de una carta perdida.

»En efecto, hay una ley válida para todos los franceses y, en consecuencia, sin distinción de zona, que prohíbe a las publicaciones periódicas emplear a redactores judíos (salvo, dice la ley, para temas estrictamente científicos).

»¡Reconozca que, en estas condiciones, sería bastante absurdo pagar una novela que no estaríamos autorizados a publicar!

»Creo que somos bastante generosos renunciando, sin ninguna contrapartida, a los 30.000 francos que ya le hemos pagado por esa novela.»

El punto de vista del señor Fayard me pareció erróneo: el hecho de publicar una obra de ficción en un semanario no convierte a su autor en «redactor», me parece a mí. Para salir de dudas, rogué a la Société des Gens de Lettres que consultara con uno de los eminentes miembros de su consejo jurídico. Como verá en el texto de dicha consulta, que reproduzco por extenso más abajo, yo tenía razón. Ninguna ley se opone actualmente a que mis novelas aparezcan en la prensa:

«Le envío mi respuesta a la cuestión planteada por su afiliada.

»La señora Némirovsky plantea una cuestión extraordinariamente interesante, pero cuya resolución puede ser delicada.

»Un gran semanario le encargó una novela, y ahora se niega a completar el pago del precio convenido alegando que la ley prohíbe a los periódicos emplear a redactores judíos.

»No creo que la ley del 3 de octubre pueda esgrimirse contra la señora Némirovsky, y concluiré que la acción de la señora Némirovsky está perfectamente justificada.»

»Las razones son éstas: la ley del 3 de octubre de 1940 prohíbe a los judíos ser redactores de periódicos, con la excepción de publicaciones de carácter estrictamente científico. Así pues, los judíos ya no pueden ser redactores de diarios, revistas o periódicos.

»En consecuencia, la cuestión a dilucidar es si cabe equiparar a la señora Irène Némirovsky con un redactor de un periódico. En principio, por el significado habitual de la palabra, es evidente que la señora Némirovsky ni es una periodista ni podría obtener el carnet de periodista, reservado en exclusiva a quienes colaboran con asiduidad en uno o varios periódicos y obtienen de ese modo sus principales ingresos.

»La señora Némirovsky, cuyo extraordinario talento todos conocemos, es ante todo una escritora, autora de novelas muy apreciadas, y sólo ha tenido relación con periódicos desde la época en que éstos empezaron a publicar novelas enteras en sus páginas, sin que éstas aparezcan o puedan aparecer como equiparables a folletines, aunque para los folletines escritos por literatos la solución debe ser la misma.

»Según la ley del 20 de marzo de 1935, el periodista profesional es aquel que tiene como ocupación principal regular y retribuida el ejercicio de su profesión en una publicación diaria o periódica; en los trabajos preparatorios se precisa lo que se debe entender como periodismo.

»El informe del señor Brachard[1] a la Cámara de los Diputados nos da los elementos necesarios para la interpretación de la palabra «periodista»: «El periodista no es un escritor que, trabajando en su casa al albur de la inspiración, decide el momento en que llevará el producto de su trabajo al editor que ha de publicarlo. Es un asalariado vinculado a su periódico por un contrato de alquiler de servicios que está obligado a realizar una tarea determinada, a menudo durante unas horas de trabajo cuyo número está estipulado, y que tiene responsabilidades concretas.» Así pues, el informe presentado a la Cámara nos proporciona el criterio de la diferenciación: el periodista es la persona ligada al periódico por un contrato de trabajo y recibe un salario regular. Por lo tanto, y de acuerdo con toda la jurisprudencia, se reconoce al periodista por el hecho de que está subordinado a un empresario.

»En consecuencia, no se puede equiparar a la gran escritora que es la señora Némirovsky, independiente y libre respecto al periódico, con el empleado intelectual que es el periodista, como no se puede equiparar con un contrato de trabajo el contrato por el que dicha señora cede la publicación de una novela al periódico.

1. Émile Brachard (1887-1944), periodista, diputado del Partido Radical por el departamento de Aube y propulsor de la ley de prensa que definió el régimen del periodista profesional (1935).

»De estas consideraciones se deduce que la ley del 3 de octubre no puede aplicarse al caso presente».[1]

Así pues, el señor Fayard cometió un error de interpretación que me causa un grave perjuicio. La amistad que siempre me ha demostrado y que, créame, es recíproca me obliga a ponerlo al tanto de todo esto.

Otra cuestión: el pasado julio me dijo usted que mis relatos serían «bienvenidos». Le he preguntado al señor Fayard en dos ocasiones si podía enviarles alguno, pero la pregunta ha quedado sin respuesta. Dado que la ley les permite publicarme (con seudónimo, si lo prefieren), supongo que sus intenciones no han cambiado. ¿Sería tan amable de sacarme de dudas sobre ese particular?

Agradeciéndole por adelantado una pronta respuesta, quedo, querido señor Brouty, muy sinceramente suya.

301

Denise y Élisabeth a Michel Epstein

Issy-l'Évêque, 11 de noviembre de 1940

Querido papá:

Te rogamos que aceptes este regalito de parte de Babet, Denise y mamá.

Es muy poca cosa, pero nosotras, tus hijas, te prometemos esforzarnos en ser muy buenas y muy educadas contigo y con mamá.

---

1. Copia íntegra de la carta que Adrien Peytel, asesor jurídico de la Société des Gens de Lettres, dirigió el 29 de octubre de 1940 a Georges Robert, director de la sociedad, y que éste envió a su vez a Irène Némirovsky en respuesta a su carta del 24 del mismo mes. Robert aconseja a la novelista que recurra a un abogado si quiere llevar el asunto a los tribunales, puesto que la SGDL no estaba habilitada para hacerlo, y termina así su carta: «Ayer vimos al señor Paul Epstein, a quien expusimos todo este asunto [...].»

Ahora que soy mayor quiero compartir vuestras penas y consolaros.

Ahora que soy mayor me esforzaré en ayudaros.

Te mandamos un beso muy cariñoso, deseándote un feliz cumpleaños.

Denise, mamá, Babet

302

Jean Fayard a Irène Némirovsky

París, 13 de noviembre de 1940

Muy señora mía:

Creía haberle dicho que el señor Brouty no estaba en París. Así que la carta que le envió está en mis manos.

Le mando copia de la que dirijo al presidente de la Société des Gens de Lettres para que nuestro desacuerdo se resuelva con equidad.

Reciba, querida señora, mis más cordiales saludos.

J. Fayard

París, 13 de noviembre de 1940

Querido presidente y amigo:

La señora Irène Némirovsky ha puesto en mi conocimiento la respuesta de su Sociedad a una consulta efectuada por ella respecto a los periódicos y los colaboradores judíos. En dicha respuesta, la Société des Gens de Lettres afirma que un semanario como *Candide* puede publicar una novela de un autor judío, como la señora Némirovsky, sin violar la ley del 3 de octubre de 1940.

Me sorprende un poco que esa opinión oficiosa se haya dado sin consultar al Gobierno sobre la cuestión, porque el texto de la ley dice expresamente que «sólo podrán ser judíos los colaboradores de publicaciones científicas».

Quiero subrayar que no tendré ningún inconveniente en publicar la novela de la señora *Némirovsky, a* quien abonamos por adelantado la mitad de los derechos, si se nos da una autorización expresa. Pero debo decir que no interpreto la ley del mismo modo que el asesor de su Sociedad que respondió a la señora Némirovsky.

De hecho, en lo que a nosotros respecta, la situación es la siguiente: pagamos la mitad de sus derechos a la señora Némirovsky y debemos abonarle la otra mitad a la entrega del manuscrito.

Ella nos dice: «El manuscrito está listo, envíenme el resto de mis derechos.» Yo respondo: «Un caso de fuerza mayor me impide publicarlo, le devuelvo su libertad y acepto perder la mitad de los derechos que se le pagó.»

Por lo demás, no veo en qué puede perjudicar esta decisión a la señora Némirovsky, que a duras penas puede exigirnos el pago de una novela que nos es materialmente imposible publicar.

No obstante, si el Gobierno, consultado sobre este particular, emite un texto oficial autorizando a *Candide* a publicar obras de novelistas judíos, estoy decidido a cumplir los términos de nuestro contrato, pagar el resto de sus derechos a la señora Némirovsky y publicar su novela en un plazo razonable, cuando podamos aumentar el número de nuestras páginas.

Le estaría muy agradecido, querido presidente y amigo, si quisiera prestar su atención personal a este caso, que, en mi opinión, tiene un enorme interés moral y que exige una posición clara, y le ruego acepte el testimonio de mi sincero aprecio,

Jean Fayard

303

Irène Némirovsky a Jean Vignaud

Issy-l'Évêque (Saona y Loira)
16 de noviembre de 1940

Sr. Presidente:

El señor Jean Fayard me ha enviado una copia de la carta que le dirigió el 13 de noviembre en relación con una discrepancia que nos separa. Como mi punto de vista no coincidía con el del señor Fayard, para zanjar el asunto rogué al señor Georges Robert que pidiera su opinión a uno de los eminentes asesores jurídicos de la Sociedad. Creo que está usted al corriente del resultado de esa consulta, cuyo texto le adjunto a los efectos oportunos. Como podrá ver, su asesor me da la razón de forma inequívoca.

Creo hacer bien señalándole una inexactitud contenida en la carta que le envió el señor Fayard: según él, el artículo 5 de la ley del 3 de octubre de 1940 establece que «sólo podrán ser judíos los colaboradores de publicaciones científicas», cuando el texto de esa ley, según el *Journal Officiel* del 18 de octubre de 1940, que tengo ante mí, dice literalmente: «Los judíos no podrán, sin distinciones ni salvedades, ejercer ninguna de las siguiente profesiones: directores, gerentes o redactores de diarios, revistas, agencias o publicaciones periódicas, a excepción de publicaciones estrictamente científicas.»

Pero, según su asesor jurídico, el hecho de que yo publicara una novela en *Candide* no podría equipararme a un redactor de diario o semanario.

El señor Fayard le dice en su carta que no ve en qué puede perjudicarme su decisión de no pagarme lo que me debe. Estoy segura de que a usted no le sorprenderá que yo disienta. Trabajé durante largos meses para realizar el encargo que me hizo *Candide*, y el 25 del pasado julio el socio del señor Fayard, el señor Fernand Brouty, con quien mantengo excelentes relaciones, pero con el que por desgracia no puedo comunicarme actualmente, pues se encuentra en la zona libre, todavía me escribía lo siguiente:

«Envíeme un relato en cuanto pueda, será bienvenido.

»En lo que respecta a la novela, no hay tanta prisa, puesto que la falta de papel y la limitación del número de páginas, consecuencia de aquélla, no nos permiten publicar folletines.»

Confieso que no se me ocurrió pedirle al Gobierno, como desea el señor Fayard, que decida si mi novela puede o no publicarse en *Candide*. El Gobierno, me parece a mí, tiene asuntos más importantes que resolver.

Discúlpeme, señor Presidente, por abusar de su tiempo de este modo y créame muy sinceramente suya.

304

Jean Vignaud a Irène Némirovsky

París, 2 de diciembre de 1940
Hotel de Massa
Rue du Faubourg-Saint-Germain, 38

Querida Sra. Némirovsky:

He leído con mucha atención la carta que tuvo la amabilidad de enviarme, y le pido disculpas por no haber respondido de inmediato, pero tuve que hacer un viaje urgente a Anjou.

El señor Georges Robert le hizo llegar la respuesta de un miembro de nuestro consejo jurídico relativa a su colaboración con el semanario *Candide*. Pero quiero precisar que, en la práctica, las conclusiones de esa consulta no son conformes a la realidad de los hechos, al menos para la zona ocupada. Por experiencia propia, puedo confirmarle que, en lo que respecta a los colaboradores de nuestra publicación que son no ya periodistas profesionales, sino novelistas o cuentistas —algunos de ellos, famosos—, hemos tenido que aportar pruebas de que no eran ni extranjeros ni judíos.

Así pues, en las circunstancias actuales, el señor Jean Fayard tiene motivos fundados para actuar como lo hace. De hecho, su actitud hacia usted es de lo más correcta, incluso generosa, puesto que acepta renunciar a la cantidad que le pagó por adelantado y que representa la mitad del precio acordado por su novela, dejándole al mismo tiempo plena libertad con relación a ella.

Por último, el señor Georges Robert me ha señalado que, al enviarle las conclusiones de nuestro asesor jurídico, le pidió a usted que no diera una forma excesivamente pleitista a su reclamación y que usted le prometió no hacerlo.

En conclusión, debo decirle que no puedo aprobar la reclamación que formula contra la dirección de *Candide*. Olvida usted demasiado fácilmente, creo yo, la situación en que nos encontramos.

Reciba, querida señora, junto con mi pesar, mis más cordiales saludos.

Jean Vignaud

305

Irène Némirovsky a Jean Vignaud

Issy-l'Évêque, 3 de diciembre de 1940

Sr. Presidente:

Acabo de recibir su carta. Quiero llamar su atención sobre el hecho de que *Candide* es un semanario que aparece en la zona libre. En consecuencia, sólo está sometido a las leyes francesas, que, según su asesor jurídico, me autorizan a publicar en él.

Si se tratara de un semanario de la zona ocupada, no se me habría ocurrido plantear esta cuestión.

Usted me dice que olvido la situación en que nos encontramos. Es precisamente porque para mí, como por desgracia para muchos otros, esta situación es trágica por lo que lucho para salvaguardar mi medio de vida y el de mis hijas. Pero empiezo a creer que es imposible.

Queda muy sinceramente suya,

Irène Némirovsky

306

Irène Némirovsky a Madeleine Cabour

Issy-l'Évêque (Saona y Loira)
4 de diciembre de 1940

Mi querida Madeleine:

Quizá te sorprenda ver mi firma, porque hace mucho tiempo que nos «perdimos de vista», como suele decirse: creo que desde tu última visita a mi casa de París deben de haber pasado cuatro o cinco años, si no más. Pero en los tristes momentos que vivimos, una se acuerda de los viejos amigos y querría saber si están todos sanos y salvos.

Por eso te escribo estas líneas. ¿Quedó Lumbres al margen de la batalla? ¿Sigue intacta la casa de tus padres, y ellos, bien de salud? ¿Y René? ¿Y tú y todos los tuyos? ¿Sufristeis mucho en Lille, o la abandonasteis? Son algunas de las preguntas que me hago y cuyas respuestas me gustaría saber. Mi marido, mis hijas, que ahora tienen once y tres años, y servidora nos encontramos en un pueblecito de la zona ocupada, de momento bastante bien desde el punto de vista de la comida y la calefacción, añorando mucho París, pero sabiendo que lo más prudente es permanecer en el campo durante este duro invierno.

Saluda de mi parte a todos los tuyos, mi querida Madeleine, y presenta mis respetos a tus padres, de los que tan buen recuerdo guardo, y créeme siempre tuya,

Irène Némirovsky-Epstein

307

André Sabatier a Irène Némirovsky

Éditions Albin Michel
Rue Huyghens, 22, París, XIV.°
París, 11 de diciembre de 1940

Querida Sra. Némirovsky:

Tras una «mili» un poco larga en las «Escalas de Levante»,[1] acabo de retomar mi puesto en Albin Michel.

En las cartas que ha intercambiado con la editorial en los últimos tiempos, he visto con gran placer que su libro sobre Chéjov, del que tanto habíamos hablado, está terminado. ¡Huelga decir que estoy impaciente por leerlo, por no decir ansioso! En principio, nos gustaría poder incluirlo en nuestra programación para 1941, dentro de la colección en que ha aparecido *La Famille Brontë*, de Robert de Traz.

Me gustaría mucho tener noticias suyas, saber cómo está. He pensado en usted a menudo, sobre todo en estos últimos tiempos, en medio de los tristes acontecimientos que vivimos. Dele recuerdos a su marido y reciba, querida señora, el testimonio de mi respeto y mi estima.

A. Sabatier

---

1. André Sabatier se había incorporado al ejército del Levante, en Siria, país bajo mandato francés desde 1920.

308

Irène Némirovsky a André Sabatier

Issy-l'Évêque (Saona y Loira)
13 de diciembre de 1940

Querido amigo:

No se imagina lo contenta que me he puesto al recibir su carta. ¿Le han dicho en la editorial que preguntaba a menudo por usted? Me alegra saber que al fin se ha reincorporado a la vida civil.

Por mi parte, no tengo nada muy positivo que contarle. Desde el pasado mayo estoy refugiada en este pueblecito, donde vivimos en la incomodidad más absoluta, pero en el que al menos estamos todos juntos y podemos avituallarnos con facilidad. No obstante, mi marido, que estuvo muy enfermo, tuvo que dejar el trabajo. Por fortuna, el aire puro y el descanso lo han curado por completo, pero, por ahora, como puede imaginar, los empleos son inexistentes. En cuanto a mí, he trabajado mucho. Efectivamente, acabé la vida de Chéjov. He escrito una novela,[1] cuya odisea le contaré más adelante, empezado otra y completado varias narraciones. Pero, por ahora, todo eso no me reporta nada, por razones que sin duda comprende. Así que la situación no es muy boyante, y necesito salir de ella a toda costa. Espero estar en París el mes de enero, y entonces hablaremos de todo eso mejor que por carta.

Ahora, otra cosa: no se si recordará que hace unos años escribí un artículo (publicado por *Marianne*)[2] sobre Pushkin. Estaba inspirado en un libro de Veresaev sobre Pushkin.[3] Usted mismo me preguntó entonces si sería interesante traducirlo. Yo pensaba que no, porque me parecía una lectura demasiado seria.

---

1. *Los bienes de este mundo.*

2. «Le mariage de Pouchkine et sa mort», publicado en *Marianne* el 25 de marzo de 1936. Véanse notas de cartas 173 y 182.

3. Véase carta 182.

Ahora las cosas han cambiado: al público, por lo que me dicen, le atraen las obras enjundiosas. Así que lo he releído con atención, y me ha parecido no sólo notable por su estilo, lleno de vida, sino también por su interés humano. He olvidado demasiado mi lengua materna para ponerme a traducirlo y adaptarlo como es debido, pues la obra es un poco larga. Pero mi marido se ha interesado mucho por la tarea, la ha emprendido y ha traducido y adaptado la mitad del libro. Mi deseo sería publicarla con un prólogo mío. ¿Cree que podría interesarle?

Hasta pronto, querido amigo. Muy sinceramente suya,

Irène Némirovsky

309

André Sabatier a Irène Némirovsky

Éditions Albin Michel
Rue Huyghens, 22, París, XIV.°
París, 16 de diciembre de 1940

Querida Sra. Némirovsky:

Recibo su amable carta con mucha emoción, porque me hago una ligera idea de todas las dificultades y toda la tristeza que conlleva para usted ese exilio en el campo, ¡sobre todo en las circunstancias actuales!

Sabe usted mejor que yo lo difícil que es extenderse sobre todo eso por carta; pero me alegraría mucho verla cuando venga a París y poder hablar largo y tendido con usted.

Si le he respondido con tanta rapidez, es para decirle que recuerdo perfectamente ese artículo de *Marianne* sobre Pushkin. Sigo creyendo que es un tema muy atractivo, sobre el que el público francés no dispone de gran cosa, y que, si se le dedicara un buen libro, podría despertar el interés del público ilustrado. Para que pueda responder a la pregunta que me hace, ¿podría enviarme la parte del libro ya traducida y adaptada por el señor Epstein? La leeré tan pronto como pueda y le daré mi opinión al respecto, después de hablar de ello con el señor Esménard.

No me cuenta nada de sus hijas. Espero que estén bien y que allí puedan continuar sus estudios sin demasiadas dificultades (al menos la mayor...).

Dele recuerdos al señor Epstein y reciba, querida señora, el testimonio de mi respeto y mi estima.

A. Sabatier

310

Irène Némirovsky a André Sabatier

Issy-l'Évêque
19 de diciembre de 1940

Querido amigo:

Gracias por su amable carta. A mí también me encantaría hablar con calma con usted, y sé que puedo contar con su fiel amistad.

Acompañando a esta carta, encontrará 140 páginas del manuscrito de *Pushkin*. Le hago notar que es la única copia que tiene mi marido. Le preocupa un poco enviarle esta parte, que es precisamente la menos interesante. Ya sabe que, en efecto, el drama de la vida de Pushkin fue su matrimonio, que precedió en unos pocos años a su muerte en duelo. Pues bien, el meollo de la historia se encuentra al final del libro. En lo que respecta a la longitud de la obra, sepa que se puede extender a voluntad. Mi marido ha omitido muchos pasajes; sería fácil aumentar el número de páginas, si conviniera, o, por el contrario, reducirlo.

Hasta pronto, querido amigo.

Muy sinceramente suya,

Irène Némirovsky

311

André Sabatier a Irène Némirovsky

Éditions Albin Michel
Rue Huyghens, 22. París, XIV.°
París, 21 de diciembre de 1940

Querida Sra. Némirovsky:

Acabo de recibir su carta del 19 de diciembre y las 140 páginas del manuscrito de *Pushkin.*[1] Como me dijo que no hay otra copia, le acuso recibo de inmediato para que el señor Epstein no tenga ningún temor respecto a este envío.

Leeré todo esto en los próximos días y le escribiré, a menos que venga usted rápidamente a París y podamos hablar en persona, lo que siempre es preferible.

Espero que el señor Epstein esté totalmente restablecido. Dele recuerdos de mi parte y reciba mis más cordiales saludos,

A. Sabatier

1. Se trata de la adaptación del *Pushkin* de Vikenti Veresaev, en la que Irène Némirovsky había empezado a trabajar en 1936. André Sabatier parece ignorar que en 1937 Éditions Sociales Internationales había publicado una traducción de dicha obra (V. Veressaïev, *La Vie de Pouchkine*, acompañada por textos de Pushkin reunidos y anotados por Josef E. Pouterman).

312

Irène Némirovsky a Madeleine Cabour

Issy-l'Évêque, 22 de diciembre de 1940

Querida amiga:

Me ha alegrado mucho tener noticias tuyas. Debo confesarte que, al ver en el mapa la ubicación geográfica exacta de Lumbres, no estaba nada tranquila respecto a vuestra suerte. Gracias a Dios, todos salisteis bien librados, aunque tú personalmente, mi pobre Madeleine, pasaste momentos muy duros. ¡Qué pesadilla!

En mi caso, el éxodo fue tranquilo. Al declararse la guerra, dejé a mis hijas al cuidado de una antigua sirvienta muy fiel que las había criado y que vivía en este apacible pueblecito de Saona y Loira. En cuanto a mí, iba y venía entre Issy-l'Évêque y París. El caso es que vine a pasar con ellas las fiestas de Pentecostés.[1] Ocho días de vacaciones, que aún duran. Viendo el mal cariz que tomaba la situación, mi marido no quiso que estuviéramos separados, y se reunió con nosotras en junio. Tardó tres días en hacer el viaje, que normalmente se completa en unas horas. Dos días después, bombardean todo el trayecto que había recorrido de un modo terrible. Y eso es todo. Vivimos en pleno campo, como vosotros, con los mismos inconvenientes (aburrimiento mortal, aislamiento...) y las mismas inestimables ventajas (calefacción y excelentes alimentos). Pero tú me sacas un poco de ventaja: dispones de comodidades, mientras que nosotros vivimos en una fonda de pueblo, muy limpia, pero nada más...

Mi hija Élisabeth, que tiene tres años y medio, no sabe lo que es el agua corriente, un ascensor, etc. De todas formas, no los echa en falta. La mayor va a la escuela del pueblo. Sólo tiene once años, así que es pronto para preocuparse, pero espero que la

1. El domingo 12 de mayo de 1940.

situación no se eternice, porque, en caso contrario, no sabrá más que cuidar vacas, y como desgraciadamente yo no tengo vacas...

Mi querida Madeleine, espero que ahora que hemos retomado el contacto nos demos noticias mutuamente. Y un día, quién sabe, puede que volvamos a vernos en París. ¿Parece un sueño?

Me alegra saber que René y tus padres se encuentran bien. Opino que vuestro padre[1] demuestra mucho coraje quedándose en Lumbres. En realidad, no me sorprende: es el prototipo del honrado y valiente francés. Así es como lo recuerdo.

Os deseo a todos unas buenas y tranquilas Navidades.

Muy afectuosamente tuya,

Irène Némirovsky

313

Irène Némirovsky a André Sabatier

Issy-l'Évêque
9 de enero de 1941

Querido amigo:

Gracias por sus líneas. Su idea sobre Serge Lifar es excelente; creo que en él o a través de él se podrá encontrar algo interesante. Intente conseguir las fotos del propio Chéjov, de su mujer y de la actriz Komissarzhevskaya.

Hoy mismo le escribo a mi cuñado para que le pida una cita. Él le explicará de viva voz de qué se trata.

Me da apuro molestarlo sin cesar con mis problemas, pero, una vez más, cuento con usted para hacer todo lo que esté en su mano.

1. Auguste Émile Eugène Avot será alcalde de Lumbres de julio de 1941 a octubre de 1944.

¿Tiene previsto anunciar pronto su programación para el 41 con mi Chéjov? Me daría una alegría, se lo confieso, porque así la gente con la que tengo que tratar vería que no soy «tabú».
Salude de mi parte al señor Michel y al señor Esménard. Mi marido le manda recuerdos.
Hasta pronto, querido amigo.
Muy sinceramente suya,

Irène Némirovsky

314

Irène Némirovsky a Robert Esménard

Avenue Constant-Coquelin, 10, VII.°
París, 5 de febrero de 1941

Querido Sr. Esménard:
Muchas gracias por su amable carta. Dígale a su amigo que un seudónimo me parece preferible...
Mañana por la mañana regreso a Issy-l'Évêque.[1] Recuerde que allí está una muy sola y que las cartas, las noticias de París, etcétera, se agradecen mucho.
Queda muy sinceramente suya,

Irène Némirovsky

1. Irène Némirovsky había conseguido viajar a París para consultar con un oftalmólogo.

315

Michel Epstein a Paul Deville-Roques[1]

CERTIFICADA
Cuenta n.º 1.340

Avenue Constant-Coquelin, 10, París, 7.º
Actualmente: Issy-l'Évêque (Saona y Loira)
10 de febrero de 1941

Sr. Recaudador:

Envió usted a nombre de mi esposa, la señora Irène Epstein (Irène Némirovsky), a su dirección en París, avenue Constant-Coquelin, 10, un requerimiento sin costas que, por desgracia, se ha extraviado. En respuesta al mismo, lamento informarle de que, en estos momentos, los ingresos tanto de mi esposa como míos son inexistentes. Los motivos son los siguientes:

En lo que respecta a mi esposa, las leyes sobre los judíos, o más bien la interpretación que hacen de ellas determinados directores de semanarios, y el hecho de que el resto de las publicaciones en las que colaboraba se encuentren en la zona libre la privan actualmente de su medio de vida. Con el fin de darle una prueba de lo precedente, reproduzco a renglón seguido una copia de una carta dirigida a mi esposa por el señor Jean Fayard, codirector de *Candide*, el 22 de octubre de 1940:

«Querida Sra. Némirovsky:

»Soy yo quien está muy sorprendido ante el tono de su carta.

»En efecto, hay una ley válida para todos los franceses y, en consecuencia, sin distinción de zona, que prohíbe a las publicaciones periódicas emplear a redactores judíos (salvo, dice la ley, para temas estrictamente científicos).

»¡Reconozca que, en estas condiciones, sería bastante absurdo pagar una novela que no estaríamos autorizados a publicar!

1. Interventor de cuentas y asesor fiscal, rue de Rome, 4, París VIII.º.

»Creo que somos bastante generosos renunciando, sin ninguna contrapartida, a los 30.000 francos que ya le hemos pagado por esa novela.»

(Mi esposa habría cobrado el resto de lo que le debía *Candide* por la novela en cuestión, es decir, otros 30.000 francos.)

A continuación, copio igualmente una carta dirigida a mi esposa el 2 diciembre de 1940 por el señor Jean Vignaud, presidente de la Société des Gens de Lettres:

«Querida Sra. Némirovsky:

»He leído con mucha atención la carta que tuvo la amabilidad de enviarme, y le pido disculpas por no haber respondido de inmediato, pero tuve que hacer un viaje urgente a Anjou.

»El señor Georges Robert le hizo llegar la respuesta de un miembro de nuestro consejo jurídico relativa a su colaboración con el semanario *Candide*. Pero quiero precisar que, en la práctica, las conclusiones de esa consulta no son conformes a la realidad de los hechos, al menos para la zona ocupada. Por experiencia propia, puedo confirmarle que, en lo que respecta a los colaboradores de nuestra publicación que son no ya periodistas profesionales, sino novelistas o cuentistas —algunos de ellos, famosos—, hemos tenido que aportar pruebas de que no eran ni extranjeros ni judíos.

»Así pues, en las circunstancias actuales, el señor Jean Fayard tiene motivos fundados para actuar como lo hace. De hecho, su actitud hacia usted es de lo más correcta, incluso generosa, puesto que acepta renunciar a la cantidad que le pagó por adelantado y que representa la mitad del precio acordado por su novela, dejándole al mismo tiempo plena libertad con relación a ella.

»Por último, el señor Georges Robert me ha señalado que, al enviarle las conclusiones de nuestro asesor jurídico, le pidió a usted que no diera una forma excesivamente pleitista a su reclamación y que usted le prometió no hacerlo.

»En conclusión, debo decirle que no puedo aprobar la reclamación que formula contra la dirección de *Candide*. Olvida usted demasiado fácilmente, creo yo, la situación en que nos encontramos.»

Creo que esta última carta demuestra de forma bastante evidente que, en el momento actual, mi esposa no tiene ninguna posibilidad de ganarse la vida.

Por otra parte, yo perdí mi empleo en el Banque des Pays du Nord, donde era jefe de departamento, y no ingreso un céntimo, literalmente. Nos hemos visto obligados a instalarnos en el campo, en casa de unos amigos, y a pedir aplazamientos a nuestro casero, que nos los ha concedido.

Sin duda, comprenderá que en estas lamentables condiciones y mientras mi esposa o un servidor no podamos encontrar un medio de sustento, nos será absolutamente imposible abonarle ninguna cantidad. No obstante, mi esposa conserva la esperanza de llegar a una solución que le permita continuar con su trabajo literario. Por supuesto, en tal caso nos apresuraríamos a presentarle nuestras propuestas de pago, compatibles con nuestras posibilidades.

Le recuerdo que en su día le pedí aplazamientos prometiéndole pagos mensuales de 3.000 francos. Cuando mi mujer recibió los 30.000 a los que se refiere la carta del señor Fayard reproducida más arriba, le hice dos abonos de 3.000 cada uno, es decir, un total de 6.000 francos, lo que demuestra, espero, mi buena fe. Sólo las circunstancias, ajenas a mi voluntad, me han impedido continuar con esos pagos.

Estoy convencido de que comprenderá la penosa situación en la que me encuentro y le ruego, señor recaudador, que acepte el testimonio de mi mayor consideración.

316

Denise y Élisabeth Epstein a Irène Némirovsky

Issy-l'Évêque
(24 de febrero de 1941)

Querida mamá, te adoramos,
y en este tu hermoso día
querríamos hacerte don
del botín que Salomón
juntó en sus regias conquistas.

Por desgracia, en este momento
el corazón es rico y el dinero escaso.
En lugar de esos valiosos regalos
recibe, pues, mamá querida,
un presente aún más raro:
¡los dulces besos de tus hijas!

Denise y Élisabeth

317

Irène Némirovsky a Robert Esménard[1]

Issy-l'Évêque (Saona y Loira)
2 de marzo de 1941

Querido Sr. Esménard:

Hace ya más de un mes que hablamos sobre mi relación con su editorial, y hasta ahora no he recibido respuesta.

Le expuse mi situación; en ese momento usted me dijo que la comprendía perfectamente y que, en efecto, había que remediar un estado de cosas que se había vuelto insoportable para mí.

Comprendo que no le sea fácil comunicarse con su suegro, pero, en lo que a mí concierne, es indispensable que se tome una decisión. Efectivamente, me resulta imposible seguir por más tiempo sin mi medio de vida: piense que desde el 1 de enero no he ganado un céntimo y que no veo ninguna posibilidad de subsistir si mi editor actual se desentiende de mí. Comprenda que esto no puede continuar así.

Le recuerdo que le propuse una de estas dos soluciones: o bien mensualidades de seis mil francos aseguradas durante tres años, o bien mi libertad, en el buen entendido de que, en este último caso, le reembolsaría mi saldo deudor a un ritmo a determinar entre nosotros.

Me dirijo a usted, querido señor Esménard, tanto en su calidad de representante de Albin Michel como a título de amigo. Es absolutamente necesario que, en ausencia de su suegro, sea usted quien elija entre esas dos soluciones, puesto que, durante nuestra última conversación, ambas le parecían lógicas y razonables.

Esperando su respuesta con impaciencia, queda muy cordialmente suya,

Irène Némirovsky

---

1. En el Imec se conserva un primer borrador, lleno de tachaduras, con la signatura NMR 6.12.

318

Robert Esménard a Irène Némirovsky

Éditions Albin Michel
Rue Huyghens, 22, París, XIV.°
París, 7 de marzo de 1941

Querida Sra. Némirovsky:

Comprendo perfectamente su impaciencia, pero ¿es consciente de la lentitud y las dificultades de las comunicaciones, que entorpecen en gran medida el desarrollo habitual de nuestra actividad?

En el preciso instante en que ha llegado su carta, me disponía a responderle, ya que André Sabatier acaba de volver de su viaje y ha podido ver a mi suegro, con el que ha hablado de usted.

Así pues, ésta es nuestra respuesta, tan rápida como nos ha sido posible obtenerla. El señor Michel me pide que le diga lo siguiente:

> Comprendo la dolorosa situación en la que se encuentra nuestra autora. ¿Qué puedo hacer por ella aparte de esto?: Estoy conforme con prolongar el esfuerzo que hice en 1940 durante el año 1941 (en el que no podré publicar nada). La señora Némirovsky me pide que supla no sólo los recursos procedentes de su editor, sino también los recursos procedentes del resto. Accedo de buen grado a proporcionarle los primeros, pero no puedo plantearme proporcionarle los demás.
>
> Al ofrecerle esto, considero que le concedo el máximo de lo que en los momentos actuales le es posible hacer al propietario de una editorial, en las condiciones, muy difíciles, que atravesamos. La señora Némirovsky no es el único de mis autores en una situación que merece ser considerada. Yo mismo debo hacer frente a pér-

didas muy importantes debidas a la guerra y al cierre de numerosos mercados, e intentar proveer, dado el caso, a una falta de materias primas que amenaza con paralizar no sólo mi actividad, sino la de todos mis colegas. Tengo también el deber de pensar en mi personal, no enteramente reincorporado. Considerando todo esto, todos estos intereses, que son solidarios y que no pueden aislarse, ofrezco a la señora Némirovsky la prolongación, a partir del 1 de enero de 1941, de sus mensualidades de 3.000 francos, prolongación que sería válida para todo el año 1941. En cuanto tenga usted su acuerdo, pídale los tres manuscritos y ocúpese de que se le abone el montante de las tres primeras mensualidades.

Ya ve, querida señora, que su editor actual, lejos de darle a usted la espalda, le responde a la vez como editor y como amigo. Me parece que, si es usted, no diré ya justa, sino simplemente ecuánime, debería aceptar la propuesta de mi suegro. En su carta, afirma usted que aprobé las dos soluciones que me propuso. No es del todo exacto: ninguna de las dos tenía mi conformidad, pero reconozco que era indispensable hacer algo sustancial por usted. Le hago notar también que la primera mensualidad de la que hablamos, si no recuerdo mal, era de 5.000 francos. Por otra parte, al señor Michel le parece imposible fijar una duración de tres años en los momentos actuales. ¿Quién puede plantearse un compromiso de tres años, con los acontecimientos que vivimos? Todo lo que puedo decirle sobre este punto es que la situación podría «reconsiderarse», dado el caso, a finales de año, si no se ha producido ningún hecho nuevo.

El señor Michel añade lo siguiente: «Hay un punto sobre el que seré intransigente y que no puedo contemplar ni por un momento: devolver la libertad a la señora Némirovsky y negociar con un eventual sucesor la cesión de los títulos que figuran en mi catálogo y que quiero conservar.»

En otro orden de cosas, André Sabatier me encarga decirle que los relatos que envió no son adecuados. Se los devuelvo adjuntos. La señora S. Berritz[1] está dispuesta a hacer todo lo que pueda por usted y Sabatier, a ocuparse de ello.

Los relatos que le piden deben ser o bien historias llenas de peripecias («¿qué ocurre?», se pregunta el lector), o bien estudios de costumbres («¡qué veraz!», exclama el mismo bendito lector). Estos dos criterios le permitirán comprender lo que busca no tanto la señora Berritz como la dirección de *Sept Jours* y *Marie-Claire*.

Cuando se vieron en Lyon, la señora Berritz también le dijo a André Sabatier que, por narraciones de entre doce y catorce páginas mecanografiadas, ofrecía 1.500 francos, y por narraciones de entre veintiocho y treinta páginas, 3.000 francos, pagaderos a la publicación. Además, necesita novelas breves de entre treinta y cien páginas, que pagaría a 6.000 y 10.000 francos, respectivamente. Por una novela larga como las que suele escribir usted, podría negociar en torno a los 50.000 francos.

Me gustaría, querida señora, que al leer esta carta tuviera la sensación de que hacemos todo lo que está en nuestra mano, por la gran estima en que, como sabe, tenemos su talento. Y, la verdad, no veo de qué otra manera podría responder usted sino dando su conformidad, lo que, por mi parte, deseo muy vivamente.

Reciba mis más respetuosos saludos.

R. Esménard

---

1. Sabine Berritz, periodista en *Paris-Soir* y resistente. Entre otras obras, había traducido *El cartero siempre llama dos veces* de James M. Cain, publicada en 1936 con prólogo de Irène Némirovsky.

319

Irène Némirovsky a Madeleine Cabour

Issy-l'Évêque, 27 de marzo de 1941

Mi querida Madeleine:

Supongo que sigues en tu rincón de Loir y Cher, como yo en mi pueblecito de Saona y Loira, por desgracia. Te escribo para pedirte cierta información respecto a eso. Dos viajes sucesivos a París me han convencido definitivamente de que el regreso con niños es imposible hoy por hoy, de modo que he puesto mis esperanzas en Hendaya, adonde vamos todos los años. Pero parece que allí el avituallamiento es muy difícil, así que estoy en la duda.

Como te escribí, aquí estamos muy contentos desde ese punto de vista, pero con un alojamiento muy incómodo en una fonda. He buscado una casa para alquilar por todas partes. No he encontrado nada. Así que me pregunto si no sabrás de algo que pueda alquilar por tu zona, una casita con 3 o 4 habitaciones, amueblada, con jardín y algún modo de calentarla en invierno. Ya ves que no me hago muchas ilusiones y que tomo precauciones para el porvenir.

Si me escribieras unas líneas respecto a eso, te lo agradecería mucho. ¿Hace falta que te diga cuánto me gustaría volver a verte?

Nuestras hijas deben de tener más o menos las mismas edades, y sería muy agradable ser vecinas: conservo tan buen recuerdo de nuestra vieja amistad...

Muy sinceramente tuya,

I. Némirovsky

320

Irène Némirovsky a Robert Esménard

Issy-l'Évêque
27 de marzo de 1941

Querido Sr. Esménard:

Mi marido, que acaba de regresar, me ha puesto al corriente de la conversación que tuvo con usted. Le describió, creo, mi estado de ánimo, que usted sin duda comprende. Por lo demás, debo reconocer que el señor Michel y usted mismo han hecho todo lo posible para que mi situación sea soportable. Les estoy muy agradecida por esa prueba de amistad y de confianza. Créame que la aprecio en lo que vale.

Queda muy sinceramente suya,

Irène Némirovsky

321

Irène Némirovsky a André Sabatier

Issy-l'Évêque, 27 de marzo de 1941

Querido amigo:

Como siempre, demostró usted toda su amistad hacia mí cuando se vio con mi marido. Sabe cuánto la aprecio. Me alegra que las cosas se hayan podido arreglar de forma que mis excelentes relaciones con la editorial continúen.

En lo que respecta a los diferentes proyectos de los que le habló mi marido, naturalmente, cuando haya decidido algo sobre *Los bienes de este mundo*, le informaré de inmediato.

Cuento con que, por su lado, pensará en el modo en que puedo documentarme para mi novela en curso (sobre el éxodo de junio) y se ocupará de las *Cartas de Chéjov a su mujer*. Creo que pueden ser de lo más interesantes.

Aquí la vida sigue siendo tan monótona como siempre, aunque satisfactoria en lo material. No se olvide de mí. Unas líneas suyas siempre me darán una gran alegría.

Queda muy sinceramente suya,

Irène Némirovsky

322

Irène Némirovsky a Madeleine Cabour

Issy-l'Évêque, 9 de abril del 41

Mi querida Madeleine:

¡Muchas gracias por responderme tan rápido! Nos han hablado de una casa para alquilar aquí, pero aún no hay nada en firme, así que, si no es demasiada molestia, te agradecería mucho que te informaras sobre la de Lailly.[1]

En cuanto al hotel de Beaugency, no nos interesa, porque estamos en uno desde el anterior junio, y precisamente por eso me gustaría vivir por fin en mi propia casa.

Hemos pasado momentos malos: mi hija mayor tuvo apendicitis aguda. Hubo que operarla en plena noche, ¡imagínate nuestra angustia! Por suerte, fue todo bien. Ahora está mucho mejor, y ayer nos la trajimos de la clínica.

Aquí hace muy buen tiempo, aunque todavía frío. ¿Y ahí? El clima debe de ser más suave y agradable.

Gracias de nuevo, mi querida Madeleine. Cuento contigo para que me informes, ¡aunque me da apuro molestarte!

Te mando saludos afectuosos.

Irène Némirovsky-Epstein

1. Lailly-en-Val, pueblo del Loiret, a cinco kilómetros de Beaugency.

323

Irène Némirovsky a Madeleine Cabour

Issy-l'Évêque, 14 de abril de 1941

Mi querida amiga:

Nuestras cartas se han cruzado, así que ya estás al tanto de todos los problemas que he tenido. Para colmo, desde hace unos días alojamos a un número considerable de esos señores;[1] eso se nota desde todos los puntos de vista.

Acabo de escribirle a la señora Blondel para preguntarle por las condiciones del alquiler. Si nuestra negociación en Issy-l'Évêque no llega a buen puerto, me plantearé encantada una temporada en el pueblecito que me indicas. Pero ¿puedo pedirte algún detalle más?

Importancia de Lailly en cuanto habitantes y proveedores.

¿Hay médico y farmacia?

¿Hay tropas de ocupación?

Y, sobre todo, ¿es posible aprovisionarse con facilidad? ¿Tenéis mantequilla y carne? Ahora eso es especialmente importante para mí debido a las niñas, una de las cuales acaba de sufrir la operación de la que te hablé.

Supongo que hay que ir en tren hasta Beaugency, pero, desde allí, ¿cómo llegamos a Lailly con todos los bártulos? Por último, necesitaría una persona que se ocupara de cocinar y llevar la casa, y que sea lo bastante seria para vigilar a la pequeña de vez en cuando. ¿La encontraría?

Perdona toda la lata que te doy y recibe, mi querida amiga, mis más afectuosos saludos.

Irène Némirovsky-Epstein

---

1. Los militares alemanes alojados en el hotel Des Voyageurs.

324

Irène Némirovsky a André Sabatier

Issy-l'Évêque, 16 de abril de 1941

Querido amigo:

Le escribo para decirle que la novela de la que le habló mi marido aparece actualmente en el semanario del señor de C.[1] Me acabo de enterar, y me apresuro a comunicárselo para que, por su parte, pueda decirle a su amiga que ya no debe contar con esa obra, que, una vez más, le agradezco en el alma que estuviera tan decidida a ayudarme y, por último, que cuento con su discreción.

Estoy segura de que usted, que es consciente de las dificultades que he tenido que superar en los últimos tiempos, se alegrará de saber que estoy un poco más tranquila. Desde luego, la cantidad que he recibido por esa novela[2] es muy inferior a las de antaño, pero, pese a ello, supone un gran alivio para mí.

Deme noticias suyas. Reciba todo mi agradecimiento y todo mi afecto por las molestias que se ha tomado en este asunto.

Su Irène Némirovsky

---

1. Horace de Carbuccia, director del semanario *Gringoire*.

2. *Los bienes de este mundo*, que apareció finalmente en *Gringoire* del 10 de abril al 20 de junio de 1941, firmada por «una joven».

325

Irène Némirovsky a Madeleine Cabour

Issy-l'Évêque (Saona y Loira)
21 de abril de 1941

Mi querida Madeleine:

Gracias por todos los detalles que me das. Todo lo que me dices sobre Lailly encaja con lo que busco, incluido el precio que pide la señora Blondel. Por desgracia, le he escrito, y resulta que no puede alquilar su casa ¡hasta septiembre! ¡Ay, y tres veces ay! En cuando a la que me interesaba aquí, tampoco es adecuada: tiene 14 habitaciones, y el propietario exige un contrato por 9 años. Así que, si te enteraras de algo interesante por esos pagos, no dejes de decírmelo, me harías un gran favor. En principio necesitaría un alquiler de un año y a partir de julio. Quién sabe, puede que oigas hablar de algo así. Espero que los tuyos se encuentren bien y que tu viaje a París fuera agradable.

Te mando saludos afectuosos.

Irène Némirovsky-Epstein

326

Irène Némirovsky a Robert Esménard

Issy-l'Évêque, 10 de mayo de 1941

Querido Sr. Esménard:

Recordará que, según nuestro acuerdo, el 30 de junio debería recibir 24.000 francos.

Hoy por hoy no necesito ese dinero, pero le confieso que las últimas disposiciones sobre los judíos me hacen temer que surjan dificultades cuando llegue el momento de ese pago, para el que aún faltan seis semanas, y eso para mí sería un desastre.

Así pues, me permito abusar de su bondad y rogarle que adelante el pago entregando tan pronto como pueda un cheque por esa cantidad a mi cuñado, Paul Epstein, a su nombre. Ya le he pedido que le telefonee a usted para que se pongan de acuerdo al respecto. Por supuesto, un recibo firmado por él le dará pleno y entero descargo de mi parte.

Lamento enormemente molestarlo una vez más, pero estoy segura de que comprenderá los motivos de mi angustia.

Espero que siga teniendo excelentes noticias del señor Albin Michel.

Queda muy cordialmente suya,

Irène Némirovsky

327

Irène Némirovsky a H. Bergeret[1]

Issy-l'Évêque (Saona y Loira)
16 de mayo de 1941

Muy señor mío:

Acabo de recibir su carta del 14 de mayo y me apresuro a responderle.

Sin duda, recuerda la visita que le hizo mi marido a finales de enero o principios de febrero de este año.[2] En ese momento le expuso los motivos que tenía para pedirle una importante rebaja de nuestro alquiler, a saber:

1. Representante del señor Métivier, propietario de la vivienda del matrimonio Epstein en la avenue Constant-Coquelin de París.

2. La dirección en París de H. Bergeret era rue des Arènes, 9, en el distrito V.°

1. La falta de calefacción, por la que era normal, le dijo usted, una reducción del veinte por ciento durante el período en que la calefacción es necesaria.

2. Nuestra situación personal, que ha cambiado de forma radical debido únicamente a la guerra. En efecto, en junio de 1940 mi marido perdió su puesto de apoderado en un banco y, en las presentes circunstancias, aún no ha podido encontrar otro empleo. En cuanto a mí, a consecuencia igualmente de la situación actual, mi editorial ya no está autorizada a publicar mis libros, ni siquiera a reimprimir los antiguos.

Estoy convencida de que este estado de cosas no durará mucho, y nosotros trabajamos activamente para ponerle remedio. No obstante, entretanto, formamos parte sin lugar a dudas del colectivo, por desgracia numeroso, de las personas a las que los jueces han concedido exenciones de hasta el setenta y cinco por ciento. Recientemente, un tribunal de apelación ha dictado una sentencia en ese sentido que usted quizá conozca; se trataba de un caso idéntico al mío: el contrato estaba redactado a nombre de la mujer; pero las razones esgrimidas por los inquilinos eran menos poderosas que las mías, puesto que el único que se había quedado sin trabajo era el marido, mientras que, en nuestro caso, por desgracia, lo hemos perdido los dos.

Le recuerdo que, durante la conversación que mantuvo con él, mi marido le propuso rebajar el alquiler durante este período, difícil para todos y en especial para nosotros, un cincuenta por ciento, y que ese cincuenta por ciento se le ha pagado escrupulosamente.

Es cierto que usted le respondió que, siendo únicamente el representante del señor Métivier, le era imposible comprometerse en su nombre y darnos una conformidad definitiva sobre ese arreglo. No obstante, mi marido me dijo que usted recibió su petición con mucha comprensión y que él se sintió muy emocionado.

Así pues, cuento con usted para hacer adoptar al señor Métivier una actitud similar a la suya y que considero razonable, puesto que está respaldada por la jurisprudencia actual. De hecho, le confieso que, pese a mi firme intención de atenerme a los términos de nuestro contrato, la propuesta que le hicimos está en el límite extremo de nuestras posibilidades.

Dándole mis más sinceras gracias por adelantado, quedo suya.

P. D.: En su carta me señala que debo la cantidad anticipada que estipula el contrato, 1.250 francos del recibo de enero y la totalidad del recibo de abril. Quizá recuerde usted que en 1939, creo, me dio su conformidad para pagar fuera de plazo. Sin duda, encontrará la prueba en mi dosier. Por otra parte, los 1.250 francos que le envié el 16 de abril representaban el cincuenta por ciento del recibo de abril.

328

Irène Némirovsky a Robert Esménard

Issy-l'Évêque, 17 de mayo de 1941

Querido Sr. Esménard:

Mi cuñado[1] me ha comunicado que le ha entregado usted los 24.000 francos que debía pagarme el 30 de junio. No sabe cómo le agradezco su infinita bondad para conmigo. Le ruego me crea muy cordialmente suya,

Irène Némirovsky

1. Paul Epstein.

Angustia

(1941-1942)

Sometida al draconiano Estatuto de los Judíos, tras el despido de su marido del banco para el que trabajaba desde hacía quince años, Irène Némirovsky se ve obligada a publicar con un seudónimo y subsiste gracias únicamente a las mensualidades que sigue pagándole la editorial Albin Michel. Los bienes de este mundo *(*Gringoire, *1941) planteaba una dialéctica que siempre la había fascinado: de un lado, la voluntad de realización personal; del otro, el peso de la herencia familiar. «La lucha [...] entre el deseo del individuo de vivir para sí mismo y el destino, que lo zarandea y lo maneja para sus propios fines.» Ese choque entre perspectivas heroicas y vicisitudes domésticas convierte esta crónica del período de entreguerras en el laboratorio de* Suite francesa, *en la que su «ternura sincera y un poco burlona» se transforma en humor negro. Porque, a principios de 1942, incluso* Gringoire *deja de publicarla, y los franceses ya sólo le inspiran «odio y desprecio». Detenida el 13 de julio y conducida al campo de Pithiviers, Irène Némirovsky será deportada dos días después. Deja inconclusa* Suite francesa, *«la obra más importante de mi vida». Su tercera parte se habría titulado* Cautividad*; la quinta,* La paz. *En ella habríamos asistido al «triunfo del destino individual»: la revancha del peón sobre el tablero.*

329

Irène Némirovsky a Julie Dumot

en casa de la Sra. Loctin

COPIA

Issy-l'Évêque, 22 de junio de 1941

Querida Julie:

Al enterarnos de que Rusia y Alemania están en guerra hemos temido de inmediato el campo de concentración y me he apresurado a escribirle para rogarle que venga enseguida. Cuando llegue aquí, si ya no estamos, instálese con las niñas en el hotel Des Voyageurs, regentado por el señor Loctin, donde vivimos desde hace un año. Es una modesta fonda, pero allí estará bien alimentada, y los dueños son de toda confianza. De hecho, les dejamos una cajita que contiene algunas joyas; las más valiosas son éstas: mi diamante engarzado en un anillo y un broche con pequeños brillantes. También tienen la pitillera de oro de papá que nos entregó usted (la pequeña se vendió). Esa cajita contendrá además alrededor de 25.000 francos en billetes de banco.

Por otra parte, ya sea en el despacho del señor Vernet, notario de Issy-l'Évêque y excelente persona, ya en poder del propio señor Loctin, encontrará unos sesenta mil francos, que también están a su disposición.

El 11 de noviembre podrá volver a la casa que alquilamos por contrato 3-6-9 al señor Marius Simon, al precio de cuatro mil quinientos francos anuales. Esa casa no está amueblada, pero hemos llegado a un acuerdo con el señor Billard, ebanista, y el notario Vernet para que nos alquilen los muebles necesarios. Así que no tendrá más que hablar con ellos. Evidentemente, lo mejor, si es posible, sería traer los muebles del piso de París, aunque costará caro (unos transportistas de Nevers a los que conoce el señor Vernet, la empresa Chautard, nos piden ahora cinco mil francos por la mudanza). Haga lo que crea conveniente. Si quiere traerlos, encontrará adjunta a la presente una carta para el gerente.

Le he comprado 35 m^3 de leña al señor Franchot, de Issy, y pagado 3.000 francos por ellos. Se los llevará en cuanto se los pida. Así no tendrá que preocuparse por la calefacción.

Le he encargado al señor Fontaine, el ferretero, que nos consiga un horno, por el que habrá que pagar unos 2.000.

Busque a alguien para que se ocupe del huerto, que debería proporcionar mucha fruta y verdura. Pídale consejo a Marius Simon, nuestro casero, o al señor Loctin. Creo que con el dinero que le dejo podrá vivir tranquila durante bastante tiempo.

Cuando se le acabe, empiece por vender las pieles que encontrará en nuestras maletas y que sin duda reconocerá... También hay bastantes telas, todas sisadas del quai de Passy.[1] Conserve las cibelinas mientras le sea posible. Véndalas después de las otras pieles y antes que las joyas.

Por último, en caso de que ocurriera lo peor, en casa del señor Loctin quedará el manuscrito de una novela que quizá no me haya dado tiempo a terminar y que se titula *Tempestad en junio*. Esto es lo que debería hacerse:

1) He escrito a Éditions de France, avenue Rapp, 20, París, 7.º (son los propietarios del semanario *Gringoire*, el señor Horace de Carbuccia) ofreciéndoles la novela para su publicación. Si la aceptan, le escribirán. Mándesela certificada, y ellos le pagarán, espero, unos cincuenta mil francos.

---

1. El domicilio de Fanny (Anna) Némirovsky (1875-1972), madre de la escritora.

2) También he escrito a mi editor, Albin Michel, rue Huyghens, 22, París, pidiéndole que, durante 1942, le pague a usted todos los meses entre 3.000 y 4.000 francos. Es posible que el señor Michel exija a cambio el manuscrito de esa novela (*Tempestad en junio*); si es así, y aún no se lo ha enviado a Éditions de France, envíeselo. Pero, si ya lo tiene Éditions de France, dígale a Albin Michel que se ponga en contacto con ellos.

Probablemente, el recaudador de París reclamará los impuestos que debo. No se le ocurra pagar nada. Si puede sacarle el dinero a mi madre, por supuesto hágalo, pero lo considero imposible. El médico de aquí, el doctor Benoît-Gouin, es excelente. No dude en llamarlo a la menor indisposición. Para cosas más importantes, puede dirigirse al doctor Pierre Delafontaine, avenue d'Iéna, 15, París, y al profesor Louis Pasteur Vallery-Radot,[1] avenue Victor-Emmanuel III, 49 bis, París, incluso para pedirles consejo y protección si lo necesita.

En febrero de 1942 habrá que llevar a Denise al oculista (ya la ha visto el doctor Murard, de Le Creusot), para que le revisen la vista.

Las niñas están vacunadas contra la difteria. A Babet[2] también le pusieron una inyección antitetánica, y a Denise, una vacuna contra el tifus, en 1937, creo.

Gracias a Dios, las dos están bien de salud, aunque Babet tiene un poco de enteritis; no toma leche pura ni queso blanco, pero un huevo pasado por agua de vez en cuando no le hace daño. Por lo demás, la señora Loctin está al tanto de su régimen.

Las dos van a la escuela. Que sigan yendo, salvo Babet cuando haga demasiado frío en invierno.

Por supuesto, le doy entera libertad para organizar la casa como le parezca y, en general, para hacerlo todo como considere oportuno.

1. Louis Pasteur Vallery-Radot (1886-1970), en desacuerdo político con el régimen de Vichy, había dimitido como presidente de la Cruz Roja en diciembre de 1940 y, desde entonces, presidía el consejo de administración del Instituto Pasteur.

2. Élisabeth, nacida en 1937.

Para ello, le dejo al notario Vernet una carta dándole poderes.

Eso es todo, mi querida Julie. Comprenderá con qué tristeza escribo todo esto; pero, sabiendo que las niñas estarán con usted, me quedo tranquila sobre su suerte, porque tengo la certeza de que usted no las abandonará. Se las confío. Le mando un beso muy afectuoso.

Irène Némirovsky-Epstein

P. D.: En cuanto a nuestro piso en París, mi deseo sería traer los muebles a Issy, pero conservarlo para tiempos mejores, pagando lo menos posible. Ahora pagamos 1.350 francos por trimestre, la mitad que antes de la guerra. Intente entenderse lo mejor posible con el administrador. Pero, si las cosas siguen yendo mal, deshágase del piso.

330

Irène Némirovsky a H. Bergeret

Issy-l'Évêque, 23 de junio de 1941

Querido Sr. Bergeret:

Debido a las actuales circunstancias, cuando reciba esta carta estaremos separados de nuestras hijas, que confiamos a la señorita Julie Dumot, su institutriz, y que están instaladas en Issy-l'Évêque, en una casa que he alquilado allí.

Confío en que esta situación no se alargue y en que nuestros amigos con influencia consigan liberarnos.

No obstante, le ruego que entretanto sea tan amable de autorizar a la señorita Dumot a llevarse los muebles que se encuentran en mi piso de la avenue Constant-Coquelin, 10, y, en general, que considere su firma válida para todos los acuerdos que establezca con usted en mi nombre.

Crea, querido señor, en todo mi agradecimiento.
Muy sinceramente suya,

Firmado: Irène Némirovsky-Epstein

331

Michel Epstein a Julie Dumot[1]

[Issy-l'Évêque]
4.VII.41

Confirmo que la he contratado como institutriz de mis dos hijas. Venga urgentemente porque mi mujer está enferma.

M. Epstein

332

Marie Sauvanet[2] a Irène Némirovsky

París, 24 de julio de 1941

Muy señora mía:

Como venía a la zona ocupada para pasar unos días, la señora Bréchard me pidió que le escribiera para darle detalles sobre la muerte del señor cura.

Unos soldados de su regimiento que consiguieron escapar trajeron la noticia a Clermont a principios de julio.

1. Carta familiar entre zonas escrita en francés y alemán, visada por el alcalde de Issy-l'Évêque.

2. Marie Sauvanet era la presidenta de la asociación de viudas de guerra de La Creuse.

El 613.º regimiento de zapadores salió de Cernay el 10 de junio y se desplegó entre el puerto de Le Thillot y La Bresse, en los Vosgos. La sección del padre Bréchard debía defender el pueblo de Le Ménil-Thillot; al parecer, no tenían más armamento que sus fusiles y una sola ametralladora. El 20 de junio hacia las 11 h, al acercarse los alemanes, el padre Bréchard se apostó con sus hombres en el lindero del bosque con la carretera, a la entrada del pueblo.

Los detalles que dieron los soldados sobre su muerte no coincidían. Eso se explica por el hecho de que ninguno de ellos estaba a su lado; huyeron y lo abandonaron. Parece que la versión más fidedigna es la que recientemente le dio el alcalde de Le Ménil a un pariente del padre Bréchard que pudo visitar su tumba. Al aproximarse los tanques, todos los soldados se dieron a la fuga, excepto uno.[1] El señor cura se quedó solo con él y siguió disparando. En determinado momento, el soldado intentó huir, pero lo hirieron, y se arrastró hasta el sacerdote para que lo vendara. Mientras lo hacía, el padre Bréchard fue alcanzado por una bala en pleno rostro; pero debió de agonizar durante cierto tiempo, porque lo encontraron con su crucifijo sobre los labios. Está enterrado en el cementerio de Le Ménil.[2]

La pena de su pobre madre es desgarradora. Lo único que la consuela un poco es pensar en el gran bien que su hijo le hizo a un buen número de almas; tuvo una enorme influencia. Dios lo habrá acogido en su seno como a una víctima. Está más cerca de nosotros que nunca y sigue velando por todos aquellos que Dios le encomendó. Su acción sobre las almas parece continuar, cada vez más profunda; se diría que cabe achacar a su intercesión algunas conversiones y gracias espirituales.

Ayer me enteré de que una joven judía por la que el padre Bréchard había rezado mucho había recibido el bautismo. Su

1. Fernand Brégheon, soldado del reemplazo de 1932.

2. Más adelante, los padres de Roger Bréchard hicieron trasladar sus restos al pueblo auvernés de Busséol.

hermana me dijo que estaba segura de que aquello era el fruto de esas oraciones.

Acompaña a la presente un recordatorio. En cuanto le sea posible, la señora Bréchard le enviará otra fotografía y un recuerdo del señor cura.

Reciba mis más respetuosos saludos,

Union des prières
Marie Sauvanet
Avenue de Bordeaux, 28
Chamalières (Puy-de-Dôme)

333

Michel Epstein a la *Kreiskommandantur* de Autun

Issy-l'Évêque (Saône-et-Loire)
Den 30ten Juli 1941

Sehr geehrte Herren,

Einer von ihren Kameraden, der Unter-Offizier Hohmann, Feldpostnumro 23599/A, hat bei uns zirka 3 Monate gewohnt. Vor seiner Abfahrt hat er seine Uhr in den Ungebungen von Issy-l'Évêque zu reparieren gegeben. Die Uhr war aber nicht fertig wenn er uns verlassen hat und er hat mich gebeten diese Uhr abzuholen die Reparatur zu bezahlen und die Uhr ihm zu schicken. Diese Uhr habe ich jetzt bei mir, aber die französische Post kann sie nicht Herr Hohmann überliefern.

Könnten sie mir gefälligst sagen was ich machen soll um Herrn Hohmann seine Uhr zurück zu geben?

Hochachtungsvoll

P. S.: Beiliegend Herrn Hohmann's brief. Die Reparatur habe ich 45 frs. bezahlt.

[Muy señores míos:

Uno de sus camaradas, el suboficial Hohmann, *Feldpostnumero 23599/A*, vivió en nuestra casa cerca de tres meses. Antes de irse, llevó su reloj a reparar cerca de Issy-l'Évêque. Cuando se marchó, el reloj aún no estaba arreglado, así que me pidió que fuera a recogerlo, pagara la reparación y se lo enviara. Recogí el reloj, pero el servicio postal francés no puede hacerse cargo de él para entregárselo al señor Hohmann.

¿Serían tan amables de decirme qué debo hacer para devolverle el reloj al señor Hohmann?

Muy atentamente.

P. D.: Les adjunto la carta del señor Hohmann. Por la reparación, pagué 45 francos.]

334

W. I. Pahlen Heyberg a Irène Némirovsky

[Quai de Passy, 24, París, 16.°]
París, 8 de agosto de 1941

Muy señora mía:

La señora Jane Némirovsky[1] me encargó que le llevara sus pieles, guardadas en las maletas que había dejado en casa.

Pero las maletas estaban vacías, y la portera del edificio me dijo que usted estuvo en el piso y se llevó lo que contenían.

Le escribí a su señora madre para comunicárselo. He vuelto a recibir varias cartas suyas, en las que me pide que me dirija a usted para que devuelva lo que se llevó.

En consecuencia, me permito pedirle que me conceda una cita para que pueda cumplir los deseos de su madre.

Entretanto, reciba mis más cordiales saludos.

1. Anna Némirovsky, madre de la novelista, que se hacía llamar Fanny, o Jeanne.

335

Irène Némirovsky a W. I. Pahlen Heyberg

9 de agosto de 1941

Muy señor mío:

Siento no poder darle la cita que me pide, puesto que vivo lejos de París.

Como tendrá ocasión de ver a mi madre, le agradecería que le confirmara que, efectivamente, fui yo quien cogió las pieles de las que le habló (entre ellas, una pelliza que perteneció a mi padre) y algunos otros objetos. Dígale también que lo vendí todo de inmediato, lo que nos permitió a sus nietas y a mí subsistir durante algún tiempo. Creo que estará encantada de haberme podido ayudar de ese modo. Dadas las actuales circunstancias, en el momento en que huyó de París, probablemente debía de imaginar que yo no tenía ni dinero ni trabajo. No obstante, se lo comuniqué por escrito, pero supongo que la carta no le llegó, puesto que no he tenido respuesta suya.

Reciba mis más cordiales saludos.

P. D.: Por desgracia, la venta de las pieles me reportó poco dinero, porque se encontraban en un estado lamentable.

336

Michel Epstein a René-Pierre Coldefy

Issy-l'Évêque
2 de septiembre de 1941

Señor Subprefecto de Autun:

Me escriben de París que las personas asimiladas a los judíos no pueden abandonar el municipio en el que residen sin autorización del prefecto.

Yo me encuentro en ese caso, al igual que mi mujer, porque, aunque católicos, somos de origen judío.[1] Así pues, me permito rogarle que autorice a mi mujer, de soltera Irène Némirovsky, y a mí mismo, a pasar seis semanas en París, donde también tenemos un domicilio (en el número 10 de la avenue Constant-Coquelin) durante el período que va del 20 de septiembre al 5 de noviembre del presente año.

Esta petición responde a la necesidad de mi esposa de resolver asuntos con su editor y visitar al oculista que siempre la ha tratado, así como a nuestros médicos habituales, el profesor Vallery-Radot y el doctor Delafontaine. Pensamos dejar en Issy a nuestras dos hijas, de 4 y 11 años, y, naturalmente, querríamos tener la seguridad de que nada impedirá nuestro regreso a Issy una vez hayamos resuelto nuestros asuntos en París.

Entrego esta petición al señor De Villette, alcalde de Issy-l'Évêque, y confío en que no tenga usted inconveniente en acceder a ella.

Agradeciéndoselo sinceramente por adelantado, le ruego reciba el testimonio de mi muy alta consideración.

M. Epstein

---

1. En el margen se añadió a lápiz: «Súbdito ruso.»

337

Irène Némirovsky a Madeleine Cabour

Issy-l'Évêque
9 de septiembre de 1941

Querida amiga:

Eres muy amable por acordarte de mí. Me han emocionado mucho tus afectuosas palabras. De momento estamos bien. Esperemos que dure. Como puedes imaginar, anímicamente no siempre es fácil. Todos estamos bien de salud; mi hija mayor se ha recuperado por completo, incluso diría que la operación ha sido mano de santo: ha dado un estirón y está más fuerte.

Haces pero que muy bien regresando a Lille. Yo daría lo que fuera por poder volver a mi casa, pero París me da miedo, por muchas razones.

Por fin alquilé aquí la casa que quería; es muy acogedora y tiene un bonito jardín.[1] Nos mudaremos el 11 de noviembre si esos señores no se nos adelantan, porque los esperamos de nuevo.[2]

Supongo, querida amiga, que esta carta te encontrará todavía en Loir y Cher, no olvides darme tu nueva dirección.

Afectuosamente tuya,

Irène Némirovsky

---

1. Será en esa casa, propiedad de Marius Simon y situada en la place du Monument-aux-Morts (actual place Irène Némirovsky), donde detendrán a la novelista el 13 de julio de 1942.

2. El contingente alemán estacionado en Issy-l'Évêque había abandonado el pueblo el 22 de junio de 1941 en dirección al frente ruso.

338

Irène Némirovsky a H. Bergeret

Issy-l'Évêque
27 de septiembre de 1941

Muy señor mío:

Hace unos días recibí su carta del 1 del corriente con relación a la vivienda de la avenue Constant-Coquelin, 10.

A mi petición de una rebaja del alquiler del cincuenta por ciento responde usted que le es imposible plantearse un acuerdo partiendo de esa base.

Permítame exponerle de nuevo las razones que motivaron mi petición:

A) Falta de calefacción y agua caliente: sin duda es usted consciente del dinero que se ahorra el propietario por ese hecho y de la falta de confort que el mismo implica para mí.

B) Reducción radical de mis recursos, debida únicamente a la guerra y que se traduce en:

1. Imposibilidad de publicar mis obras por la falta de papel.

2. Disminución de las ventas de mis libros antiguos como consecuencia de la contracción del mercado mundial.

3. Mi marido perdió su empleo como apoderado de un banco en junio de 1940, también a causa de la guerra.

Esta falta de recursos me ha obligado a trasladarme con mi familia a un pueblecito, lejos de París, en el que puedo vivir de forma mucho más económica que en la ciudad, gracias a un préstamo que me concedió mi editorial. Este tipo de vida no sólo no es un lujo; además, representa para mí una privación desde el punto de vista tanto moral como material (falta absoluta de comodidades, alojamiento exiguo, etc.).

Le agradecería que reconsiderara mi petición de rebaja. Para evitar una intervención judicial, por mi parte estoy dispuesta a hacer un esfuerzo, que sería el máximo que está en mi mano: le propongo reducir mi alquiler, no a cinco, sino a seis mil francos al año en el bien entendido de que esa reducción se extendería también a los recibos vencidos a partir del que le aboné según la tarifa íntegra. En lo que respecta a la diferencia que en ese caso le debería al señor Métivier por los meses en que sólo he pagado el cincuenta por ciento (1.250 francos), le pido un año de plazo para saldarla.

Confío en que el señor Métivier aprecie este nuevo y último esfuerzo que me ofrezco a hacer y acepte esta solución amistosa, lo que nos evitaría a ambos un juicio oneroso.

Esperando su respuesta, lo saludo atentamente.

339

Michel Epstein a la Agencia Tributaria

Sr. y Sra. Michel Epstein
Avenue Constant-Coquelin, 10, 7.°
París, 1 de octubre de 1941

Sr. Recaudador:

Me han reexpedido desde París los dos requerimientos sin cargos que nos enviaron a mi esposa y a mí el 25 de septiembre. Acabo de recibirlos en el campo, donde me encuentro actualmente, tras verme obligado a dejar París por falta de medios.

Ya tuve el placer de dirigirme a ustedes para exponer la situación en que nos hallamos a consecuencia de la guerra: yo perdí mi empleo como apoderado en un banco en junio de 1940; por su parte, mi esposa, de soltera Irène Némirovsky, se ve en la imposibilidad de publicar sus libros. El único dinero que hemos ingresado es un préstamo concedido a mi esposa por su editor, que se lo confirmará, sin ninguna duda, si se lo preguntan. En la actualidad vivimos con las mayores privaciones y sólo podemos subsistir con nuestras dos hijas gracias a ese préstamo y a la ayuda de una amiga.[1]

---

1. Quizá Madeleine Cabour (véanse cartas 325 y 337).

En estas condiciones, comprenderá que, por desgracia, mientras esté en esta penosa situación me resulta absolutamente imposible saldar mi deuda con ustedes. Confío en que las cosas mejoren, y en ese caso mi primera medida será pagar los impuestos atrasados.

Agradeciéndole de corazón por adelantado una respuesta que espero sea favorable, lo saludo muy atentamente.

340

M. Archambault[1] a Irène Némirovsky

París, 2 de octubre de 1941

Muy señora mía:

La sociedad para la protección de los derechos a la que pertenece usted nos ha enviado su solicitud de ingreso en la Caisse d'Allocations Familiales, conforme a lo prescrito por la ley.

Para regularizar su inscripción, tenga la amabilidad de confirmarla devolviéndonos firmado el impreso que acompaña a la presente.

Reciba, querida señora, mis más cordiales saludos.

El director:
M. Archambault

Se adjunta un sello para la respuesta.

1. Director de la Caisse d'Allocations Familiales des Professions Intellectuelles, sección literatura y música.

341

Irène Némirovsky a Robert Esménard

Issy-l'Évêque
4 de octubre de 1941

Querido Sr. Esménard:

Sin duda recordará usted que el pasado marzo, cuando aceptó extender al año en curso el pago de mis mensualidades, me escribió que «la situación podría reconsiderarse, dado el caso, a finales de año, si no se ha producido ningún hecho nuevo». Como se acerca ese momento, le escribo para preguntarle por sus intenciones sobre ese particular. Estoy segura de que hará todo lo posible para ayudarme a superar estos momentos, tan duros desde el punto de vista no sólo material, sino también moral.

Hace no mucho vi que habían aparecido obras de Daniel Halévy[1] y Jean Fréville,[2] no recuerdo en qué editorial. Como ambos son judíos (respecto al segundo, estoy segura, lo conozco desde la infancia), me pregunté si no se podrían hacer las gestiones necesarias para la publicación de mis propios libros, por ejemplo, *Vida de Chéjov*. ¿Qué opina?

Sobre este y otros asuntos, me habría gustado poder hablar personalmente con usted. Por desgracia, me es imposible viajar a París, como le escribí al señor Sabatier.

Esperaré su respuesta con impaciencia. Entretanto, queda muy sinceramente suya,

Irène Némirovsky

1. El nombre de Daniel Halévy figuraba en la lista de contactos útiles elaborada por Michel Epstein a su llegada a Issy-l'Évêque, en junio de 1940.

2. Jean Fréville (1895-1971), seudónimo de Eugene Schkaff, novelista comunista de origen ucraniano, cronista literario en *L'Humanité*, traductor del ruso y estrecho colaborador del entonces secretario general del Partido Comunista francés, Maurice Thorez. En marzo de 1941, la editorial Flammarion había reeditado su novela *Port-Famine*, publicada originalmente en 1939.

342

Robert Esménard a Irène Némirovsky

París, 10 de octubre de 1941

Querida Sra. Némirovsky:

Usted sabe que aquí nada nos satisface más que complacerla. Estudiaré la propuesta que podríamos hacerle en el sentido de sus deseos y me esforzaré en obtener la aprobación de mi suegro. Por lo demás, ya conoce su buena disposición hacia usted. Espero verlo de aquí a finales de mes, así que volveré a escribirle a usted a principios del siguiente, como muy tarde.

Tanto Sabatier como yo pensamos muy a menudo en la edición de su obra y en la defensa de sus intereses. Pero hay que esperar el momento propicio. Muy posiblemente, pronto se presentará una ocasión favorable, y entonces Sabatier hará nuevas gestiones en favor de usted con toda la discreción necesaria.

Entretanto, reciba, querida señora, mis más cordiales saludos.

343

Irène Némirovsky a Robert Esménard

Issy-l'Évêque, 13 de octubre del 41

Querido Sr. Esménard:

Esta mañana me ha alegrado recibir su carta, no sólo porque confirma mi esperanza en que hará usted todo lo que esté en su mano para ayudarme, sino también porque me transmite la seguridad de que se piensa en mí, lo que es un gran alivio.

No se puede imaginar lo triste que es la vida aquí. Si no fuera por el trabajo... Pero ese mismo trabajo se hace penoso si no estás segura del día de mañana.

Cuando vea al señor Albin Michel, transmítale todo mi afecto. Les mando mis mejores recuerdos al señor Sabatier y a usted.

Su Irène Némirovsky

344

Irène Némirovsky a André Sabatier

Issy-l'Évêque, 14 de octubre de 1941

Querido amigo:

Su amable carta me ha conmovido. Sobre todo, no crea usted que no valoro su amistad y la del señor Esménard. Por otra parte, sé perfectamente cuáles son las dificultades de la situación. Hasta ahora he mostrado tanta paciencia y presencia de ánimo como he podido, pero qué quiere que le diga: hay momentos muy duros. Los hechos están ahí: la imposibilidad de trabajar y la necesidad de mantener a cuatro personas, a lo que se añaden vejaciones estúpidas: no puedo ir a París; no puedo hacer que me traigan aquí cosas tan básicas para la vida como mantas, camas para las niñas, etc., ni tampoco mis libros. Sobre los hogares de todos mis iguales pesa un interdicto general y absoluto. No le cuento todo esto para darle pena, sino para explicarle que mis pensamientos no pueden ser más lúgubres.

Pero gracias a usted y al señor Esménard ahora sé que tengo amigos, y eso es muy reconfortante.

Respecto a la *Vida de Chéjov*, ni que decir tiene que, si consiguiera usted publicarla, me haría muy feliz. De no ser así, tenga por seguro que eso no me impedirá estarle agradecida por todos sus esfuerzos.

Adjunta a la presente le envío copia de una carta que quizá le interese al señor Albin Michel. Se refiere a la novela que apareció en *Gringoire*.[1] Naturalmente, el autor no ha dado seguimiento a esa petición, pero eso, junto con otros comentarios que me han llegado sobre esa novela, demuestra que para el éxito de una obra no es imprescindible una firma conocida. Me gustaría que mi editor meditara sobre ese punto en particular...

Gracias una vez más, querido amigo, por mostrarse tan amable y tan leal, y reciba un saludo cordial.

Irène Némirovsky

345

Robert Esménard a Irène Némirovsky

París, 27 de octubre de 1941

Querida Sra. Némirovsky:

He expuesto su situación a mi suegro y, de hecho, le he remitido las últimas cartas que me ha enviado usted.

Como le dije, el señor Michel no desea otra cosa que complacerla en la medida de sus posibilidades. Así pues, me rogó que, para el año 1942, le ofreciera mensualidades de 3.000 francos, idénticas en suma a las que le pagaba cuando le era posible publicar sus obras y obtener una venta regular de ellas. Le estaría muy agradecido si me confirmara que está de acuerdo.

No obstante, debo señalarle que, conforme a las muy precisas instrucciones que hemos recibido del Sindicato de los Editores sobre la interpretación de las disposiciones derivadas de la ordenanza alemana del 26 de abril, artículo 5, nos vemos obligados a ingresar todos los pagos a autores judíos en sus «cuentas bloqueadas». Dichas instrucciones especifican que «los editores deben

---

1. *Los bienes de este mundo*, publicada en *Gringoire* desde el 10 de abril hasta el 20 de junio de 1941 y atribuida a «una joven».

pagar los derechos de autor a los escritores judíos ingresándolos en su cuenta bancaria una vez obtenida del correspondiente banco la confirmación de que esa cuenta está bloqueada».

Por otra parte, le remito la carta que ha recibido de Les Films GIBE[1] (tras hacer copia de ella). De la información que he obtenido de una fuente cualificada, se desprende que una operación de ese tipo sólo puede realizarse cuando el autor de una novela susceptible de ser adaptada a la pantalla es de origen ario, tanto en esta zona como en la otra. En consecuencia, sólo puedo negociar un asunto de esa naturaleza cuando el autor de la obra que se planea llevar a la pantalla me dé las garantías más rigurosas a ese respecto.

Reciba, querida señora, mis más cordiales saludos.

346

Irène Némirovsky a Robert Esménard

Issy-l'Évêque, 30 de octubre de 1941

Querido Sr. Esménard:

Acabo de recibir su carta del 27 de octubre, en la que me ofrece mensualidades de 3.000 francos para 1942. Aprecio enormemente la actitud del señor Michel hacia mí. Se la agradezco de corazón, y también a usted. La fiel amistad de ambos es tan valiosa para mí como la ayuda material que me prestan de este modo.

No obstante, comprenderá que, si ese dinero ha de permanecer bloqueado en un banco, no puede serme de ninguna utilidad.

Me pregunto si, dada la situación, no sería más sencillo hacer beneficiaria de esas mensualidades a mi amiga la señorita Ju-

1. El Imec conserva un proyecto de adaptación de *Los bienes de este mundo* por parte de Les Films Gibé.

lie Dumot,[1] que vive conmigo y es la autora de la novela titulada *Los bienes de este mundo*, cuyo manuscrito obra en poder del señor Sabatier.[2] Es la novela que apareció en *Gringoire* la pasada primavera, con la mención «novela inédita de una joven» en lugar del nombre del autor. La señorita Dumot también ha publicado en *Gringoire* varios relatos con el seudónimo Charles Blancat.[3] Y con ese mismo seudónimo desearía publicar *Los bienes de este mundo* y sus siguientes novelas. De hecho, me ha encargado que le haga llegar una carta, que encontrará adjunta a la presente.

La señorita Dumot es incuestionablemente aria y puede proporcionarle todas las pruebas necesarias al respecto. Se trata de una persona a la que conozco desde la infancia, y, si puede llegar a un acuerdo con usted en lo tocante a las mensualidades, se ocuparía de mí.

Espero que, como a mí, esta solución le parezca la mejor. Aguardaré su respuesta al respecto. Huelga decir que el hecho de pagar mensualidades a la señorita Dumot no le crearía ninguna obligación en lo relativo a la publicación de sus libros. Por otra parte, me ofrezco personalmente como garante ante usted de las cantidades que le avancen.

Queda sinceramente suya,

Irène Némirovsky

1. Julienne Dumot (Leposthey, 1885-Burdeos, 1956) había sido gobernanta de Léon Némirovsky, pero también de Sacha Guitry y Tristan Bernard.

2. Irène Némirovsky se planteó por primera vez esta estratagema el 29 de octubre de 1940, como refleja su diario: «Creo que la única salida viable es la del "hombre de paja", pero no me hago ilusiones, dadas las inmensas dificultades que ese plan presenta. Sin embargo, no hay más remedio.» El 17 de diciembre de 1941, Julie Dumot, «Jacques Labarre en el mundo literario», firmará un contrato con Albin Michel por un máximo de dos novelas anuales, la primera de las cuales será *Los bienes de este mundo*, a cambio de mensualidades de 3.000 francos a partir del 1 de enero de 1942 y durante todo el año, en concepto de anticipo.

3. Que sepamos, en *Gringoire* sólo apareció una narración con ese seudónimo: «La Ogresa», el 24 de octubre de 1941. Gracias a la amistosa comprensión de Horace de Carbuccia, Irène Némirovsky publicó con seudónimo ocho relatos entre diciembre de 1940 y febrero de 1942, así como la novela *Los bienes de este mundo*, del 10 de abril al 20 de junio de 1941.

347

Julie Dumot a Éditions Albin Michel

Issy-l'Évêque (Saona y Loira)
30 de octubre de 1941

Obra en su poder el manuscrito de una novela mía aparecida en *Gringoire* durante la primavera del presente año: «*Los bienes de este mundo* – novela inédita de una joven.»

Me alegraría mucho que les interesara y que les fuera posible publicarla con el seudónimo que utilizo habitualmente: Charles Blancat. Estaría del todo de acuerdo en percibir mensualidades de 3.000 francos durante el año 1942, en concepto de anticipo sobre mis derechos de autor.

Como saben, he recibido ofertas para la compra de los derechos cinematográficos de esa novela. Les autorizo con mucho gusto a negociar un acuerdo en mi nombre, con la condición de que el precio se divida a partes iguales entre su editorial y yo.

Les confirmo que soy aria y cien por cien francesa, y estoy a su disposición para proporcionarles las pruebas que deseen a ese respecto.

Quedo a la espera de su respuesta y les envío mis más cordiales saludos.

348

Irène Némirovsky a Hélène Morand[1]

Issy-l'Évêque (Saona y Loira)
4 de noviembre de 1941

Querida Sra. Morand:

He sabido por la prensa que se encuentran ustedes en París. Espero que estén los dos bien de salud. Por lo que a mí respecta, vivo en el campo desde hace casi dos años, en un pueblo perdido en el que ni siquiera hay librería. No obstante, gracias a *La Gerbe*, he podido leer casi entera la hermosa novela del señor Paul Morand.[2] Usted sabe cuánto admiro la obra de su marido y puede imaginarse lo mucho que me ha gustado ese libro.

Ahora querría pedirle una información. Desde abril de 1940 no he tenido noticias de nuestro gran amigo común, monseñor Ghika.

Hoy he sabido que está permitido comunicarse con Rumanía, pero por desgracia he extraviado la dirección de monseñor. ¿La sabe usted? Si es así, ¿sería tan amable de enviármela? Le estaría muy reconocida.

Se lo agradezco por adelantado y le ruego que salude de mi parte al señor Paul Morand.

Queda muy sinceramente suya,

Irène Némirovsky

---

1. Hélène Chrisoveloni (1879-1975), exmujer del príncipe rumano Dimitri Sutzo, se había casado con Paul Morand en 1927.

2. *El hombre acosado*, publicada por entregas del 3 de julio al 16 de octubre de 1941 en *La Gerbe*, órgano colaboracionista dirigido por Alphonse de Châteaubriant.

349

Irène Némirovsky a André Sabatier

Issy-l'Évêque, 20 de noviembre de 1941

Querido amigo:

Hace no mucho, mi cuñado[1] se entrevistó con el señor Esménard, que le dijo que tenía usted fundadas esperanzas de obtener de las autoridades alemanas el permiso para reeditar dos de mis libros y publicar la *Vida de Chéjov*.

Yo me alegré mucho, y aguardo con impaciencia la confirmación de esa buena noticia.

Ahora quiero pedirle lo siguiente: necesito ineludiblemente ir a París y pasar allí entre 3 semanas y un mes. En primer lugar, por asuntos personales, pero sobre todo para verlo a usted, porque si la *Vida de Chéjov*. va a editarse, habrá que buscar la bibliografía y, por otro lado, si tiene intención de ilustrar el libro con algunas fotografías, sólo yo puedo indicarle dónde encontrarlas. Por último, necesito hablarle de algunos de mis proyectos literarios.

Creo haberle explicado que para viajar a París necesito un permiso de las autoridades alemanas. Puesto que usted está en contacto con dichas autoridades, ¿le importaría preguntarles si puedo o no puedo conseguir ese permiso, a quién tengo que dirigirme para ello y de qué forma? Le informo de que aquí dependemos de la *Kreiskommandantur* de Autun.

Por si acaso, adjunto a mi carta una petición que, si está usted de acuerdo, me propongo enviar a las autoridades alemanas de Autun. Pero es poco probable que esa autorización se conceda si no está respaldada por una opinión favorable de París.

¿Puede conseguirme ese respaldo? Por otra parte, ¿podría informarse discretamente de si mi gestión podría ~~atraerme~~ cau-

1. Paul Epstein.

sarme problemas atrayendo la atención sobre mi humilde persona?

Agradeciéndoselo por adelantado, queda muy cordialmente suya,

Irène Némirovsky

350

Irène Némirovsky a André Sabatier

Issy-l'Évêque, 11 de diciembre de 1941

Mi querido amigo:

Siento mucho que no se me permita ir a París. Le agradezco infinito todas las gestiones que ha realizado y que no han debido de ser muy agradables.

Naturalmente, estaré encantada si usted o el señor Esménard pueden venir aquí. Por supuesto, se alojarían en casa, y, aunque no puedo prometerles grandes comodidades, al menos les garantizo que comerán casi como antes de la guerra.

Entretanto, creo que sería bueno publicar la *Vida de Chéjov.* sin mucho tardar, aprovechando la amable autorización que le han dado.

En cuanto a la bibliografía, escribo a continuación a la Bibliothèque Tourguénev, donde consulté las obras, para pedirles que me envíen la lista. Naturalmente, ignoro si biblioteca y bibliotecario siguen existiendo. Si no consigo obtener la información solicitada, podríamos conformarnos con un pequeño prólogo explicando en pocas palabras que, debido a las circunstancias actuales, me ha sido imposible averiguar los títulos exactos de los libros. Si la biblioteca existe, también es allí donde podrá conseguir las fotos que desea

Espero noticias suyas y le reitero mi invitación. Para mi marido y para mí sería un gran placer verlo.

¿No tendrá algunos libros para mí?
Muy cordialmente suya,

I. Némirovsky

351

Joseph Caillaux a Irène Némirovsky

Mamers, 16/12/1941

Querida Sra. Némirovsky:

Puede estar segura de que los dos (o tres) tomos de mis memorias le llegarán, dedicados, conforme aparezcan. En la dedicatoria intentaré expresar toda la admiración que siento por la gran novelista que es usted, además de la profunda simpatía que nos inspira a mi mujer y a mí.

Reciba, querida señora, mis mejores deseos. La señora Caillaux le manda un cordial saludo.

J. Caillaux

352

Irène Némirovsky a André Sabatier

Issy-l'Évêque, 21 de dic. del 41

Querido amigo:

Mil gracias por los libros y por su amable carta. Dígales al señor Albin Michel y al señor Esménard que les estoy muy reconocida por todo. Veo que considera mi invitación como nula y sin valor, lo que me ofende sobremanera. Así pues, la reitero de la forma más seria y con un gran deseo de verlo.

En cuanto a la Bibliothèque Tourguénev, nunca ha tenido teléfono: es un lujo fuera de su alcance. Se encontraba —antes de junio de 1940— en la rue de la Bûcherie, en un gran chalet particular que también albergaba los servicios de la Ville de Paris. No recuerdo el número, aunque es la segunda o tercera casa de la derecha viniendo de los muelles.

Les he escrito, pero no he recibido respuesta.

Ahora también hay (había) librerías rusas, entre ellas, una muy bien surtida en la rue Bonaparte. Podría recurrir a ella para las ilustraciones.

Otra cosa: no tengo el manuscrito de *Chéjov* aquí. ¿Podría revisarlo muy atentamente usted mismo para evitar cualquier tropiezo con la censura? Aunque me parece irreprochable desde ese punto de vista, creo que es una sabia precaución.

Le envío mis mejores deseos para las Navidades, mi querido amigo. Le agradezco su fiel amistad y le ruego que crea en la mía.

Muy sinceramente suya,

I. Némirovsky

353

Michel Epstein a Martin[1]

21 de diciembre de 1941

Querido Martin:

Muchas gracias por el champán que me anuncias; será muy bien recibido, porque ya no recordamos a qué sabe. Espero que llegue a tiempo para las fiestas: sería muy triste no tener.

El martes, esperamos a la señorita Dumot, que nos dará noticias de su[2]

354

Denise y Élisabeth Epstein a Irène Némirovsky

[24 de diciembre de 1941]

¡Querida mamá!:

Nosotras, tus dos hijitas, sentimos mucho no poder regalarte nada. Pero te prometemos ser unas niñas ejemplares.

¡Te deseo unas felices Navidades!

Denise

Muchos besos y feliz Navidad.

Babet

1. El propietario del bar estadounidense Chez Martin, situado en la avenue George-V, 12, en el que Michel, su hermano Paul y su amigo Choura Lissianski solían encontrarse después del trabajo.

2. La copia conservada de esta carta está incompleta.

355

Michel Epstein a Paul Epstein

23 de enero de 1942

Querido hermanito:

Hoy, treinta grados bajo cero y, como leña para calentarnos, la siguiente carta de Bergeret:

«Sra. Némirovsky:

»Conforme a las instrucciones que acaba de darme el señor Métivier, propietario de la vivienda que tienen ustedes alquilada en la avenue Constant-Coquelin, 10, se les puede conceder una reducción del veinticinco por ciento del alquiler de los trimestres de enero y abril debido a la falta de calefacción, los otros dos trimestres deberán pagarlos íntegros.

»Una vez tenga su respuesta, que espero sea favorable, calcularé el total a partir de los alquileres debidos y los anticipos abonados desde el inicio de las hostilidades.

»En el caso de que no aceptaran esta propuesta, el señor Métivier se consideraría desvinculado de cualquier oferta amistosa y haría valer ante los tribunales competentes todos los argumentos a su favor.»

Sabes mejor que nadie que en estos momentos nos es imposible pagar el alquiler del piso. Tú verás si tienes interés y posibilidades de quedarte en él y entenderte con Bergeret como puedas. En cualquier caso, recuérdale que todo lo que hay en el piso, si se vende (es decir, si se vende el contenido), irá al fisco, al que debemos una gran suma de dinero. Dile también que no encontrará absolutamente ningún otro activo convertible en ninguna parte, ni aquí ni en ningún otro sitio, salvo una cuenta deudora de Irène en el Banque des Pays du Nord y otra, también deudora, en Albin Michel. Por último, si crees que merece la pena, acude a un abogado y pídele consejo. Yo no puedo hacer nada, absolutamente nada. En la última carta que escribimos a Bergeret, el 27 de septiembre, a la que esta que hemos recibido hoy no hace la menor alusión, le ofrecíamos 6.000 por año (tú me habías dicho que contribuirías en gran medida), con efecto retroactivo desde el momento en que dejamos de pagar las mensualidades íntegramente y con un plazo de un año para saldar la diferencia. Como bien sabes, desde entonces las cosas han ido a peor, y ya no puedo pagar nada. Pero Métivier tampoco se embolsará un céntimo, porque el fisco se lo llevará todo. Según me dijo Bergeret hace un año, era imposible desalojar a la gente. ¿Sigue siendo así? El abogado te lo dirá. Por otra parte, no puedo comprometerme a pagar todos los atrasos del alquiler al final de la guerra. ¿Y si fueran 100.000 francos?

Ayer le envié un paquete a Marlière, a su casa. Me debe 195 de ése y 175 del primero, o sea, 370 francos. Yo le debo 325 a Joséphine, págaselos de esos 370 y mándale a Julie los otros 45 cuando tus amigos tengan que pagarme otro paquete.

Te mandamos muchos besos y esperamos la traducción para Sabatier.

M.

356

Irène Némirovsky a la *Kreiskommandantur* de Autun[1]

<u>Eingenchrieben.</u>

Frau Epstein, geb. Irène Némirovsky
Issy-l'Évêque (Saône-et-Loire)
Den 11. Februar 1942

Sehr geehrte Herren,

Ich erlaube mir Ihnen zu schreiben um Sie zu bitten mir eine einmonatliche Aufenthalt in Paris zu erlauben.

Ich bin in Russland geboren, aber nie war ich Sovietangehörige. Infolge der bolschevistischen Revolution habe ich mich in 1919 mit meinem Eltern in Frankreich beschützt, und seit dieser Zeit wohne ich in Frankreich. Meine zwei Kinder sind Französinen; ich bin katholisch, meine Eltern waren aber Juden.

Ich bin Schriftstellerin von Beruf und die Deutsche Behörde in Paris haben meinem Verlager erlaubt meine Bücher wieder herauszugeben.

Die Gründe die meine Gegenwart in Paris für mich höchst notwendig machen sind die folgende:

1. Meine älteste Tochter, die 12 Jahre alt ist, leidet von Augenschmerzen, und sein Arzt, Herr Dr. Med. Morax, muss sie prüfen.

2. Mein neues Buch wird bald veröffentlicht sein und mein Verlager, Herr Albin Michel, muss sich unbedingt mit mir bevor unterhalten.

3. Ich habe in Paris eine Wohnung, die ich nicht länger behalten kann, und ich muss deswegen mich mit dem Hausbesitzer verständigen können.

Ich hoffe dass es Ihnen möglich wird mir diese Erlaubnis zu geben und ich danke Sie vielmals voraus.

Hochachtungsvoll

Ich bin in Kiew (Russland) den II. *Februar 1903 geboren.*

---

1. Carta redactada en alemán por Michel Epstein.

[Muy señores míos:

Me permito escribirles para pedirles que me autoricen a efectuar una visita de una semana a París.

Nací en Rusia, pero nunca he sido miembro de un sóviet. Al estallar la revolución bolchevique, mis padres y yo nos refugiamos en Francia, donde sigo viviendo.

Mis dos hijas son francesas; yo soy católica, aunque mis padres eran judíos.

Soy escritora de profesión, y las autoridades alemanas de París han autorizado a mi editorial a publicar de nuevo mis libros.

Las razones que hacen indispensable para mí mi presencia en París son las siguientes:

1. Mi hija mayor, de 12 años, tiene dolores en los ojos, y su médico, el doctor Morax, debe examinarla.

2. Mi nuevo libro aparecerá pronto y debo hablar ineludiblemente con mi editor, el señor Albin Michel, antes de su publicación.

3. Tengo un piso alquilado en París que no puedo conservar, por lo que necesito ponerme de acuerdo con el propietario.

Confío en que les sea posible concederme esa autorización y se lo agradezco por anticipado.

Muy atentamente

Nací en Kiev (Rusia), el 11 de febrero de 1903.]

357

Michel Epstein a Paul Deville-Roques[1]

Issy-l'Évêque (Saona y Loira)
12 de febrero de 1942

Querido Sr. Deville-Roques:

Le escribo para pedirle, como el pasado año, que me ayude a cumplimentar mi declaración de la renta. Por desgracia, las circunstancias no me permiten ir a verlo en persona, por eso me permito importunarlo por escrito.

En 1941 no ingresé literalmente nada. En cuanto a mi mujer, Irène Némirovsky, recibió 48.000 francos de su editor, Albin Michel, en concepto de <u>anticipo</u> sobre los libros futuros (es decir, a modo de préstamo). No he pagado impuestos, pero le adjunto los dos últimos requerimientos. Escribí a la agencia tributaria para ponerla al tanto de mi triste situación actual, y hasta el momento me han dejado tranquilo. No pago el piso que tenemos alquilado en París, pero el 11 de noviembre de 1941 alquilamos aquí una ganga que nos cuesta 2.300 francos anuales. Mi situación familiar no ha cambiado. El saldo de mi mujer con su editorial es ampliamente deudor.

Por otra parte, una amiga de mi mujer, escritora como ella, que en estos momentos está con nosotros, también le pide consejo. No ingresó nada ni el 39 ni el 40, pero el 41 cobró 20.000 francos de su editorial en concepto de anticipo sobre sus derechos de autor. Además, un semanario le pagó 31.000 por una novela y varios relatos. Está soltera; antes de la guerra vivía en el extranjero y no pagaba impuestos en Francia. No tiene vivienda y se aloja en casa de unos amigos. ¿Podría hacerle la declaración también a ella?

Espero que pueda enviar aquí ambas —la de ella y la mía— cuanto antes, y se lo agradezco enormemente por adelantado.

---

1. Véase nota en la carta 315.

Adjunta a la presente, encontrará una circular de la Société des Gens de Lettres: puede que a usted le resulte más clara que a mí.

Si pasa hambre, dígamelo. De aquí, podría enviarle al menos el triple de carne por sus tíquets, por ejemplo.

Dele recuerdos a su hijo. Muy sinceramente suyo.

358

Michel Epstein a los señores Vilmorin y Andrieux[1]

¡MUY URGENTE!

Issy-l'Évêque (Saona y Loira)
12 de febrero de 1942

Muy señores míos:

El 19 de enero les envié la siguiente carta:

«Durante años se han ocupado ustedes de mi balcón, en el número 10 de la avenue Constant-Coquelin. Ahora estoy viviendo en el campo, y espero que les sea posible enviarme las semillas de la lista que les adjunto, para mi huerto. Si siguen editando un catálogo, tanto de verduras y frutas como de flores, les ruego sean tan amables de mandármelo. También me interesa todo lo relacionado con la vid, en particular los cuidados que requiere y los productos necesarios para mantenerla en buen estado.

»Confío en una pronta respuesta suya y se la agradezco por adelantado. Les pagaré de la forma que me indiquen.

»Le ruego crean, etc.

»P. D.: La señorita Julie Dumot, que vive con nosotros, les ruega que saluden de su parte a los señores Henri y Roger de Vilmorin, y a toda su familia.»

---

1. Comerciantes de granos, Quai de la Mégisserie, París.

Hoy por hoy, no he recibido respuesta de ustedes, lo que me preocupa bastante, porque, si no les es posible atender mi pedido, deberé acudir a otro sitio sin pérdida de tiempo. Pero supongo que, si no pudieran venderme las semillas que les indiqué, me lo habrían comunicado, y que se trata tan sólo de un retraso imputable a sus oficinas. En caso de que no pudieran satisfacer mi petición, ¿tendrían la amabilidad de avisarme por teléfono? Les reembolsaría el coste de la llamada de inmediato.

Espero noticias suyas con impaciencia y se las agradezco por adelantado.

P. D.: Les ruego añadan al pedido, del que adjunto copia:

1) 5 kg de remolacha forrajera de primera calidad

2) 4 paquetes de remolacha de mesa de primera calidad roja chata de Egipto.

En caso de envío por ferrocarril: M. Epstein, Issy-l'Évêque, a la estación de Luzy (Nièvre).

359

Irène Némirovsky a Hélène Morand

Issy-l'Évêque (Saona y Loira)
[12 de febrero de 1942]

Querida Sra. Morand:

Recibí su amable carta y escribí de inmediato a Rumanía, a la dirección que me proporcionó, para obtener noticias de monseñor Ghika, pero no he tenido respuesta.

Estoy segura de que en abril de 1940 se encontraba en Rumanía: recibí una carta suya por esas fechas.

Si averigua qué ha sido de él, hágamelo saber, por favor.

Hay algo más que me gustaría pedirle. No quisiera importunarla por nada del mundo, pero, como siempre se ha mostrado tan encantadora conmigo, confío en que sabrá disculparme.

Se trata de lo siguiente. Usted conoce mi deplorable situación: rusa de nacimiento y de ascendencia judía, estoy sometida a disposiciones que me prohíben abandonar mi domicilio actual. Pero necesito pasar cierto tiempo en París ineludiblemente: tengo asuntos que resolver con mi casero y mi editor, y, lo que es más molesto, debo visitar a mi oculista.

¿No conoce a nadie que pueda o quiera intervenir ante las autoridades alemanas para que me concedan un salvoconducto de un mes?

Por si sirve de algo, debe saber que dichas autoridades han dado el visto bueno a mi editorial tanto para que venda y reimprima mis libros como para que publique mis nuevas obras. Mi libro *Vida de Chéjov* aparecerá próximamente.

Una vez más, querida señora, le pido disculpas por importunarla de este modo. No obstante, si viera la posibilidad de hacer algo por mí para que obtenga ese salvoconducto, le estaría muy agradecida. No me atrevo a dirigirme al señor Morand, sabiendo lo ocupado que está. Le ruego que le transmita mis saludos cordiales y queda muy sinceramente suya,

Irène Némirovsky

360

Irène Némirovsky a Horace de Carbuccia

[20 de febrero de 1942]

Querido Sr. de Carbuccia:

La señora I. ha aceptado entregarle esta carta.[1] Le estoy muy agradecida por ello. ~~Espero que no se enfadará conmigo por importunarlo de esta manera, pero, se lo confieso con toda franqueza, porque prefiero~~ / ~~porque, no pudiendo hablar en~~

1. Sólo se ha conservado el borrador.

~~persona con usted~~ porque hace tiempo que pensaba escribirle, pero prefería hacerlo directamente, sin que la carta pasara por su oficina.

Se mostró tan bondadoso conmigo en la época en que yo colaboraba en *Gringoire* que ~~me he decidido a acudir a usted para pedirle ante todo un consejo~~ me dirijo a usted con confianza. Creo firmemente que, si puede hacer algo por mí, lo hará.

~~Estoy absolutamente sola y desam~~

~~Lo que quiero pedirle es, en primer lugar, un consejo.~~ Usted conoce, sin duda, mi situación: mi marido y yo, ambos sin fortuna, vivíamos, él, de su sueldo como apoderado de un gran banco parisino, y yo, de mi trabajo de novelista. Debido a las circunstancias, mi marido se encuentra sin empleo ~~y yo... Ésta es la paradoja de lo que ocurre~~.

En cuanto a mí, las recientes leyes me prohíben publicar mis obras en semanarios y revistas, según me dicen.

~~Durante un año, hemos vivido gracias a la ayuda de amigos que, en estas circunstancias, trágicas para mí, no nos han abandonado... Pero al faltarme este último recurso~~

~~No me alargaré sobre la trage~~

~~Nosotros~~

Sin embargo, las autoridades alemanas no sólo no han prohibido la venta de ninguno de mis libros, sino que incluso me autorizan a publicar obras nuevas. Mi editorial, Albin Michel, ha reimpreso *Dos* y *Los perros y los lobos*, y dentro de dos o tres meses publicará *Vida de Chéjov*, que lleva tiempo escrita.

Naturalmente, es muy agradable, pero desde el punto de vista material le interesa sobre todo a la editorial, que me concedió adelantos considerables durante ~~los dos~~ el primer año de la guerra.

Pero hay que vivir. Y revistas y semanarios, aduciendo las leyes en cuestión, rechazarán mis novelas y mis relatos.

Sin embargo, ~~en algunos casos, a los abogados y médicos judíos se les autoriza a ganarse la vida~~ en otras profesiones liberales (abogados o médicos, por ej.) ~~los~~ a ciertos judíos se les autoriza a ganarse la vida. ~~en ciertas~~ El motivo de esas excepciones es, como sin duda sabe, o bien el mérito profesional

~~En el desamparo en que me encuentro, he pensado en pedirle que~~

Este ~~que es posible para los abogados o los médicos~~ último argumento, ¿no se podría invocar en favor de escritores que, como yo, jamás ~~en su vida~~ se han ocupado de cuestiones políticas; que, en el momento en que el régimen les concedía todos los favores, se mantuvieron voluntariamente al margen de ~~todas~~ esas ventajas (el señor Jean Vignaud aún debe de recordar que, por esa época, me ofreció muy amablemente la ~~Cruz~~ Legión de Honor y que yo la rechacé); escritores que se han dedicado a la ficción pura y a los que, ~~creo yo~~ me parece a mí, Francia y la cultura francesa no pueden reprochar nada?

Sólo usted, señor de Carbuccia, por la influencia que tiene, por la posición que siempre ha mantenido ~~y por su prestigio el antiguo con la política que siempre ha apoyado~~ puede, si lo desea, interceder en mi favor ante el Gobierno. ~~Usted podría hacerle adoptar respecto a mí la actitud que han adoptado las autoridades alemanas, que, se lo repito, me dan total libertad para ganarme la vida en la zona ocupada. ¿No estarán los franceses dispuestos a hacer otro tanto?~~ Usted podría señalar que las propias autoridades ocupantes hacen una distinción entre los judíos, puesto que autorizan a mi editorial a publicar mis libros, mientras que se lo prohíben a muchos otros. ¿No estarán dispuestos los franceses a adoptar una actitud similar?

Si el Gobierno me concediera dicha autorización y la hiciera pública, creo que los semanarios con los que colaboraba antaño ~~no tendrían inconveniente en publicar mis obras, ya sea con~~ aceptarían publicar mis obras, ya sea con mi nombre o con un seudónimo.

~~Para una gestión como ésa, creo que el señor Chaumeix, que tuvo la bondad de apoyar mi solicitud de naturalización en el pasa~~

Si usted aceptara hacer esa gestión, pero prefiriera no actuar solo, le sugiero que el señor André Chaumeix no se negaría, creo yo, a unirse a usted. No lo he visto desde junio del cuarenta, pero recuerdo que me avaló cuando solicité la naturalización; el proceso se vio interrumpido por los acontecimientos.

Usted me conoce; ~~un poco~~ sabe que nunca he pedido nada, que me he limitado a vivir de mi trabajo; pero, francamente, ya no sé qué hacer: todas las puertas parecen cerrarse ante mí.

Es tan cruel e injusto que no puedo evitar creer que se comprenderá y se me prestará ayuda.

Naturalmente, si usted no puede hacer nada, no se lo reprocharé en modo alguno; por el contrario, siempre guardaré el mejor recuerdo tanto de mi colaboración con *Gringoire* como de nuestra relación personal.

Si ve alguna otra solución para mí, sepa que le estaré infinitamente agradecida por cualquier consejo que pueda darme. Si prefiere no escribirme, como no puedo viajar a París, ésta es la dirección de mi cuñado: Sr. Paul Epstein, rue de Provence, 60, tlf. tri. 12-55. ~~que me pondría al corriente de su conversación con usted que me haría~~ puede tener total confianza en él. Si considera necesario verlo, para él será un placer acudir a su llamada.

Esperando su respuesta con la impaciencia que puede imaginar, queda muy sinceramente suya,

[Irène Némirovsky]

361

Irène Némirovsky a André Sabatier

Issy-l'Évêque, 20 de febrero de 1942

Querido amigo:

Le agradezco su amable carta. Me alegra saber que *Chéjov* aparecerá pronto. Corregiré sobre las pruebas los pasajes que me indique.

Dice usted que en marzo quizá me dé el gusto de venir a verme. Para mí sería una gran alegría. Avíseme unos días antes para que pueda ir a buscarlo a la estación, que está a 11 kilómetros de aquí. Recuerde que hay que bajar en Luzy (Nièvre).

En cuanto a los relatos, no se imagina cuánto deseo poder publicarlos. Sé que es difícil, pero es mi única esperanza de salir adelante. Tenga en cuenta que, al no trabajar mi marido, por las razones que ya sabe, debo mantener a toda mi familia con los 3.000 francos mensuales que me paga la editorial. Es absolutamente imposible, incluso en el campo. Hasta ahora hemos podido aguantar vendiendo cosas que teníamos, pero ese recurso se ha agotado. Imagínese lo penosa que es esa situación, que afecta a mi salud y, tarde o temprano, tendrá un efecto negativo sobre mi trabajo, porque resulta descorazonador escribir sabiendo que tanto esfuerzo ni siquiera nos asegura la subsistencia, que mis hijas se están criando como campesinas y que el futuro se presenta muy negro.

Mientras que, si pudiera vender relatos de vez en cuando, la situación mejoraría mucho.

Disculpe por molestarlo con mis problemas, pero sé la simpatía que siente hacia mí y estoy segura de que no me lo tendrá en cuenta.

En cualquier caso, me ha alegrado mucho lo de *Chéjov*: es una buena noticia, y no andamos sobrados de ellas.

Gracias por todo lo que hace por mí.

Queda muy cordialmente suya,

Irène Némirovsky

362

Irène Némirovsky a Hélène Morand

Issy-l'Évêque (Saona y Loira)
[25 de febrero de 1942]

Querida Sra. Morand:

Le doy mil gracias por haber sido tan amable de informarse sobre mi asunto y, una vez más, le pido disculpas por haberla importunado. Trataré de obtener un salvoconducto a través de mi editor. No lo he intentado con Grasset; usted lo conoce tan bien como yo: siempre dispuesto a aceptar e incluso a exigir favores, pero poco amigo de hacerlos. Es su carácter, qué se le va a hacer...

Si consigo escapar de Issy-l'Évêque, será un gran placer ir a verla. Mi marido le besa la mano. Por favor, dele recuerdos al señor Morand y créame, querida señora, muy sinceramente suya.

Irène Némirovsky

363

Monseñor Vladimir Ghika a Irène Némirovsky

Bucarest, 2 de marzo de 1942

[he tenido][1] noticias suyas indirectamente y sabido que deseaba tenerlas de mí. La única forma de [ob]tenerlas es la tarjeta postal autorizada y [...] usar ésta para decirle que, pese al temblor de tierra, la revolución del pasado enero y la guerra, acaecidos uno detrás de otro, todavía existo, y que no los olvido ante Dios, ni a usted ni a los suyos. Busque refugio en Él en todas las dificulta-

1. Esta «tarjeta postal autorizada» está parcialmente rasgada.

des sufridas y por sufrir... Dígales a las niñas que les mandó mi bendición más paternal y compártala con ellas y con su marido.

Su muy fiel en Cristo,

V. Ghika

364

Irène Némirovsky a Robert Esménard

Issy-l'Évêque (Saona y Loira)
14 de marzo de 1942

Querido Sr. Esménard:

Le ruego tenga la bondad de enviar a mi cuñado, el señor Paul Epstein, avenue Constant-Coquelin, 10, París, 7.º, una carta confirmando que debo a su editorial la cantidad de X francos y que las mensualidades que la editorial me pagaba eran una ayuda, cuyo montante se añadía al débito de mi cuenta con ustedes.

Necesito esa confirmación para resolver un desacuerdo con mi casero.

Agradeciéndoselo por adelantado, queda muy sinceramente suya,

Irène Némirovsky

365

Horace de Carbuccia a Irène Némirovsky

Les Éditions de France
Avenue Rapp, 20, París, VII.°
París, 17 de marzo de 1942

Querida Sra. Némirovsky:

A mi llegada a París me entregaron su carta del 20 de febrero.

En la zona ocupada, una orden ministerial prohíbe a los semanarios recurrir a la colaboración de judíos, pero el hecho de que las autoridades alemanas hayan autorizado a su editorial, Albin Michel, a publicar y reeditar obras suyas[1] me permitirá someter su caso concreto a las autoridades francesas de Vichy. Tan pronto tenga una respuesta, me apresuraré a comunicársela.

Reciba, querida señora, mis más cordiales saludos.

H. de Carbuccia

1. Esta circunstancia permitió que *Dos* (1939) pudiera reimprimirse hasta enero de 1942, ya que el nombre de Irène Némirovsky no figuraba en las listas «Otto» de obras y autores proscritos.

366

Robert Esménard a Irène Némirovsky[1]

Éditions Albin Michel
Rue Huyghens, 22, París, XIV.°
París, 19 de marzo de 1942

Querida Sra. Némirovsky:

En respuesta a su petición, me apresuro a informarle de que, a finales de diciembre de 1941, su cuenta de derechos de autor presentaba un saldo deudor de 177.500 francos. Desde entonces, no ha habido ningún cambio.

De hecho, hay que tener en cuenta que las mensualidades que le abonamos desde el mes de noviembre de 1933 como anticipo sobre sus derechos de autor son una ayuda, puesto que los balances efectuados a partir de ese momento siempre han presentado un saldo deudor.

Reciba, querida señora, mis más cordiales saludos.

R. Esménard

1. Carta dirigida «A la atención del señor Paul Epstein, avenue Constant-Coquelin, 10, París, VII.°».

367

Michel Epstein a Paul Deville-Roques[1]

Issy-l'Évêque (Saona y Loira)
22 de marzo de 1942

Muchas gracias por su carta del 19, estimado señor, y por toda la información que contenía.

No se sorprenda si la semana que viene recibe un paquete. Sólo le pido que me reenvíe el embalaje de vuelta lo antes posible.

Espero que el frío ya no sea más que un mal recuerdo para usted. Reciba mis más cordiales saludos y transmítaselos a su hijo.

368

Irène Némirovsky a André Sabatier

Issy-l'Évêque, 23 de marzo de 1942

Querido amigo:

Me alegrará mucho verlo, aunque siento que no pueda quedarse más tiempo. Ésta es la información que me pidió:

Le confirmo que debe bajar en Luzy (Nièvre); el autocar del que habla es un vestigio destruido del antiguo régimen.

Así pues, tiene que coger el tren el miércoles por la mañana en la Gare de Lyon (creo que sale entre las 7 y las 8 h, allí le informarán). Vaya hasta Nevers, donde, por desgracia, tendrá que esperar un buen rato. Luego debe tomar el segundo tren a las 6 h de la tarde, y, sobre las 8 h, llegará a Luzy, donde lo estaremos esperando con un coche, porque vivimos a 11 kilómetros de la estación.

---

1. Véase nota en carta 315.

En cuanto a Dijon, hay dos formas de ir. La más barata, aunque tremendamente cansada, es coger el tren en Luzy hacia las 20 h, llegar a medianoche a Montchanin, salir de allí a las 5 h de la mañana y llegar a Dijon dos horas después. Pero, si no le importa gastar cien francos más, mi marido le conseguirá un coche que el viernes lo llevará a Étang-sur-Arroux (a unos veinte kilómetros de aquí), donde podrá coger tranquilamente el tren de las 14.30 h y estar Dijon tres horas después sin necesidad de trasbordos. Me parece la mejor solución. Se quedaría con nosotros desde el miércoles por la noche hasta el viernes a mediodía. Simplemente para disponer de los coches, confírmenos lo antes posible que llegará el miércoles 1 de abril y que quiere coger el tren a Dijon en Étang; hágalo por telegrama, si puede ser.

Lo esperamos con mucha impaciencia. La señorita Julie Dumot, que por una afortunada coincidencia se encuentra aquí, le ruega que tenga la bondad de traerle los 16.000 francos que aún le debe la editorial. En cuanto a mí, si pudiera surtirme de semanarios, revistas y libros, me haría muy feliz. No he recibido las pruebas de *Chéjov*. Espero que no haya ningún cambio respecto a eso.

Entonces, hasta pronto, querido amigo.

Suya,

Irène Némirovsky

369

Robert Esménard a Irène Némirovsky

París, 27 de marzo de 1942

Querida Sra. Némirovsky:

Le confirmo que la totalidad de las cantidades que le pagué en 1941, es decir, 48.000 francos, representan un anticipo sobre sus derechos de autor.

Reciba mis más cordiales saludos.

370

Michel Epstein al recaudador del VII.° distrito

Avenue Constant-Coquelin, 10, París, 7.°
30 de marzo de 1942

Sr. Recaudador:

Me complace acusar recibo de los dos requerimientos sin cargos que nos envió a mi esposa, la señora Epstein (Irène Némirovsky), y a mí el 17 del corriente.

En diversas ocasiones me he permitido señalarle que, en el momento actual, ni mi esposa ni yo obtenemos ingreso alguno; asimismo, hemos perdido nuestros medios de subsistencia, sin más motivo que la guerra:

1. En lo concerniente a mi esposa, su editorial sigue viéndose imposibilitada de publicar sus libros, debido a las actuales condiciones del comercio librero. La cuenta de mi esposa con su editor es ampliamente deudora, a causa de los adelantos que amablemente él le ha concedido y que nos han permitido subsistir.

En lo que respecta al año 1941, lo único que nos permitió vivir a nuestras hijas y a nosotros fue el mencionado préstamo de su editor, que ascendió a 48.000 francos.

2. En cuanto a mí, en junio de 1940 perdí mi puesto de jefe de departamento en un banco y hasta el momento no he encontrado ningún otro empleo.

En la declaración correspondiente al año 1941, que envío al mismo tiempo que esta carta al señor Inspector de Hacienda, la mención NADA figura en todas las columnas. No estamos en situación de pagar el alquiler y no disponemos de ninguna fortuna personal.

Estoy convencido de que, considerando estas circunstancias excepcionales, debidas tan sólo a la guerra, le será a usted posible no exigir por el momento el pago de lo que debo, porque, por desgracia, me es imposible efectuarlo. Espero que esta situación cambie en un futuro próximo; de ser así, puede estar seguro de que me apresuraré a ponerme en contacto con usted.

Agradeciéndole por adelantado una respuesta favorable, le ruego acepte mis respetuosos saludos.[1]

---

1. El 10 de abril, siguiendo el consejo del recaudador, Michel Epstein comunicará el contenido de esta carta al inspector de Hacienda del VII.° distrito, añadiendo este comentario: «Creo, señor Inspector, que la situación en que se encuentra mi familia y que acabo de exponerle con total franqueza merecerá su atención. Repito que no poseo nada; vivimos únicamente gracias a la ayuda del editor de mi esposa, el señor Albin Michel, y no deseamos otra cosa que pagar nuestros impuestos atrasados en cuanto tengamos la posibilidad material de hacerlo.»

371

Michel e Irène Epstein al inspector de Hacienda

Avenue Constant-Coquelin, 10, París, 7.°
30 de marzo de 1942

Sr. Inspector:

Tengo el honor de adjuntarle la declaración de ingresos de mi esposa y mía correspondiente al año 1941. Como podrá ver, he marcado «NADA» en todas las casillas.[1]

No obstante, debo señalarle que, dicho año, mi esposa recibió de su editor, el señor Albin Michel, la cantidad de 48.000 francos. Ese dinero correspondía a un anticipo concedido por la editorial Albin Michel sobre obras no publicadas de mi esposa. Así pues, no es un ingreso, sino un préstamo. Gracias a ese adelanto, bondadosamente concedido por Albin Michel, hemos podido subsistir. La cuenta de mi esposa con su editor es ampliamente deudora: en torno a 115.000 francos.

Le ruego acepte, señor Inspector, el testimonio de mi mayor consideración.

1. Ese mismo lunes, 30 de marzo de 1942, Julie Dumot, domiciliada en la rue Emilio-Castelar, 5, envía su declaración de ingresos al inspector de Hacienda del XII.° distrito. En ella, hace constar un adelanto de 20.000 francos concedido por la editorial Albin Michel «a modo de préstamo» y precisa que, a su regreso en Francia en 1940, tras alojarse en casa de unos amigos en el extranjero, «empecé a escribir».

372

Irène Némirovsky a André Sabatier

Issy-l'Évêque, 6 de abril de 1942

Querido amigo:

¡Qué amable de su parte haber pensado en mi hijita! Su libro ha llegado esta mañana, e imagínese su alegría. Ha querido escribirle de inmediato, así que le adjunto su carta y uno a su agradecimiento el mío, muy sincero.

Espero que hiciera un buen viaje, llegara sin contratiempos a Dijon y encontrara a todos los suyos bien de salud.

A mi marido y a mí nos encantó pasar esos pocos días tan breves con usted. Los dos le mandamos nuestros saludos más cordiales.

I. Némirovsky

373

Denise Epstein a Irène Némirovsky y Michel Epstein

Miércoles, 8 de abril de 1942

Mi querida mamá, mi querido papá:

Hoy tendréis una carta larga, porque quiero contaros todas nuestras desventuras. Por lo pronto, el viaje empezó muy mal. Cuando ya estábamos en Chanvieux, resultó que el señor Goulot[1] había olvidado parte de su correo. Hubo que volver a buscarlo. Al llegar ante el castillo de la marquesa de Naubley, a 3 km de Luzy, el coche llevaba 10 viajeros. Como detrás iban 5,

1. Lazare Goulot, sastre, que tenía coche.

el automóvil se vencía y el gasógeno rozaba el suelo. Así que, avería. Como ya os he dicho, estábamos delante de un castillo, así que el señor Goulot telefoneó al señor B... para que viniera a reparar el coche. Por fin, volvimos a arrancar, pero cuando llegamos a la estación el tren ya no estaba: se había ido sin nosotras. Como se hacía tarde, fuimos a comer al hotel Du Centre y el señor Goulot fue a buscarnos a las dos en punto para llevarnos a Crécy. Luego, cuando casi llegábamos, un camión no tocó el claxon en un cruce y por poco nos mata delante de Julie. A la pobre la llamaron «avinagrada» en el tren, donde nos tocó un compartimento lleno de gente maleducada. Después tuvimos que hacer trasbordo en Nevers y, desde allí, viajamos con unos valientes soldados franceses que se pusieron a charlar con nosotras. Cuando finalmente tomamos el metro, a mí me pareció tan insólito que me quedé medio petrificada.

Joséphine ha sido muy amable, y todos mis libros y mis juguetes tienen permiso para trotar de vuelta a Issy-l'Évêque.

El tío Paul es un verdadero ángel. Mañana como en un restaurante, voy al cine y meriendo en una pastelería.

¿Cómo está todo el mundo? Dile a Babet que le mando un beso muy fuerte y que cuando vuelva le traeré una bolsa muy grande de canicas de cristal.

En cuanto a vosotros, tendréis todo lo que deseabais.

Vuestra hija que os quiere y que os manda besos muy cariñosos.

Denise

Recuerdos a Francine y a la gata *Sara*.

374

Irène Némirovsky a la señorita Le Fur

Issy-l'Évêque (Saona y Loira)
10 de abril de 1942

Querida Srta. Le Fur:

El señor Sabatier pasó dos días en casa, y me encantó verlo. Me dio noticias de todos ustedes.

Le pregunté cómo va la venta de mis libros, pero, como no tenía la información a mano, me dijo que le rogara a usted que me la enviase.

¿Sería tan amable de hacerlo? Querría saber con exactitud lo que les queda en el almacén y lo que se ha vendido.

Se lo agradezco por adelantado y le envío mis más cordiales saludos. Quedo sinceramente suya.

375

Denise Epstein a Irène Némirovsky y Michel Epstein

Domingo, 12 de abril de 1942

Mi querido papá, mi querida mamá:

No os he escrito desde que fui al restaurante con el tío Paul porque he estado muy ocupada. Para haber racionamiento, comimos estupendamente: ostras, filete de buey, coliflor, lechuga, camembert, macedonia de naranjas y café. También bebimos muy bien: vino blanco de renombre, tinto de Borgoña, aguardiente fino y coñac. A continuación, fui al cine con la tía Mavlik[1] para ver *Sinfonía fantástica*. Luego merendamos en casa de la tía

1. Sofia Ascenazy (1895-1942), apodada Mavlik, hermana mayor de Michel Epstein.

Mira,[1] que me hizo un montón de preguntas sobre vuestra salud y el pueblo en el que vivimos. Por la noche cenamos en casa de los pequeños Belley, que son muy amables. A la mañana siguiente salimos hacia Pontoise. En la estación, nos llevamos una buena sorpresa: Denise Gaget nos estaba esperando. Empezamos a hablar enseguida. La pobrecita está más delgada que un fideo. Al día siguiente regresamos a París y, al otro, volvimos a partir hacia Burdeos. Pero me olvidaba de deciros que mientras estuvimos en París hubo dos alertas. La primera vez no oí nada y la segunda, sólo el comienzo, y estaba tan contenta que saltaba de alegría. Hicimos el viaje de París a Audenge con la señora Barrières y la señorita Laporte. Cuando llegamos, tuvimos que coger un automotor para ir a un pueblo muy bonito que se parece mucho a los vascos. Allí el aprovisionamiento es bastante difícil. Duermo con Julie en una cama muy grande. Al día siguiente fuimos a la misa, que dura 20 minutos. Por la tarde estuvimos en la playa y compramos pescado fresco. ¡Y eso es todo! ¿Todo el mundo está bien? Tengo que deciros que he hecho grandes progresos en limpieza y lenguaje. ¿Cómo va tu dolor de muelas? ¿Papá sigue resfriado? ¿Se merece Babet mis bonitas canicas? ¿Ya están en flor nuestros frutales? Aquí, todo en plena floración: los lilos, los tamariscos, los iris...

Os mando un beso muy fuerte.

Denise la Parisina

P. D.: Aquí he conocido a un perro, *Bonzot*, y a una gata, *Gâtoune*.

---

1. Mira (Miriam) Kalmanok (1869-1961), tía paterna de Michel Epstein.

376

Irène Némirovsky a Denise Epstein

Issy-l'Évêque, 15 de abril de 1942

Mi pequeña Nanette:

He recibido tu carta de Audenge. A ti también ha debido de llegarte la mía. Me alegra mucho que te lo pasaras tan bien en París. Espero que en Burdeos ocurra lo mismo. Pero no me dices si reconociste París, al tío Paul, el piso, etc.

Aquí ha hecho un tiempo estupendo. Hoy sopla un viento muy frío, pero hasta ahora parecía que fuera verano. Me pasaba el día en el huerto. Los cerezos y los perales están en flor, y hemos plantado todo tipo de verduras. Babet se porta muy bien, pero pregunta por ti y por Julie a menudo. «Las echo de menos, mamá», dice. Me obedece y espera con impaciencia las canicas prometidas. Nada nuevo que contarte. Andamos bastante escasos de carne roja, pero lo compensamos con los pollos, los conejos, etcétera. Espero que a vosotras no os falte de nada. Si tenéis pescado, perfecto. Dile a Julie que me alegró mucho recibir su carta y que esta mañana han llegado los libros ingleses, que le agradezco de veras. ¿Qué más puedo contarte? Las gallinas ponen 6 huevos diarios. Ya tenemos 100 de reserva. Nos acordamos mucho de ti y nos alegraría saber que te diviertes y estás contenta. Ésta es la dirección de los Darqué:[1] rue Lamartine, 72. Escríbeles, si ellos aún no lo han hecho. No os olvidéis del oculista.

Cuando volváis a París, procura coger sábanas y fundas de almohada en la avenue Constant-Coquelin. Las nuestras ya están un poco raídas. Y no te olvides de mis libros. Qué pena lo del Quai de Passy, pero en fin, ¡qué se le va a hacer!

Te mando un beso con todo mi amor, corazón mío.

Tu mamá

1. Todos los veranos, los Darqué alquilaban su chalet de Hendaya a Irène y Michel Epstein.

377

Denise Epstein a Irène Némirovsky y Michel Epstein

Viernes, 18 de abril de 1942[1]

Mi querido papá, mi querida mamá:

¡Cuánto me gustaría que estuvierais conmigo! ¡Cómo nos divertiríamos! El miércoles, Julie, la señora Duberne y yo fuimos a Cassy[2] en bicicleta. Allí descansamos un rato y, luego, partimos hacia Taussat. Al llegar, seguimos hasta Andernos. No podíamos más. Para descansar nos acercamos al espigón y vimos volver a los pescadores. Después fuimos a comernos 6 docenas de ostras frescas. A la mañana siguiente, a las 6 h, embarcamos hacia Burdeos. Llegamos a las 8.10 h a casa de la señora Darqué, que nos recibió con los brazos abiertos. Françoise ha adelgazado mucho y Philippe está hecho un diablillo. Me quedaré hasta el lunes y dormiré con Françoise. Ayer tarde fuimos al oculista, que me recomendó llevar las gafas nuevas todo el tiempo. Me dijo que, para que la miopía no empeore, necesito reposo absoluto, comer mucho, sobre todo, ostras, aire puro y ejercicio en bicicleta.

¿Cómo [están] todos los de casa? ¿Bien de salud?

Os mando miles de besos.

Vuestra hija, que os adora,

Denise

1. Error de Denise Epstein: en realidad, el 18 de abril era sábado.

2. El puerto de Cassy, en la bahía de Arcachon, a dos kilómetros de Audenge.

378

Irène Némirovsky a Denise Epstein

Issy-l'Évêque, 20 de abril del 42

Mi pequeña Denise:

Muchas gracias por tus amables cartas. ¡No sabes cuánto me alegra que te diviertas tanto! Me encontré con Jacqueline Pécoule[1] y su madre. Le dije que habías ido al cine y al teatro un restaurante, y que ahora estabas en Burdeos, en casa de unos amigos. Jacqueline estaba verde de envidia, y yo, encantada. Estoy encantada de que comáis pescado y ostras: es muy sano. Pero Julie no debería ir tanto en bicicleta, por la pierna. Es increíble, no me explico que aún no hayáis recibido el paquete; salió un día después que vosotras, en tren, naturalmente, porque pesaba demasiado para correos.

Aquí, todo bien. Hoy llueve, pero eso hará crecer las verduras... Todos los días comemos rábanos de los que plantamos, que son estupendos.

Da recuerdos a todo el mundo, sin olvidar a los Darqué, que, ya lo veo, están siendo adorables contigo. Me alegro de que ya hayas ido al oculista, pero estoy decepcionada: creía que te dejaría quitarte las gafas. ¿Dijo si podrás hacerlo cuando seas mayor?

Un beso muy cariñoso para Julie, y todos los demás, para mi mujercita.

Mamá

Babet está muy contenta con sus cartas. Os echa de menos a las dos y se porta muy bien.

1. Compañera de clase de Denise.

379

Irène Némirovsky a Denise Epstein

Issy-l'Évêque, jueves [23 de abril de 1942]

Corazón mío:

Siento mucho que hayas estado enferma. ¡Qué mala pata! La pobre señora Darqué se habrá preocupado mucho. Está claro que comiste demasiadas ostras. Creo que aún es usted demasiado pequeña para viajar sola, ¿no le parece, señorita? Bueno, ahora que ya estás mejor, ten cuidado. Papá y yo nos reímos un poquito al ver que pedíais mantequilla y pasta. Después de todo, parece que Issy-l'Évêque también tiene sus ventajas, ¿no? En cuanto a la pasta, de acuerdo, la mandamos hoy. Pero la mantequilla sólo la podré enviar a París. Escríbeme enseguida diciéndome cuándo creéis que estaréis allí. La mantequilla de esta semana ha volado, claro, y no volveremos a tener hasta mediados de la semana que viene; será demasiado tarde para mandarla a Audenge, podríais no recibirla.

Os advierto que, si ahora estáis un poco racionadas, pobrecitas mías, ¡no creáis que aquí vais a resarciros! Ahora la cosa está difícil, así que tendréis que apretaros el cinturón mientras crecen las verduras.

A propósito de eso, papá os recuerda que, como no volvéis hasta pasado el 1 de mayo, tenéis que recoger los tíquets de ese mes en el ayuntamiento del sitio en el que os encontréis. ¡Sobre todo, no los despilfarréis, porque es imposible conseguir un gramo extra de carne o de lo que sea!

Me sorprende que hayas tenido que hacerte una montura nueva para las gafas: tenías dos del año pasado. Os lo ruego a las dos: no gastéis más que lo estrictamente necesario: escasea el dinero.

Me alegra mucho que te estés divirtiendo. Espero tu regreso con mucha impaciencia, para que me lo cuentes todo.

En París, acordaos de coger el florero grande de metal plateado, la pitillera rusa de laca pintada, el personaje que siempre estaba en la repisa de la chimenea y, en general, todo lo que podáis. Sobre todo, la máquina de coser y, si hay la menor posibilidad, tu diván cama y el sillón rosa (o el amarillo).

Aquí, todo bien. Todo el mundo se comporta. Pero estamos un poco preocupados, porque llueve y, cuando llueve para San Jorge, que es hoy, dicen que luego no hay ni ciruelas ni cerezas. ¿Tú qué opinas?

Te beso con todo mi amor y, a Julie, con mucho cariño.

Tu mamá

380

Denise Epstein a Irène Némirovsky y Michel Epstein

Sábado, 25 de abril de 1942

Mis queridos padres:

No podéis imaginaros cuánto estudio... Desde que voy a la escuela de Audenge, ya he hecho un centenar de problemas. Hoy he aprendido ciento veinticinco palabras en inglés y he hecho treinta ejercicios. Ayer tuve geografía y anteayer, historia. Soy muy aplicada. En Burdeos no hay ni correas sencillas ni correas de cuero para mi reloj, así que Julie me compró una de cromo, que queda muy bonita en la muñeca. Esta mañana llovía, pero esta tarde ha hecho un sol radiante. Ahora me he acostumbrado a embetunarme los zapatos yo misma. Aquí no vamos a tener pan reciente más que en días alternos. ¿Y en Issy-l'Évêque? Creo que aún no volvemos a Issy, porque seguramente iremos a Marmande. En la escuela, todos los días me dan una chocolatina para merendar. Me lo paso muy bien. Ayer nacieron siete pollos de una gallina y un gallo soberbio. ¿Y os habéis puesto de acuerdo con Francine? ¿Se irá enseguida? Mientras te escribo se oyen truenos, seguro que hay tormenta. Puedes decirle a papá muchos tragos de vino en cada comida [*sic*].

Os mando besos muy cariñosos.

Denise

381

Irène Némirovsky a Denise Epstein

27 de abril [de 1942]

Solete mío:

Yo empiezo a echar de menos a mi mujercita, y Babet, al despertarse esta mañana, se ha echado a llorar: «¿Dónde está Denise? Quiero a Denise. Dile que vuelva. ¡Me aburro sola!» Quería escribirte, pero me temo que te costará entender su letra.[1]

Me alegra que te lo pases bien y que estudies; así no te quedarás rezagada, espero. Le mandé el velo a Françoise. ¿Sabes si lo ha recibido? Dime cuándo llegaréis a París para mandaros la mantequilla. La pasta va de camino. Todos los días comemos rábanos del huerto y las primeras lechugas.

Dile a Julie que ya nos hemos puesto de acuerdo (creo) con Francine. Se quedará si contratamos a una criada para ayudarla. He encontrado a una, que vendrá mañana. Por desgracia, es mucho gasto, pero ¡qué le vamos a hacer! Francine se queja de que tiene mucho trabajo. Además, ahora le toca ir a buscar la leche, porque, con Babet, a mí no me da tiempo por la mañana y, si vamos por la tarde, se agría con este tiempo de tormenta. Para colmo, estoy constipada, aunque no es grave. Aún no me he acostado, porque papá me ha prometido un

1. En la parte superior de la carta hay cuatro líneas no muy legibles escritas a lápiz por Élisabeth: «Sabado 25 de abril. Querida ermana dime estas bien espero que hallas comido bien julie esta bien yo tambien estoi bien mama dice que tu carta es muy graciosa. Babet.»

ponche de huevo. No sé si lo tendré. Papá ha visto el perrito que nos prometió. Parece que es gris rata, con las patas blancas. Lo llamaremos Copain.

Y ya está, creo que éstas son todas las noticias.

Te mando un beso muy fuerte y otro para Julie.

Tu mamá

382

Denise Epstein a Irène Némirovsky y Michel Epstein

Martes, 28 de abril de 1942

Mis queridos padres:

No os quejéis tanto del mal tiempo en Issy-l'Évêque, porque hoy en Audenge hace un día horrible, pero la lluvia le va muy bien a la fruta y la verdura. Hoy tocaba salir al aire libre, y la señorita ha estado trazando un recorrido por el bosque para nosotros, ya sabéis, como en los *scouts*. En aritmética hago progresos el doble de grandes que yo. ¿Ya ha nacido nuestro perro? Si la respuesta es sí, dadme detalles. Aquí estamos muy preocupados por el perro *Bonzot*, que ha enfermado, y por la gata *Gâtoune*, que va a tener gatitos. Llevo un peinado nuevo, mirad la foto que os mando, parezco mi gemela. Si no me da pereza, más tarde escribiré a mi querida y añorada maestra. En la escuela nos dan una onza de chocolate todos los días, ¡es genial! Julie es muy religiosa. Esta tarde estaba absorta en un libro titulado *Preparación a la muerte*, a punto de dormirse. Es raro, pero, en fin. Para terminar, Julie añade a la carta dos estampitas de santos para Babet. Me da mucho miedo que a Julie se le ocurra meterse en el Carmelo.

Os mando besos muy cariñosos.

Denise

383

Denise Epstein a Irène Némirovsky y Michel Epstein

Jueves, 30 de abril de 1942

Mis queridos padres:

¡Si supierais cuánto me gustan vuestras amables cartas! Me las sé casi todas de memoria, pero la de hoy me ha puesto muy triste. ¿Cómo te las has arreglado para pillar una gripe, hija? Y no entiendo por qué tu media naranja no te ha vigilado. Desde luego... ¿Habéis recibido el paquete? Si es así, decidme si os ha gustado el contenido. ¡Y ahora voy a explicaros por qué he tenido que comprar una montura nueva! Es porque mi miopía ha aumentado y el oculista me ha recetado cristales más grandes y más gruesos, que no entran en la montura antigua. Pero he escogido muy bien el color de la nueva, que es, por así decir, invisible en mi cara. Te suplico de rodillas que nos mandes la mantequilla a Audenge. También os suplico que no os preocupéis por mí, porque me lo estoy pasando muy bien y porque me da mucha pena. En cuanto al velo de Françoise, no sé si lo ha recibido, porque no tengo noticias de ellos. Nos ha llegado la pasta, que os agradezco, porque es muy buena. Creo que volveremos a París a finales de la semana que viene, pero no es del todo seguro. No se te ocurra mandar ni una pizca de mantequilla allí. Donde la necesitamos es aquí.

Os envío saludos muy cariñosos y encargo a André[1] que bese a papá en la mejilla derecha y a mamá, en la izquierda. Gracias por adelantado.

Denise

1. André Sabatier o, más probablemente, un compañero de clase de Denise en Issy-l'Évêque.

384

Denise Epstein a Irène Némirovsky y Michel Epstein

Audenge, 2 de mayo de 1942, sábado

Mis queridos padres:

¡Hoy no tenemos clase! ¡Viva la libertad! Por suerte, brilla el sol, y esta tarde voy con mis amigas a dar un paseo en barca por el mar azul y, luego, jugaremos en la playa. Dentro de unos días podremos bañarnos. Cada vez que comemos pescado fresco, lo que ocurre a menudo, pienso en vosotros, que os alegraríais tanto si pudierais comerlo. Esta semana estamos muy ocupadas, porque nos vamos dentro de unos días, y la señora Barrières quiere alquilar su casa. Así que todo el mundo está muy atareado. ¿Qué tiempo hace en Issy-l'Évêque? ¿Va Babet a la escuela? Yo voy al cine todos los domingos. No es caro, a 10 céntimos la entrada no me arruinaré. Tengo una idea muy buena para cuando vuelva. Me arreglaré un cuartito a mi gusto, al que invitaré a mis amigos y donde tendré mis juguetes. Se me olvidó deciros que el libro *Huit jours dans un grenier*[1] era muy divertido y muy interesante. Una vez más, ¿habéis recibido el paquete? Ese libro va dentro, leédselo a André, le interesará y le divertirá mucho.

Esta mañana me he quedado en la cama hasta tarde, así que cuando me he levantado no había nadie. Se habían ido todos al cementerio y me habían dejado sola con el perro y la gata. En tu última carta decías que no habría fruta. Aquí los ciruelos, los perales y los cerezos están cargados de fruta. Así que habrá una cosecha abundante. La pobre Julie ha cogido un resfriado y no para de toser. Por suerte, hoy se le ha calmado un poco la tos. La gata va a tener gatitos. Acabo ya mandándoos miles de besos a ti y a papá, y también a Babet.

1. De Mad H. Giraud, seudónimo de Madeleine Gélinet (1880-1961), directora desde 1927 de la revista para niñas *La Semaine de Suzette*.

Vuestra Denise, que sigue siendo un diablillo, pero que habla como es debido, con un poco de acento gascón, pero no mucho.

385

Irène Némirovsky a André Sabatier

Issy-l'Évêque, 4 de mayo de 1942

Querido amigo:

Para empezar, ¿cómo agradecerle todos sus esfuerzos, la amistad que me testimonia y la conmovedora sensibilidad que le inspiró la idea de tranquilizarme a medida que alcanzábamos nuestros «logros»? Nunca he dudado de que es usted un verdadero amigo, pero qué reconfortante comprobarlo y estar segura de ello. Gracias una y mil veces. Jamás olvidaré su bondad en estos momentos, que, por desgracia, están entre los más duros...

Ahora, si me lo permite, voy a enumerar las preguntas, o más bien las respuestas:

1) semanario *Présent*: le envío para él los dos relatos de Julie que le había confiado usted a G. P.[1] y que no han llegado a su destino. Julie propone como seudónimos o bien Jacques Labarre, nombre con que se firmó el contrato con A. M.,[2] o bien Pierre Monjeu,[3] más aristocrático. ¿Quiere elegirlo usted mismo y firmar los relatos con el que prefiera? Me gustaría que *Présent* le informara cuando se publiquen y, a ser posible, le entregara el dinero rápidamente.

---

1. No hemos podido identificar estas iniciales.

2. Albin Michel.

3. Los dos relatos en cuestión, «Las vírgenes» y «Un bello matrimonio», aparecerán en *Présent* con el seudónimo de Denise Mérande el 11 de julio de 1942 y el 23 de febrero de 1943.

2) revista con las tapas salmón.[1] He recibido una breve carta de A. G.[2] Voy a responderles. Pero no quiero entrar en demasiados detalles... Así que, ¿podría hacerme el favor de decirles de mi parte cuánto me ha emocionado su acogida, cuánto se la agradezco y que Julie le enviará muy pronto un relato para ellos, que se podría firmar, creo yo, como los de *Présent*, o bien Jacques Labarre, o bien Pierre Monjeu? En cuanto al dinero, sería mejor que se lo enviaran a usted.

Ahora, la novela. Si realmente se plantean la posibilidad de publicar una en la primavera del 43, Julie pondrá manos a la obra de inmediato. Así que me gustaría que les preguntara 1) si la propuesta sigue en pie 2) ¿cuánto pagarían?

Julie no trabajará en esa novela si no está casi segura de que se la aceptarán el año que viene (por un precio adecuado), porque, de lo contrario, prefiere seguir con lo que la ocupa desde hace dos años: una novela en varias partes, que considera la obra más importante de su vida.[3] Ésa, se lo aseguro, sólo se publicará en las circunstancias y las condiciones que ella juzgue favorables...

3) Y ahora, A. M. Querido amigo, su actitud en este asunto me ha emocionado tanto (porque sé que ha hecho todo lo que estaba en su mano) como me apena la de A. M. ¡Será posible! Ahora ya no tiene la excusa de que ignora la situación en que me encuentro. 6.000 francos son lo mínimo, si quiere mantener la exclusividad de las obras. Y no sólo escatima con la cantidad: ¡pagando 5.000 francos a partir del 1 de julio, también se las arregla para que, de hecho, en 1942 yo no cobre más que 4.000 al mes! ¡Qué mezquindad! ¡Y qué error! ¿Acaso quiere empujarme a la salida que usted imagina (y que no es el suicidio)?

Querido amigo, le suplico que se lo haga entender a Esménard con todas sus consecuencias, porque él siempre se ha mostrado mucho más comprensivo que su suegro.

1. La *Revue des Deux Mondes*.
2. André Gavoty (véase carta 229).
3. *Tempestad en junio* y *Dolce*, las dos primeras partes de *Suite francesa*.

Pido formalmente que al menos los 5.000 que están dispuestos a pagar empiecen a contar el 1 de enero de este año y que la diferencia entre lo que Julie ha cobrado y esa cantidad, es decir, 24.000, se le envíe de inmediato en un cheque cruzado. Reconozca que son pretensiones muy razonables. Estoy segura de que Esménard aceptará la responsabilidad de ese envío.

Efectivamente, no olvide que el mercado «relatos» es muy reducido. Sin duda, la *Revue* no aceptará más de dos de aquí a finales de año, y dudo que paguen más que antes. Y antes pagaban 1.000 francos. *Présent* no ofrecerá mucho más, me temo. ¿Entonces? No puedo seguir discutiendo de este modo por cantidades tan insignificantes. Si A. M. no puede pagarlas, que lo diga. Al menos, sabré a qué atenerme y qué debo hacer.

Espero su respuesta con la impaciencia que ya imaginará. Voy a seguir importunándolo. ¿Sería posible obtener un salvoconducto para París a través de su autor y ministro B.-M.?[1] En fin, querido amigo, ¿qué puedo decirle? Deposito todas mis esperanzas en usted, como siempre.

Mi marido le estrecha la mano. Babet estaba muy orgullosa de que su postal le pareciera a usted «encantadora». Se esforzó mucho. El álbum fue una gran alegría. Gracias de nuevo por todo y créame muy sinceramente suya,

Irène Némirovsky

---

1. Jacques Benoist-Méchin (1901-1983), secretario de Estado en la vicepresidencia del Consejo y amigo personal de André Sabatier, había publicado en la editorial Albin Michel su monumental *Historia de Alemania y su ejército (1918-1938)* (1936), *Éclaircissements sur «Mein Kampf»* (1939), *La Moisson de Quarante* (1941) y *L'Ukraine, des origines à Staline* (1941).

386

Denise Epstein a Irène Némirovsky y Michel Epstein

Audenge, miércoles 6 de mayo de 1942

Mis queridos padres:

Os preguntáis por qué recibís tan pocas cartas. Tenéis que perdonarme, pero es que hace tanto calor que estamos todas en paños menores y atontadas por la modorra. Hace un momento estaba enfrascada en las apasionantes aventuras del señor Pickwick. Ayer, como tocaba aire libre, fuimos al bosque a que nos hicieran fotos. El mismo día, a unos kilómetros de Audenge, un sol de justicia provocó cuatro incendios. ¿Sigue haciendo frío en Issy-l'Évêque? Aquí las cerezas ya están maduras. Esta semana, ¡oh, calamidad!, se ha muerto un conejito. Y justo era mi preferido. Si fueras buena, me mandarías un pan de chocolate, si no es mucho pedir. Todas mis compañeras lo comen para merendar, la única que no tiene yo soy. Estoy más morena que papá. Pero quería deciros que me mandarais treinta o cuarenta francos porque tengo a mi disposición unas botellas de excelente licor para vosotros.

No me quedan fuerzas para seguir escribiendo.

Besos muy cariñosos.

Denise

Recuerdos a mi querida maestra.

387

Denise Epstein a Irène Némirovsky

[Audenge, Gironda, entre el 7
y el 16 de mayo de 1942]

Mi querida mamá:

No tengo tiempo para escribirte una carta larga, porque salgo en tren hacia Cézac[1] con Julie. Quería decirte que la noche del sábado de la próxima semana duermo en París. Espero que no te moleste que te mande una postal, pero no puedo hacer otra cosa. Dale las gracias a André[2] por sus cartas, que me gustan mucho.

Besos muy cariñosos,

Denise

388

Denise Epstein a André[3]

[mayo de 1942]

Mi querido André:

Como eres tan amable de enviarme unas cartas tan bonitas, es a ti a quien le digo que volveré para Pentecostés con muchos juguetes, mis juguetes de París, y haré de Papá Noel. Pienso en ti muy a menudo, yo también te echo de menos. Ahora tengo que dejarte. Hasta pronto, querido André, te mando un beso muy cariñoso y te encargo de darle otro a mi muñeca.

Denise

---

1. El pueblo de la Gironda, al norte de Burdeos, donde vivían los Brustis, unos parientes de Julie Dumot (véanse cartas 458 y 459).

2. Un compañero de clase de Denise en Issy-l'Évêque.

3. Véase nota anterior. Esta postal iba dirigida a Élisabeth Epstein, hermana de Denise, en Issy-l'Évêque. Se entiende que ella debía entregársela al destinatario.

389

Irène Némirovsky a Albin Michel

Issy-l'Évêque (Saona y Loira)
11 de mayo[1] de 1942

Mi querido editor:

El señor Sabatier tuvo la bondad de ir a verlo para ponerlo al corriente de la situación en la que me encuentro. Me ha informado de que usted se niega a ceder parte de mi producción a otra editorial, que es lo único que me permitiría vivir sin pedirle que aumente mis mensualidades. Me ha dicho que también se negaba a concederme 6.000 francos mensuales, que son lo mínimo que necesito para vivir y continuar con mi trabajo literario. Con el actual coste de la vida, esa cantidad no ha podido parecerle exagerada.

No obstante, le dijo al señor Sabatier que, aunque no podía llegar a los 6.000, «aceptaba sustituir el acuerdo actualmente en vigor hasta el 31 de diciembre de 1942 por un nuevo acuerdo que le daría continuación» y que esta vez sería de 5.000 al mes, con efecto retroactivo a partir del próximo 1 de julio. Así pues, tomo nota de que este año se me pagarían 12.000 francos suplementarios y en 1943, 60.000.

Querido señor, lo siento mucho, pero me veo obligada a pedirle que reconsidere el asunto, sobre todo en lo que respecta al año 1942. Me queda dinero hasta finales de agosto. 12.000 francos no pueden bastarme para vivir cuatro meses.

Al leer la carta del señor Sabatier me pareció entender que había comprendido usted que con 3.000 al mes era imposible vivir y que había hecho un esfuerzo para restablecer la situación de 1942 en su totalidad y asegurarme la de 1943. Así que le pido que considere el aumento de 2.000 francos por mes como vá-

1. La carta autógrafa lleva la fecha del 11 de mayo, pero sabemos que André Sabatier había estado en Issy-l'Évêque del 1 al 3 de abril.

lido desde el 1 de enero de 1942 y me haga llegar la diferencia (es decir, 24.000 francos) de la forma habitual.

En efecto, la cuestión es simple: o bien yo no tengo ningún valor para usted (entonces, ¿por qué el año pasado se negó a cederme a un eventual sucesor que se ofrecía a pagarle mi deuda y por qué ahora vuelve a negarse a compartir mis obras con un colega?), o bien sabe que puedo escribir buenos libros que se publicarán tarde o temprano, de una u otra forma. Si es ése el caso, permítame vivir sin soportar dolorosas angustias, que acabarán afectando a mi trabajo: usted sería el primer perjudicado.

Le recuerdo que tiene en su poder 3 manuscritos.[1] Por otra parte, el señor Sabatier quizá le haya dicho que actualmente estoy escribiendo algo muy importante (una novela en varias partes).[2]

Espero su respuesta, querido señor Michel. Confiando en que sea favorable, queda suya,

Irène Némirovsky

390

Denise Epstein a Irène Némirovsky y Michel Epstein

Rue Monge, París
[después del 16 de mayo de 1942]

Mis queridos padres:

Desde que llegamos a París, no hemos hecho otra cosa que ir de tienda en tienda buscando un corsé y un par de calcetines. Vimos un corsé para mí, pero es muy caro: 284 francos. ¿Lo compramos o no? Como Julie se fue a ver a su hermana, me he quedado en casa de Néné[3] dos días. Su bebé es encantador y está

1. *Los bienes de este mundo*, *Los fuegos de otoño* y *Vida de Chéjov*.

2. Se trata, claro está, de *Suite francesa*.

3. Cécile Michaud, de soltera Mitaine, natural de Issy-l'Évêque. Vivía en la rue Monge.

muy gordo: pesa cinco kilos y medio. Se va a parecer a Renée.[1] En los almacenes Printemps, Julie compró *Los perros y los lobos*,[2] del que eres autora. Encuentro París muy animado, y en las estaciones de metro las escaleras mecánicas vuelven a funcionar. Olvidaba decirte que no encontramos calcetines cortos para mí. Si los hay en Issy-l'Évêque, acordaos de mí. ¿Habéis recibido el impermeable de Julie? A nosotras nos llegó la mantequilla. Joséphine ha tenido un niño. Vuelve a casa el sábado. En el Jardin des Plantes, me encontré con Marie Cécé. El viernes voy a la Comédie-Française a ver *Cyrano de Bergerac*.

Besos muy cariñosos,

Denise

P. D.: No hay corsés para Francine.

391

Irène Némirovsky a André Sabatier

Issy-l'Évêque, 17 de mayo de 1942

Querido amigo:

¡No! Por desgracia, no puedo mandarle nada de forma inmediata. Tenía muchas cosas «publicables» en marcha, pero comprendí que, pese a todos sus esfuerzos, topaba con puertas cerradas o que sólo me entreabrían por una especie de caridad, y abandoné todo eso para no pensar más que en el futuro y trabajar en esa obra en varias partes de la que le he hablado. Para retomar lo demás, esperaré a saber qué suerte corren los dos relatos destinados a *Présent*, que usted me prometió ofrecer-

1. La hija mayor de Cécile Michaud.

2. La novela, publicada en mayo de 1940, se reimprimió ya en octubre. Nótese que el nombre de Irène Némirovsky no aparecerá hasta 1943, después de su muerte, en la tercera lista «Otto» de las obras prohibidas por los ocupantes.

les.[1] Si consigue colocarlos, eso me dará ánimos para retomar la tarea. Si no, lo repito, no quiero trabajar más que para el futuro. Pese a todo, tengo la firme esperanza de que A. M.[2] comprenda las cosas y me pague lo suficiente para vivir.

En cualquier caso, dele las gracias de mi parte a la amiga de la que me habla. (¿Es la señora S. B.?)[3] Ella comprenderá sin duda la amargura, el hartazgo, el asco que siento y que la respuesta de H. de C.[4] no ha hecho más que aumentar, como puede usted imaginar.

En cuanto a B.-M.,[5] comprendo lo que me dice usted. Pero, ¿sabe?, me parece que las dos «autoridades» me son igualmente hostiles. Por eso no hacía ninguna diferencia entre ellas. Veo a la legua que es inútil intentar nada.

Disculpe el tono más bien pesimista de esta carta, pero, la verdad, hoy día ya no espero nada. Lo único posible, creo, sería publicar el libro de Julie en cuanto usted pueda. De paso, eso abriría muchas puertas y allanaría algunas dificultades. Pero depende de mi editor...

Espero, querido amigo, que esté bien de salud. Mi pequeña Babet, al saber que le estoy escribiendo, me dice que le mande un beso de su parte. Encargo cumplido.

En cuanto a mí, le reitero toda mi amistad.

Irène Némirovsky

---

1. Véase carta 385.
2. Albin Michel.
3. Sabine Berritz (véase carta 318).
4. Horace de Carbuccia.
5. Jacques Benoist-Méchin (véase carta 385).

392

Irène Némirovsky a Denise Epstein

Issy-l'Évêque, 21 de mayo del 42

Corazón mío:

Estoy preocupada: ¿recibiste los 100 francos que acompañaban mi última carta, que envié a París? No me has dicho nada. Espero que no se perdieran, sería una pena.

Os mandamos comida. No compréis el corsé; realmente, es demasiado caro. Hemos encontrado uno en Goulot por cuarenta y nueve francos y creo que servirá.

Dile a Julie: 1) que llegó el impermeable y 2) también el sombrero de Babet; está muy mona con él. 3) Mandamos el recibo por el somier <u>y otro más</u> por el somier y el sillón porque, si pudierais llevaros los dos, sería fantástico. Que Julie utilice el que convenga.

Os espero con mucha impaciencia, ¡me parece que llevo un año sin veros!

Pasadlo muy bien en el teatro. Besos para las dos,

Mamá

393

Albin Michel a Irène Némirovsky

París, 21 de mayo de 1942

Querida señora y amiga:

El señor Sabatier acaba de entregarme su carta y hablarme de la cuestión que plantea usted en ella.

Muy deseoso de aportar la solución que desea, mañana mismo informaré a su amiga que acepto su petición, que encuentro perfectamente justificada, por desgracia.[1]

Le mando mis mejores y más cordiales saludos, junto con los muy sinceros votos que hago por usted.

Le ruego acepte, querida señora y amiga, el testimonio de mi profundo aprecio.

394

Robert Esménard a Julie Dumot

Éditions Albin Michel
Rue Huyghens, 22, París, XIV.°
París, 27 de mayo de 1942

Querida Srta. Dumot:

Tras nuestra conversación de ayer, durante la que tuvo la amabilidad de exponerme sus proyectos literarios, le confirmo que, dadas de una parte sus dificultades actuales y, de otra, la perspectiva de una adaptación cinematográfica,[2] elevo a 5.000 fran-

1. Al parecer, el acuerdo consistía en publicar *Los fuegos de otoño* con el nombre de Julie Dumot, que, tras pasar parte del mes de abril en Audenge, en la bahía de Arcachon, con Denise Epstein, había vuelto a París a mediados de mayo, antes de regresar a Issy-l'Évêque.

2. La adaptación de *Los bienes de este mundo* por parte de Les Films Gibé (véase carta 345).

cos las mensualidades de 3.000 que le había concedido para el año 1942.

Le ruego acepte, querida señorita, el testimonio de mi sincero aprecio.

R. Esménard

395

Irène Némirovsky a André Sabatier

Issy-l'Évêque, 1 de junio de 1942

Querido amigo:

Julie ha regresado trayéndome buenas noticias. Imagino hasta qué punto se las debo a usted y lo desagradable que ha debido de resultarle tener que volver a la carga. ¡Si yo sólo le había pedido que entregara la carta a Albin Michel! Pero usted ha actuado como un buen amigo.

Así pues, le deberé a usted, además de a él, un poco de tranquilidad. Julie me dice que Albin Michel le ofrece mensualidades de 6.000 francos durante el año 1943. Pero yo no he encontrado la confirmación de ese punto en la carta firmada por Esménard que ha recibido, en la que sólo se habla de 1942. Julie se alegraría mucho si recibiera dicha confirmación.

Le mando, querido amigo, recuerdos de mi marido y mis hijas, a los que uno mis saludos afectuosos.

Irène Némirovsky

396

[Remitente desconocido] A Michel Epstein

10/7/42

Querido Sr. Epstein:

En respuesta a su carta del 7 del corriente, le proporciono la información solicitada.

Su desplazamiento no es posible por las siguientes razones:[1]

1. En tanto que refugiado ruso, necesita usted un permiso de las autoridades ocupantes que le obliga a presentarse ante éstas semanalmente.

2. Su condición de judío hará que su solicitud sea rechazada.

De todas formas, en caso de desplazamiento, está obligado a efectuar un cambio de domicilio, lo que implica forzosamente una autorización de las autoridades alemanas.

Atentamente,

[firma ilegible]

1. Al parecer, Michel Epstein acababa de reiterar su solicitud de autorización para desplazarse fuera del municipio de Issy-l'Évêque y del departamento de Saona y Loira (véase carta 336).

397

Irène Némirovsky a André Sabatier

Issy-l'Évêque, 11 de julio de 1942

Querido amigo:

Hace tiempo que no tengo noticias suyas. Espero que todo vaya bien. Aquí la vida sigue siendo como la vio usted: monótona... por fortuna.

Acuérdese de mí si publica algún libro interesante. La lectura es la única distracción que me queda. Últimamente he escrito mucho. Supongo que serán obras póstumas, pero, en cualquier caso, ayudan a pasar el tiempo.

Babet se acuerda especialmente de usted. Mi marido le estrecha la mano y yo soy muy sinceramente suya,

Irène Némirovsky

Pesadilla

(1942-1945)

Forzado por las leyes antijudías a permanecer en Issy-l'Évêque, Michel Epstein remueve cielo y tierra para intentar salvar a su mujer. El 17 de julio, ésta le envía una nota de despedida desde el campo de Pithiviers, pero hasta el 9 de agosto Michel no sabrá «de fuente segura» que la han trasladado «al Este, Polonia o Rusia probablemente». Presa de la desesperación, Michel toma sus últimas disposiciones, confía a sus hijas a Julie Dumot y Madeleine Avot, y, el 9 de octubre, se deja detener a su vez. Un mes más tarde será deportado de Drancy a Auschwitz, donde Irène Némirovsky había muerto de tifus el 17 de agosto. Denise y Élisabeth Epstein permanecen escondidas en casa de unos primos de Julie Dumot y, después, con nombres falsos, en un internado católico de Burdeos, del que tienen que huir de nuevo a principios de 1944.

398

Telegrama de Michel Epstein a Robert Esménard y André Sabatier

Bourbon-Lancy SETL teléfono de Issy-l'Évêque
13 [de julio de 1942], 16.05 h

IRÈNE SÚBITAMENTE DETENIDA HOY DESTINO PITHIVIERS LOIRET CONFÍO PUEDAN INTERVENIR URGENTE INTENTO EN VANO TELEFONEAR

MICHEL EPSTEIN

399

Irène Némirovsky a Michel Epstein

Toulon[-sur-Arroux]
13 de julio [de 1942], 5 h

Amor mío:

De momento estoy en la gendarmería, comiendo grosellas mientras espero que vengan a llevarme. Ante todo, mantén la calma. Estoy convencida de que esto no durará mucho. He pensado que también podríamos recurrir a Caillaux y al padre Dimnet.[1] ¿Qué te parece?

Les mando mil besos a mis adoradas hijas. Que mi Denise se porte bien y sea razonable. Os abrazo con todo mi corazón a Babet y a ti. Que Dios misericordioso os proteja. Por mi parte, me siento tranquila y fuerte.

I.

Si podéis enviarme alguna cosa, creo que el segundo par de gafas se quedó en la otra maleta (en el portafolios). ¡Libros, por favor! Y, si es posible, también un poco de mantequilla salada.

Hasta pronto, amor mío.

1. Ernest Dimnet (1866-1954), sacerdote y escritor, autor del superventas *El arte de pensar* (1930).

400

Michel Epstein a André Sabatier

Issy-l'Évêque (Saona y Loira)
14 de julio de 1942

Querido amigo:

Ayer intenté en vano contactar con usted por teléfono. Les envié un telegrama a usted y al señor Esménard.

La gendarmería se llevó a mi mujer ayer. Destino, según parece: el campo de concentración de Pithiviers (Loiret). Motivo: medida general contra los judíos apátridas de 16 a 45 años. Mi mujer es católica y nuestras hijas son francesas. ¿Se puede hacer algo por ella?

Siempre suyo,

M. Epstein

401

Jehan Guyomarc'h[1] a Michel Epstein

París, 14 de julio de 1942

Querido amigo:

Su hermano acaba de telefonearme para comunicarme la terrible noticia. Estoy estupefacto. ¿Qué puedo hacer? Al instante, he pensado en la señora de C.[2] pero Paul Epstein tiene cita con el conde esta misma tarde.

Veré a su hermano mañana a mediodía y uniremos esfuerzos. Le pediré consejo y quizá alerte a la señora de Régnier. ¿Qué

1. Lo único que sabemos de este corresponsal es su dirección: bulevar de Courcelles, 11.
2. Josée Laval (1911-1992), hija de Pierre Laval y mujer del conde René de Chambrun.

más puedo decirle, querido Michel? Más que nunca, puede contar con mi amistad. Imagino lo que está pasando. Recurra a mí, dígame qué puedo hacer.

Besos a sus hijas y un fuerte apretón de manos para usted.

Jehan Guyomarc'h

402

Telegrama de Michel Epstein a Robert Esménard y André Sabatier

De Issy-l'Évêque
15 [de julio de 1942], 9.35 h

MI MUJER HABRÁ LLEGADO A PITHIVIERS[1] CREO INÚTIL INTERVENIR ANTE PREFECTO REGIONAL DIJON SUBPREFECTO AUTUN Y AUTORIDADES PITHIVIERS
= MICHEL EPSTEIN =

1. Tan pronto como recibe este telegrama, André Sabatier le escribe la siguiente carta a Jacques Benoist-Méchin: «Acaban de trasladar a nuestra autora y amiga I. Némirovsky de Issy-l'Évêque, donde residía, a Pithiviers. Me lo ha comunicado su marido hace un momento. Rusa blanca (judía, como sabes), nunca ha desarrollado ninguna actividad política; es una novelista de enorme talento, que siempre ha hecho el mayor honor a su país de adopción, y madre de dos niñas de 5 y 10 años. Te suplico que hagas todo lo que esté en tu mano» (Imec, NMR 6.25).

403

Telegrama de Robert Esménard y André Sabatier a Michel Epstein[1]

París
15 [de julio de 1942], 11.09 h

ACABAMOS RECIBIR TELEGRAMA GESTIONES COMUNES HECHAS INMEDIATO POR MORAND GRASSET ALBIN MICHEL SUYOS

ESMÉNARD SABATIER

404

Telegrama de Michel Epstein a Robert Esménard y André Sabatier

16 [de julio de 1942], 15.05 h

GRACIAS QUERIDO AMIGO — CONFÍO EN USTED
= EPSTEIN =

1. En el dorso del telegrama aparece la siguiente anotación: «Pt → Pelletier / Chambrun / Telegrama autoridades.»

405

Irène Némirovsky a Michel Epstein

Pithiviers, miércoles a mediodía
[15 de julio de 1942]

Amor mío:

No te preocupes por mí. He llegado bien. De momento hay desorden, pero la comida es muy buena. Me he quedado sorprendida. Se pueden mandar un paquete y una carta al mes.

Sobre todo, no te angusties. Esto se arreglará, cariño mío. Os beso a las niñas y a ti con toda mi alma, con todo mi amor.

Irène

406

Irène Némirovsky a su marido y sus hijas

Jueves por la mañana [16 de julio de 1942]

Amor mío, mis adoradas niñas:

Creo que partimos hoy. Valor y esperanza. Os llevo en el corazón, cariños míos. Que Dios nos ayude a todos.

407

Telegrama de Paul Epstein a Michel Epstein

París
16 [de julio de 1942],[1] 17.30 h

Lebrun ferretero rue de la Couronne 7 Pithiviers stop gestiones ante prefecto regional hechas

Epstein

408

André Sabatier a Julie Dumot

16 de julio de 1942

Querida Srta. Dumot:

No tiene ningún sentido que le escriba una carta larga. En estos momentos soy incapaz de hacer literatura, pero estoy con usted de todo corazón y haré cuanto esté en mi mano.

Pase lo que pase, nuestros compromisos seguirán siendo válidos y se respetarán. Un adelanto sobre el cuarenta y tres —que he planteado aquí— no parece posible actualmente y, desde ese punto de vista, convendrá usted en que ya se ha hecho lo máximo.

Procure que en sus documentos no exista ninguna relación entre los dos asuntos y destruya, se lo ruego, toda la correspondencia al respecto —de trabajo o personal— que le parezca superflua. Ya me entiende...

Muy fielmente suyo.

1. Entregado el 17.

409

Telegrama del señor Lebrun a Michel Epstein[1]

Pithiviers
17 [de julio de 1942], 13.48 h

Inútil enviar paquetes no he visto a su mujer

Lebrun

410

Telegrama de Michel Epstein a André Sabatier

Issy-l'Évêque (Saona y Loira)
17 [de julio de 1942], 14.20 h

= CUENTO CON QUE ME TELEGRAFIARÁN NOTICIAS BUENAS O MALAS GRACIAS QUERIDO AMIGO = MICHEL EPSTEIN =

1. Telegrama para Michel Epstein dirigido a la fábrica de esmaltes Pelletier.

411

Telegrama de André Sabatier a Michel Epstein

París
17 [de julio de 1942], 18.55 h

En cualquier caso habrá que esperar varios días – suyo

Sabatier

412

Hélène Morand a Michel Epstein

17 de julio de 1942

Muy señor mío:

En cuanto recibí su llamada desde Moulins[1] hablé con mi marido y puse manos a la obra para conseguir la intervención de las personas más indicadas para solucionar este asunto. Se están ocupando de su pobre esposa, por lo que debemos tener esperanza y, por desgracia, también mucha paciencia. ¡¿Cómo es posible que su mujer no comparta su nacionalidad?!

No puedo expresarle con cuánta preocupación y compasión pienso en ella, haré cuanto pueda por defender su causa.

Reciba un afectuoso saludo.

H. Morand

P. D.: Creo mi deber decirle que es una gestión en extremo difícil precisamente porque se trata de una medida general.

---

1. Michel Epstein telefoneó a los Morand el mismo día 14 de julio, como indica Paul Morand, sin añadir ningún comentario, en su *Journal de guerre* (Gallimard, 2020, p. 441): «El marido de Irène Némirovsky telefonea despavorido diciendo que han detenido a su mujer y la han llevado al campo de Pithiviers.»

413

Telegrama de Michel Epstein a André Sabatier

De Issy-l'Évêque (Saona y Loira)
18 [de julio de 1942], 9.15 h

NINGUNA NOTICIA MI MUJER – IGNORO DÓNDE ESTÁ – INTENTE INFORMARSE Y TELEGRAFÍEME LA VERDAD – CON PREAVISO PUEDE TELEFONEARME CUALQUIER HORA TRES ISSY L'ÉVÊQUE = MICHEL EPSTEIN =

414

Julie Dumot a André Sabatier

18 de julio de 1942

Querido Sr. Sabatier:

He recibido su carta del 16 que le agradezco mucho. He hecho todo lo que me pedía.

Ya sabe que sólo podemos contar con usted, de modo que estoy tranquila sobre mi futuro.

Le saluda atentamente,

J. Dumot

415

Telegrama de Abraham Kalmanok[1] a Michel Epstein

París
20 [de julio de 1942], 15.35 h

Has enviado certificado médico de Irène? hay que telegrafiarlo inmediatamente

Kalmanok

416

Michel Epstein a André Sabatier

22.7.42

Querido amigo:

He recibido una carta de mi mujer desde el campo de Pithiviers (Loiret) fechada el pasado jueves en la que me anuncia su probable partida hacia un destino desconocido que supongo lejano. He telegrafiado, con la respuesta pagada, al comandante de ese campo, pero no he obtenido respuesta. Quizá su amigo[2] tendría más suerte. ¿Podría conseguir él la información que a mí se me niega?

Gracias por todo lo que está haciendo. Téngame al corriente incluso de las malas noticias, se lo ruego. Suyo,

M. Epstein

---

1. Abraham Kalmanok (1863-1951), tío de Michel Epstein.

2. Jacques Benoist-Méchin. Véase carta 385, nota 1, y carta 402, nota 1.

417

André Sabatier a Michel Epstein

[23 de julio de 1942]

He visto personalmente a mi amigo. Se hará lo imposible.
Saludos cordiales,

Sabatier

418

André Sabatier a Michel Epstein

Sábado, 25 de julio de 1942

Querido Sr. Epstein:

Si no le he escrito ha sido porque aún no tengo nada concreto que comunicarle y porque soy incapaz de decirle nada que sirva para aliviar su angustia...

Todo lo que había que hacer está hecho. He vuelto a ver a mi amigo, que me ha dicho que sólo queda esperar. Le he informado, tras recibir la primera carta de usted, de la nacionalidad francesa de sus dos hijas y, tras recibir la segunda, de la posible partida del campo de Loiret.

Espero, y la espera —le ruego que lo crea— me resulta, como amigo, muy penosa... Puedo asegurarle que me pongo en su lugar.

Confiemos en que pronto tenga alguna noticia concreta y favorable que comunicarle.

Estoy con usted de todo corazón.

A. Sabatier

419

Michel Epstein a André Sabatier

26.7.42

Querido amigo:

En este asunto, quizá habría que subrayar que mi mujer es una rusa blanca, que nunca quiso aceptar la nacionalidad soviética, que, después de no pocas persecuciones, huyó de Rusia con sus padres, cuya fortuna fue confiscada en su totalidad. Yo me encuentro en la misma situación y no creo exagerar si cifro en un centenar de millones de francos de antes de la guerra lo que nos arrebataron allí a mi mujer y a mí. Mi padre era presidente del Sindicato de Bancos Rusos y administrador delegado de una de las mayores entidades de Rusia, el Banco de Comercio del Azov-Don. Así pues, las autoridades competentes pueden tener la seguridad de que no sentimos la menor simpatía por el actual régimen ruso. En Rusia, mi hermano menor, Paul, era amigo íntimo del gran duque Dmitri, y la familia imperial residente en Francia visitó a menudo la casa de mi suegro, en especial los grandes duques Alejandro y Boris.

Por otra parte, le comunico, si aún no lo había hecho, que los suboficiales alemanes con los que convivimos varios meses en Issy me dejaron al partir una nota redactada en los siguientes términos:

«O. U. den I. VII. 41

»Kameraden!

»Wir haben längere Zeit mit der Familie Epstein zusammengelebt und Sie als eine sehr anständige und zuvorkommende Familie kennengelernt.

»Wir bitten Euch daher, Sie dementsprechend zu behandeln.

»Heil Hitler!

»Hammberger, Feldw. 23 599 A.»

[Camaradas:

Hemos vivido durante mucho tiempo con la familia Epstein y se han comportado siempre como una familia respetable y cortés.

Por ello, os rogamos que los tratéis como corresponde.

Heil Hitler!]

Sigo sin saber dónde está mi mujer. Las niñas se encuentran bien. En cuanto a mí, aún me tengo en pie.

Gracias por todo, querido amigo. Quizá fuera útil que hablara de todo esto con el conde de Chambrun y con Morand. Siempre suyo,

Michel

420

André Sabatier a Michel Epstein

Lunes, 27.VII.42 por la mañana

Querido Sr. Epstein:

En la obra de su mujer, aparte de una escena de *El vino de la soledad*, ¿hay pasajes de novelas, relatos o artículos que puedan destacarse como claramente antisoviéticos?[1] Si la respuesta es sí, ¿puede indicármelos de inmediato, si se trata de textos que yo pueda encontrar con facilidad, o en caso contrario proporcionármelos, si dispone de ellos?

Muy fielmente suyo,

A. Sabatier

1. Sabatier formula esa petición a M. Epstein aconsejado por Hélène Morand, a quien informa al día siguiente: «Ayer escribí al señor Epstein en el sentido que acordamos, considerando que era mejor proceder así que enviar un telegrama. Esta mañana he encontrado en mi correo la copia [de la carta (422) al embajador alemán Otto Abetz]. Contiene, evidentemente, precisiones interesantes.»

421

Michel Epstein a André Sabatier

Lunes, 27 de julio de 1942

Querido amigo:

He recibido esta mañana su carta del sábado. Mil gracias por todos sus esfuerzos. Sé que hace y hará todo lo que esté en su mano para ayudarme. Tengo paciencia y ánimo. ¡Quiera Dios que, por su parte, mi mujer tenga la fortaleza física necesaria para soportar este golpe! Lo peor de todo es que debe de estar terriblemente preocupada por las niñas y por mí, y que yo no tengo la menor posibilidad de comunicarme con ella, puesto que ni siquiera sé dónde está.

Adjunta a la presente encontrará una carta que quiero hacer llegar a toda costa al embajador alemán, y además de forma urgente. Si sabe de alguien que pueda llevársela y entregársela en persona (quizá el conde de Chambrun, que, creo, quiere ayudar a mi mujer), sería perfecto. Pero si no conoce a nadie que pueda hacerlo rápidamente, ¿sería tan amable de encargar que la entreguen en la embajada o, simplemente, la echen al correo? Gracias de antemano. Por supuesto, si esta carta perjudica las gestiones ya hechas, rómpala; si no, tengo mucho interés en que llegue a su destinatario.

Siempre suyo,

M. Epstein

422

Michel Epstein a Otto Abetz, embajador de Alemania[1]

Issy-l'Évêque (Saona y Loira)
27 de julio de 1942

Excmo. Sr. Embajador:

Sé que el hecho de dirigirme a usted directamente es un gran atrevimiento. No obstante, doy este paso porque creo que sólo usted puede salvar a mi esposa; deposito en usted mi última esperanza.

Permítame exponerle lo siguiente: antes de abandonar Issy-l'Évêque, los soldados alemanes destinados allí me dejaron, en agradecimiento a lo que habíamos hecho por su bienestar, una carta redactada en los siguientes términos:

«O. U. den I. VII. 41

»Kameraden!

»Wir haben längere Zeit mit der Familie Epstein zusammengelebt und Sie als eine sehr anständige und zuvorkommende Familie kennengelernt.

»Wir bitten Euch daher, Sie dementsprechend zu behandeln.

»Heil Hitler![2]

»Hammberger, Feldw. 23 599 A.»

Sin embargo, el lunes 13 de julio, mi esposa fue detenida, trasladada al campo de concentración de Pithiviers (Loiret) y, desde allí, enviada a un destino que desconozco. Dicha detención, según me dijeron, se debía a instrucciones de carácter

1. André Sabatier, a quien Michel Epstein había encomendado esta imprudente carta, se abstuvo de enviarla a su destinatario.

2. Véase carta 419.

general dadas por las autoridades ocupantes en lo concerniente a los judíos.

Mi esposa, la señora Epstein, es una novelista muy conocida: Irène Némirovsky. Sus libros se han traducido a numerosos idiomas y al menos dos de ellos, al alemán: *David Golder* y *El baile*.

Mi esposa nació en Kiev (Rusia) el 11 de febrero de 1903. Su padre era un importante banquero. El mío era presidente del Comité Central de los Bancos de Comercio de Rusia y administrador delegado del Banco del Azov-Don. Nuestras dos familias perdieron en Rusia fortunas considerables. Los bolcheviques detuvieron a mi padre y lo encarcelaron en la fortaleza de San Pedro y San Pablo, en San Petersburgo. Con grandes dificultades, conseguimos huir de Rusia en 1919 y nos refugiamos en Francia, país que no hemos abandonado desde entonces. Todo esto le garantiza que no podemos sentir más que odio por el régimen bolchevique.

En Francia, ningún miembro de nuestras familias ha participado jamás en actividades políticas. Yo era apoderado de un banco; en cuanto a mi esposa, se ha convertido en una novelista de prestigio. En ninguno de sus libros encontrará usted una sola palabra contra Alemania (de hecho, las autoridades ocupantes no los han prohibido) y, aunque mi esposa es de raza judía, en sus obras habla de los judíos sin ningún afecto.

Tanto los abuelos de mi mujer como los míos profesaban el judaísmo; nuestros padres no practicaban ninguna religión; en cuanto a nosotros, somos católicos, igual que nuestras hijas, que nacieron en París y son francesas.

Asimismo, me permito señalarle que mi mujer siempre se ha mantenido al margen de cualquier agrupación política, jamás ha obtenido el menor favor de ningún gobierno ni de izquierdas ni de derechas y que ciertamente la publicación en la que colaboraba como novelista, *Gringoire*, cuyo director es el señor Horace de Carbuccia, jamás se ha mostrado favorable ni a los judíos ni a los comunistas.

Por último, mi esposa padece asma crónica desde hace años (su médico, el profesor Vallery-Radot, puede atestiguarlo), por lo que un internamiento en un campo de concentración podría significar su muerte.

Sé, señor Embajador, que es usted uno de los hombres más eminentes del Gobierno de su país. Estoy convencido de que también es un hombre justo. Sin embargo, me parece injusto e ilógico que los alemanes envíen a prisión a una mujer que, pese a su origen judío, no siente —lo prueban todos sus libros— ninguna simpatía por el judaísmo ni por el régimen bolchevique.

En consecuencia, permítame confiar en que hará que me devuelvan a mi esposa.

Le ruego, Sr. Embajador, que acepte el testimonio de mi más alta consideración y mi profundo respeto.

423

Michel Epstein a André Sabatier

28.7.42

Querido amigo:

Espero que haya recibido mi carta de ayer y que la destinada al embajador le haya sido entregada o bien por Chambrun u otra persona, o bien directamente.[1] Gracias por adelantado.

Respondo a sus líneas de ayer: creo que el capítulo de *David Golder* en que el protagonista negocia con los bolcheviques la cesión de unos pozos de petróleo no debe de ser muy cariñoso con ellos, pero no tengo aquí ningún ejemplar de la novela. ¿Po-

1. Tras recibir esa carta, André Sabatier envió ese mismo día una copia al conde René de Chambrun, yerno de Pierre Laval, agradeciéndole todo lo que pudiera «intentar hacer por nuestra amiga» y otra al día siguiente, 29 de julio, a Hélène Morand: «Ésta es la carta de la que le he hablado por teléfono. Creo que está usted en mejor posición que nadie para saber si conviene enviarla a su destinatario. Respecto al fondo, no me puedo pronunciar; en cuanto al detalle, me parece que algunas frases no son muy afortunadas» (Imec, NMR 6.25).

dría comprobarlo usted? *Les Échelles du Levant*,[1] que apareció en *Gringoire* y cuyo manuscrito tiene usted, es bastante feroz con el protagonista, un médico charlatán de origen levantino, aunque no recuerdo si mi mujer especifica que es judío. Creo que sí. En el capítulo 25 de *Vida de Chéjov*, encuentro la siguiente frase: «*La sala número seis* contribuyó en gran medida a la fama de Chéjov en Rusia; debido a este relato, la Unión Soviética lo reivindica como suyo y afirma que, si hubiera vivido, habría pertenecido al Partido Comunista. La gloria póstuma depara pintorescas rarezas.» Por desgracia, no veo nada más, y es poco.

¿Realmente no hay forma de saber a través de las autoridades francesas si mi mujer sigue o no en el campo de Pithiviers? Hace diez días telegrafié, con la respuesta pagada, al comandante de dicho campo, pero no he tenido respuesta. Saber simplemente dónde se encuentra... ¿Es posible que hasta eso esté prohibido? Si me han comunicado que mi hermano Paul está en Drancy, ¿por qué no puedo saber dónde tienen a mi mujer? En fin...

Adiós, querido amigo. No sé por qué tengo esperanzas en mi carta al embajador.

Michel

1. Publicada por entregas en *Gringoire* de mayo a septiembre de 1939 y, en forma de libro, con el título *El maestro de almas*, por la editorial Denoël en 2005. En la novela no se especifica si el protagonista, Dario Asfar, es judío.

424

Mavlik[1] a Michel Epstein

29.VII [1942]

Cariño, espero que hayas recibido mis cartas, aunque me da miedo que se hayan perdido, porque escribí a Julie, y nuestra tía no entendió bien su nombre por teléfono. Cariño, una vez más te pido que seas fuerte por Irène, por las niñas, por los demás. No tenemos derecho a derrumbarnos, puesto que somos creyentes. Yo fui presa de la desesperación, pero he conseguido sobreponerme y me paso el día buscando noticias y viendo a gente que está en la misma situación. Germaine volvió anteayer, pero debe regresar a Pithiviers en cuanto tenga todo lo necesario. Como parece que Sam[2] está en Beaune-la-Rolande, cerca de Pithiviers, Germaine quiere intentar darles noticias a Irène y a él cueste lo que cueste. Sólo hemos recibido unas líneas de Ania, que está en Drancy y que pide ropa interior y libros. Han llegado muchas cartas de Drancy en las que la gente dice que los tratan y alimentan bien. Cariño, te lo suplico, ten valor. El dinero se ha retrasado debido a la confusión con el nombre. Mañana volveré a ver a Joséphine. Germaine ha visto al señor que tiene a la criada en Pithiviers. También tengo que verla a ella antes de que se vaya. Ha recibido una carta de Sam, pero todavía desde Drancy. Te escribiré el día que se marche, pero me gustaría que me mandaras unas líneas, hermanito. En cuanto a mí, me mantengo en pie no sé cómo y sigo confiando. Os mando besos y mi infinito cariño a las niñas y a ti. Recuerdos cariñosos para Julie.

M.

---

1. Sofia Ascenazy, conocida como Mavlik, la hermana mayor de Michel (véase carta 375, nota 1).

2. Samuel Epstein, detenido durante la redada del Velódromo de Invierno y enviado a Drancy con su mujer, Alexandra Guinzbourg, el 24 de julio de 1942.

425

Michel Epstein a André Sabatier

1.8.42

Querido amigo:

Acabo de recibir su carta, y ahora comprendo por qué cuando le telefoneé no conseguimos entendernos: me equivoqué de sobre y la carta para usted le llegó a un amigo,[1] que se la reenviará. Pero, incluso sin haberla recibido, me ha comprendido usted perfectamente: lo esencial es que la que envíe por su intermedio al embajador le llegue o bien en su forma original, o bien en forma de extractos que le entregue alguien con acceso a él. Creo que lo mejor sería que la señora Morand o Chambrun le den al embajador la carta original, que obra en poder de usted. Pero usted sabrá hacer lo más conveniente.

Gracias por telefonear a mi tía. Todo solucionado. Siempre suyo,

Michel

1. Jehan Guyomarc'h, que le envía la carta en cuestión a Sabatier el 2 de agosto de 1942 con el siguiente comentario: «Creo que Michel E. no es consciente de la situación y duda de nuestros esfuerzos» (Imec NMR 6.26).

426

Señora Rousseau[1] a Michel Epstein

París, 3 de agosto de 1942

Muy señor mío:

El doctor Bazy ha salido esta mañana hacia la zona libre, en la que permanecerá unos días; va a ocuparse sobre el terreno del caso de la señora Epstein y hará todo lo posible para que se intervenga en su favor.

Como no le daba tiempo a responderle antes de partir, me ha encargado que le confirme que recibió su carta y que empleará todos los medios a su alcance para ayudarlo.

Le informará sobre el resultado de sus gestiones a su regreso.

Reciba mis más cordiales saludos.

Sra. Rousseau
Jefa del secretariado del presidente de la C. R. F.

427

Michel Epstein a la señora Rousseau

Issy-l'Évêque (Saona y Loira)
6 de agosto de 1942

Muy señora mía:

Me ha alegrado mucho saber que el doctor Bazy está haciendo gestiones en favor de mi mujer. Me pregunto si no sería conveniente coordinarlas con las que ya han realizado:

1. Jefa del secretariado de Louis Bazy (1883-1960), presidente de la Cruz Roja francesa tras la dimisión de Louis Pasteur Vallery-Radot el 17 de diciembre de 1940.

1. El editor de mi mujer, el señor Albin Michel (la persona que se ocupa de ello en especial es el señor André Sabatier, uno de los directores de la editorial).

2. La señora de Paul Morand.

3. Henri de Régnier.

4. El conde de Chambrun.

El señor Sabatier, a quien envío una copia de esta carta, podrá darle toda la información que necesite (tlf. DAN 87-54).

Me resulta terriblemente doloroso no saber dónde se encuentra mi mujer (el jueves 17 de julio estaba en el campo de Pithiviers, Loiret, pero desde entonces no he tenido la menor noticia de ella). Me gustaría que ella supiera que, por ahora, nuestras hijas y yo no nos hemos visto afectados por las recientes medidas y que todos estamos bien. ¿Podría hacerle llegar la Cruz Roja este mensaje? ¿Se le pueden enviar paquetes?

Le ruego transmita al doctor Bazy mi profunda gratitud, y reciba, estimada señora, mi más sincero agradecimiento y mis respetuosos saludos.

428

Michel Epstein a André Sabatier

6.8.42

Querido Sr. Sabatier:

Adjunto copia de una carta que envío a la C. R. F.

Sigo sin la menor noticia de mi mujer. Es muy duro.

¿Ha sido posible contactar con el señor Abetz y entregarle mi carta?

Siempre suyo,

Michel

P. D.: ¿Podría facilitarme la dirección del conde de Chambrun? Gracias.

429

Telegrama de Michel Epstein a André Sabatier

Issy-l'Évêque, 8 [de agosto de 1942] 11.45 h

EN RESPUESTA A SU PETICIÓN LE SEÑALO MUY ESPECIALMENTE NIEVE EN OTOÑO NOVELA BREVE PUBLICADA POR GRASSET RESPONDE POR COMPLETO A SUS DESEOS SALUDOS = EPZTEIN [*sic*]

430

Michel Epstein a André Sabatier

Por si usted estuviera ausente, mando copia de esta carta al señor Esménard.

Issy-l'Évêque, 9 de agosto de 1942

Querido amigo:

Acabo de enterarme, por una fuente muy fiable, de que las mujeres (y también los hombres y los niños, de hecho) internadas en el campo de Pithiviers partieron hacia la frontera con Alemania y, desde allí, hacia el Este: Polonia o Rusia probablemente. Ese traslado habría tenido lugar hará unas tres semanas.

Hasta ahora creía que mi mujer estaba en uno de tantos campos de Francia, bajo la vigilancia de soldados franceses. Saber que se encuentra en un país salvaje, en condiciones probablemente atroces, sin dinero ni víveres y entre gente cuyo idioma ni siquiera entiende, resulta insoportable. Ahora ya no se trata de intentar sacarla más o menos rápidamente de un campo, sino de salvarle la vida.

Habrá recibido mi telegrama de ayer. Le indicaba un libro de mi mujer, *Nieve en otoño*, publicado primero por Kra en edición de lujo y, más tarde, por Grasset. Es una novela abiertamente antibolchevique, y siento mucho no haberme acordado de ella antes. Espero que no sea demasiado tarde para insistir, con esta nueva prueba en las manos, ante las autoridades alemanas.

Sé, querido amigo, que hace todo lo que puede para ayudarnos, pero, se lo suplico, encuentre, imagine alguna otra cosa, consulte de nuevo con Morand, Chambrun, su amigo[1] y, en especial, con el doctor Bazy, presidente de la Cruz Roja francesa,[2] rue Newton, 12, teléfono KLE 84-05 (la jefa de su secretaría particular es la señora Rousseau, en la misma dirección), señalándoles este nuevo motivo que constituye *Nieve en otoño*. ¡Es inconcebible que nosotros, que lo perdimos todo a manos de los bolcheviques, nos veamos condenados a muerte por quienes los combaten!

En fin, querido amigo, lanzo una última llamada. Sé que es imperdonable abusar de este modo de usted y de los amigos que aún nos quedan, pero, lo repito, se trata de una cuestión de vida o muerte no sólo para mi mujer, sino también para nuestras hijas, por no hablar de mí. Es una situación muy grave. Solo aquí con las niñas, casi en prisión, puesto que me está prohibido moverme, ni siquiera tengo el consuelo de actuar. Ya no puedo ni dormir ni comer: sirva eso de disculpa para esta carta incoherente.

Siempre suyo,

M. Epstein

---

1. Jacques Benoist-Méchin (véase nota 1, p. 386). A Paul Morand, que vino a defender la causa de Irène Némirovsky el 15 de julio de 1942, Benoist-Méchin había respondió: «Los judíos no sospechan lo que les sucederá. Para intervenir, nunca se sabe con quién contactar: SS, embajada, Majestic, ejército. Además, ¿cómo van a solucionar el problema judío?» (*Journal de guerre*, *op. cit.*, p. 442). El mismo día, Paul Morand había solicitado en vano la intervención. de Fernand de Brinon, delegado general del gobierno francés en los territorios ocupados.

2. Louis Bazy fue destituido de este cargo el 17 de octubre de 1942 y sustituido por el marqués de Mun.

431

Mavlik a Michel Epstein

11.VIII [1942]

Cariño, sabes perfectamente que, si de mí dependiera, la urgencia estaría resuelta hace tiempo. La cosa está así. Después de leer tu carta, Apostol[1] me dijo que, para empezar, no hay organizaciones de rusos blancos y, en segundo lugar, que su propio testimonio no vale un comino. Pero añadió que, aunque pensaba que un documento como el que quieres no puede servirte, había que intentar conseguir algo, puesto que lo quieres. Le pidió al conde Kokovtzov[2] que lo recibiera (lo conoce en persona). Como sabes, el conde es una celebridad. Es muy mayor y está muy enfermo. De todas formas, le entregó un certificado sobre papá, que hice legalizar en la comisaría en la que está depositada su firma, y luego fotografiar, lo que requirió tiempo. A continuación se lo envié a Albin Michel Sabatier. También servirá para Paul y Sam. Pero no hay ningún individuo, y menos aún una organización, que pueda certificar que el padre de Irène era amigo de los grandes duques. Eso no es un documento ni nada que se le parezca. A Germaine, que, como yo, no hace otra cosa desde el 17 que ir de aquí para allá para conseguir noticias e intentar algo, le han dicho que, cuanto menos conocidos sean los interesados (desde el punto de vista

---

1. Pavel Natanovitch Apostol (1872-1943), conocido como Paul Apostol, especialista en economía rusa y autor de las *Memorias* del conde Kokovtzov.
2. El 10 de agosto de 1942 Vladimir N. Kokovtzov (1853-1943) había redactado el siguiente testimonio: «Yo, el abajo firmante, conde V. Kokovtzov, expresidente del Consejo de Ministros y exministro de Finanzas de Rusia, certifico por la presente que conocía al difunto Sr. Efim Epstein, administrador de banco en Rusia y miembro del Comité de los Bancos que funcionó en París bajo mi presidencia; que dicho señor tenía reputación de ser un financiero de una honradez irreprochable; y que su acción y sus sentimientos eran netamente anticomunistas» (Imec, NMR 6.26). Kokovtzov también había presidido el Comité de los Bancos Rusos en el exilio.

de su situación material, lo que no tiene nada que ver con que Irène sea conocida como escritora) tanto mejor.

Cariño, yo también vivo una pesadilla, pero al menos no estoy sola. Confío con todas mis fuerzas. De momento, lo principal es saber dónde están. Nosotras, a base de movernos, hemos conocido a dos hombres que se ocupan de eso en concreto. Hoy voy a ver a otro más. Ten ánimo, hermanito, te lo suplico, es absolutamente imprescindible que seas fuerte y te cuides. Dios no nos abandonará. Créeme, hay que rezar.

Os mando a ti y a las niñas un beso muy muy fuerte.

M.

Beso a Julie.

432

Michel Epstein a los señores Jovy[1]

Issy-l'Évêque (Saona y Loira)
12 de agosto de 1942

Por la presente, autorizo al señor y la señora Jovy a alojarse en mi piso de la avenue Constant-Coquelin, 10, hasta mi regreso a París. Asimismo, dejo a su cuidado los objetos que se encuentran en dicho inmueble.

1. Una antigua sirvienta de los Epstein y su marido.

433

André Sabatier a Michel Epstein

París, 12 de agosto de 1942

Querido Sr. Epstein:

He recibido su telegrama y sus cartas. Respondo a ellos antes de trasladarme por unas semanas a los alrededores de París. Si necesita escribirme durante ese período del 15 de agosto al 15 de septiembre, hágalo a la dirección de la editorial, donde leerán su correo al instante, harán lo necesario si corresponde y lo pondrá en mi conocimiento de inmediato.

Éste es el punto en el que me encuentro: muchas gestiones, por ahora sin resultado.

1. Ninguna respuesta del conde de C.[1], a quien escribí. Como no lo conozco, no puedo insistir, pues ignoro si su silencio refleja su voluntad de no intervenir. Ésta es su dirección: Place du Palais-Bourbon, 6 bis (VII.°).

2. En cambio, la señora M.[2] ha dado pruebas de una adhesión infatigable. Multiplica las gestiones. La carta que usted me envió obra en su poder; un amigo común a ella y la embajada debe transmitir lo esencial de aquélla, junto con un certificado médico, en los próximos días. *Nieve en otoño*, que ha leído, no responde en absoluto a lo que ella buscaba: es ciertamente antirrevolucionaria, pero no antibolchevique. Sugiere que no haga usted gestiones dispersas y, a su juicio, inútiles. La única puerta a la que debería llamar, siempre según ella, es la de la Unión Judía, que, por sus ramificaciones, es la única que puede informarle sobre el paradero de su mujer y quizá hacerle llegar a ella noticias de sus hijas. Ésta es su dirección: rue de la Bienfaisance, 29 (8.°).

3. Mi amigo me ha hecho saber sin ambages que sus gestiones lo habían llevado a la conclusión de que no podía hacer nada.

---

1. El conde René de Chambrun, yerno de Pierre Laval.
2. Hélène Chrisoveloni Soutzo, esposa de Paul Morand.

4. Idéntica respuesta, no menos categórica, de mi padre, después de sus gestiones ante las autoridades regionales francesas.

5. A petición mía, un amigo ha tanteado al autor de *Dieu est-il français* (Friedrich Sieburg), que ha prometido intervenir, no con vistas a una liberación, dudosa según él, sino con el fin de obtener noticias de su mujer.

6. Ayer telefoneé a la C. R. F.[1] y hablé con la sustituta de la señora Rousseau, muy amable y enterada del asunto. El doctor [Bazy], que se encuentra actualmente en la zona no ocupada, sondea a las altas instancias para averiguar qué se podría conseguir. Tiene que regresar el jueves; le telefonearé entonces, antes de marcharme.

Mi impresión personal es la siguiente:

1. La medida que ha afectado a su esposa es de carácter general (sólo aquí, en París, parece haberse aplicado a varios miles de apátridas), lo que explica en parte la imposibilidad en la que parecemos hallarnos de obtener una medida de gracia individual, pero que también permite confiar en que a su esposa no le haya ocurrido nada especial.

2. Dicha medida la tomaron ciertas autoridades alemanas que son todopoderosas en ese ámbito y ante las que tanto las demás autoridades alemanas, militares o civiles, como las francesas, incluidas las más altas, parecen tener poco margen de maniobra.

3. La partida hacia Alemania es verosímil, pero no con destino a los campos, según la señora Morand, sino a las localidades de Polonia en las que se reagrupa a los apátridas.

Todo esto es muy duro, lo comprendo sobradamente, querido señor Epstein. Su único deber es pensar en las niñas y ser fuerte por ellas. Qué fácil es decirlo, me dirá usted. Tiene toda

1. Cruz Roja francesa.

la razón. Por mi parte, sólo puedo decir que he hecho cuanto estaba en mi mano.

Muy fielmente suyo,

André

434

Michel Epstein a Madeleine Cabour

Issy-l'Évêque (Saona y Loira)
14 de agosto de 1942

Querida Sra. Cabour:

Desgraciadamente, Irène se ha ido. ¿Adónde? Lo ignoro. ¡Imagínese mi angustia! Se la llevaron el 13 julio; desde entonces no he tenido noticias suyas. Estoy solo aquí con las dos niñas, de las que se ocupa Julie, a la que quizá recuerde haber visto en la avenue Président-Wilson.[1]

Si un día recibo noticias de Irène, se las comunicaré de inmediato.

Tiene usted, querida señora, la amabilidad de ofrecernos su ayuda. Le tomo la palabra, sin saber si lo que pido es factible: ¿podría proporcionarnos hilo y algodón, así como papel para máquina de escribir? Nos haría un gran favor.

Espero que sus hijas estén bien y que el señor Cabour se haya repuesto de su enfermedad. Le beso las manos.

M. Epstein

1. La dirección de los Némirovsky en París de 1921 a 1932.

435

Michel Epstein a André Sabatier

14 de agosto de 1942

Querido amigo:

He recibido su carta del 12. Mil gracias por todo lo que hace. Me siento menos desanimado después de las noticias que me da. Me conformo con poco, me dirá usted, pero la mera idea de que se está haciendo algo, de que se actúa, me da esperanzas.

Me gustaría que la señora M.[1] supiera lo agradecido que le estoy, pero no me atrevo a escribirle. Si le es posible, hágaselo saber. Pase lo que pase, jamás olvidaré la ayuda que nos ha prestado. Y tal como me aconseja, me abstendré de cualquier otra gestión.

Descanse, querido amigo. Naturalmente, cuento con que, si hay cualquier novedad, se me comunicará enseguida.

Siempre suyo,

Michel

---

1. Hélène Morand. Ese mismo día, Sofia Epstein (Mavlik) envía a Sabatier unos «documentos» de parte de su hermano Michel, rogándole que proporcione una copia de ellos a Hélène Morand. En ausencia de Sabatier, quien se los manda el 17 de agosto es Noëlle Pasquier.

436

Michel Epstein a Madeleine Cabour

20 de agosto de 1942

Querida Sra. Cabour:

La gendarmería, actuando a las órdenes de la policía alemana, se llevó a Irène el 13 de julio y la condujo al campo de Pithiviers (Loiret). El motivo: su condición de apátrida de raza judía, sin tener en cuenta que es católica, que sus hijas son francesas y que se refugió en Francia huyendo de los bolcheviques, que, de hecho, confiscaron los bienes de su padre. Llegó a Pithiviers el 15 de julio y, según la única carta que he recibido de ella, debía partir de allí el 17 hacia un destino desconocido. Desde entonces, nada, ni una sola noticia. Desconozco dónde se encuentra, e incluso si sigue con vida. Como tengo prohibido moverme de aquí, pedí a diversas personalidades que intervinieran, sin ningún resultado hasta la fecha. Si pudiera hacer usted algo, lo que sea, hágalo, se lo suplico, porque esta angustia es insoportable. Piense que ni siquiera puedo mandarle comida, que no tiene ni mudas de ropa ni dinero...

De momento me han dejado aquí, porque tengo más de 45 años.[1] Afortunadamente, está con nosotros Julie, a la que usted conoce; sin ella, no sé qué habría sido de las niñas. Es a ella a quien le ruego responda: Srta. Julie Dumot, en esta misma dirección.

Gracias una y mil veces por la ayuda que me ofrece. Hilo negro e hilo blanco para coser a mano y a máquina serían bien recibidos, así como algodón, sobre todo para tejer, de color crudo, a ser posible. En cuanto al papel, si pudiera mandarme 500 o 1.000 hojas, sería perfecto. Pero, por supuesto, siempre que no le suponga una molestia, y no olvide decirme el precio del envío.

---

1. Véase carta 400. Irène Némirovsky sólo tenía treinta y nueve años cuando la detuvieron.

Agradeciéndole una vez más todo lo que haga por nosotros, le besa las manos,

M. E.

Sra. Madeleine:

Ya que tiene la bondad de ayudarnos, me gustaría que, si pudiera, además del hilo, mandara un poco de calicó para hacerles camisones y combinaciones a las niñas, que los necesitan, y también para delantales, si le es posible, porque no tienen para la escuela. Le doy las gracias por todo ello. Yo misma les coso todo lo que necesitan, lo que me ha permitido renovar su vestuario para que vayan como es debido durante el cautiverio de su madre.

Reciba, señora Madeleine, mis sinceros y respetuosos saludos.

Julie Dumot[1]

437

Michel Epstein a Lucien Pastureau[2]

Issy-l'Évêque (Saona y Loira)
23 de agosto de 1942

Sr. abogado:

A petición de nuestro común amigo M. E. Main y de mi hermano, Paul Epstein, ha tenido usted la amabilidad de encargarse de la discrepancia que enfrenta a mi esposa, la señora Irène Epstein, de soltera Némirovsky, y el propietario de la vivienda de la que es arrendataria en la avenue Constant-Coquelin, 10.

Como quizá sepa, mi hermano está internado en un campo de concentración. Mi esposa se encuentra en la misma situación.

---

1. Párrafos manuscritos añadidos por Julie Dumot.
2. Abogado vecino de los Epstein que vivía en la avenue Constant-Coquelin, 11.

Por ello, me permito adjuntarle la citación que me trajo el alguacil de Issy-l'Évêque, junto con la destinada a mi esposa, que no se le ha podido entregar, puesto que está detenida, y que no he abierto.

Mi mujer no es francesa: es apátrida, refugiada rusa. Sólo son francesas nuestras hijas. En cuanto al piso, en estos momentos se alojan en él una antigua criada nuestra y su marido, el señor Robert Jovy. Tengo entendido que, tras la detención de mi hermano, que ocupó la vivienda con anterioridad, la policía quiso precintarla. No lo han hecho hasta ahora porque averiguaron que está alquilada a nombre de mi esposa e ignoraron que ella también está detenida. Por otra parte, parece ser que, dada la situación actual, el administrador del inmueble tiene grandes deseos de que los Jovy sigan ocupando el piso, para evitar inquilinos forzosos y aún menos deseables, eso, dicho con todas las reservas.

Mi esposa y yo estamos casados en régimen de separación de bienes, y mi situación actual no me permite pagarle nada al propietario. Por otra parte, si los tribunales le dieran la razón, me temo que la posible venta de los muebles que contiene el piso no le reportaría el menor beneficio, porque le debemos al fisco una cantidad mucho mayor que a él y nuestros muebles tienen escaso valor. Por lo demás, ni mi esposa ni yo poseemos otros activos.

Ésa es la situación. Creo que mi hermano había propuesto al administrador que redujera sus pretensiones, ignoro sobre qué base, prometiéndole pagarle si llegaban a un acuerdo. Repito que, en lo que a mí concierne, me es absolutamente imposible pagar nada, por motivos ajenos a mi voluntad. Soy el primero en lamentar esta situación.

Le estaría muy reconocido si tuviera la amabilidad de decirme qué opina de este particular y qué podría hacer para ayudarme. Agradeciéndoselo muy sinceramente por adelantado, le envío mis más cordiales saludos.

P.D.: ¿Qué validez tiene una citación dirigida a una persona internada en un campo?

438

Lucien Pastureau a Michel Epstein

Avenue Constant-Coquelin, 11
25 de agosto de 1942

Muy señor mío:

Como arrendataria extranjera, su esposa no tiene derecho a ninguna reducción del alquiler por disminución de sus recursos, pero puede aspirar a una rebaja por la falta de calefacción en la vivienda, rebaja que, para un alquiler de 10.000 francos, gastos incluidos, puede desglosarse como sigue:

Carbón no proporcionado	1.600
Disminución del confort	840
Falta de agua caliente	420
	2.860

Lo que dejaría el alquiler en: 7.140 francos

De todas formas, dado que usted puede haberse visto afectado, corresponde al juez decidir si debe juzgar este asunto en ausencia de su mujer.

Si a usted le es imposible pagar nada, temo que el propietario intente obtener la rescisión del contrato y vender el mobiliario para liberar la vivienda y retomar su posesión.

Atentamente,

L. Pastureau

439

Michel Epstein a André Sabatier

15.9.42

Querido Sr. Sabatier:

Supongo que recibirá esta carta al día siguiente de su regreso de vacaciones. Espero que haya disfrutado de ellas y podido descansar.

Sigo sin tener la menor señal de vida de Irène.[1] Como me aconsejó la señora M., no he emprendido ningún nuevo paso. Ella es mi última esperanza. No me veo capaz de soportar esta incertidumbre por mucho más tiempo.

Me dijo usted que esperaba noticias del doctor Bazy. Supongo que no las ha tenido. Si la Cruz Roja pudiera al menos hacer llegar a Irène ropa, dinero y alimentos antes de que empiece el invierno...

Si ve a la señora M., tenga la amabilidad de decirle que recibí una carta de monseñor Ghika, que, hace seis meses, seguía con buena salud en Bucarest.

Recuerdos al señor Albin Michel y al señor Esménard.

Siempre suyo,

M. Epstein

---

1. Irène Némirovsky había muerto a las 15.20 h del 17 de agosto de una «gripe», según el certificado de defunción de Auschwitz, es decir, con toda probabilidad, de tifus.

440

André Sabatier a Michel Epstein

17 de septiembre de 1942

Querido Sr. Epstein:

Acabo de regresar tras cuatro semanas de ausencia, durante las cuales, aunque no le he escrito, he pensado a menudo en usted.

Nada más llegar, he telefoneado a la señora M. Le he transmitido su gratitud y le he dicho que había seguido usted su consejo. Por el momento, ninguna de sus gestiones ha dado resultados, incluidas las que hizo ante la personalidad[1] para la que usted redactó una carta. «Chocamos contra un muro», me ha dicho. En su opinión, para salir de dudas, tendremos que esperar a que toda esa multitud de gente se canalice y estabilice de algún modo.

Es la misma respuesta que recibí de la secretaria del doctor.[2] Hoy por hoy, siguen sin respuesta a sus peticiones de un acuerdo general con vistas al envío de ropa, dinero y alimentos antes del invierno. Me han prometido llamarme en cuanto haya alguna novedad. Creen que, de aquí a quince días, podrían saber algo.

Y no puedo añadir nada más que el testimonio de mi fiel simpatía, querido señor Epstein. Recuerdos a sus hijas.

A. S.

P. D.: De aquí a unos días, espero recibir de Lyon el importe de uno o dos relatos publicados.

Sé que una carta llegada en mi ausencia se envió de inmediato a su destinataria.

---

1. El embajador alemán, Otto Abetz (véase carta 422).

2. Louis Bazy, presidente de la Cruz Roja francesa hasta el 17 de octubre de 1942, fecha de su destitución.

441

Michel Epstein a André Sabatier

19.9.42

Querido Sr. Sabatier:

Nuestras cartas se han cruzado. Le agradezco que me haya dado noticias, por dolorosas que sean. Intente averiguar, se lo ruego, si sería posible que mi mujer y yo intercambiásemos nuestros puestos: a buen seguro yo sería más útil en su lugar, y ella estaría mejor aquí. Si eso es imposible, ¿no podrían llevarme a su lado? Juntos estaríamos mejor.

Evidentemente, tendría que poder hablar de todo esto con usted en persona. ¿También eso es imposible?

Me remuerde la conciencia por atosigarlo de este modo con peticiones y cartas, pero estoy seguro de que usted me disculpa.

Suyo,

M. E.

442

André Sabatier a Michel Epstein

París, 23 de septiembre de 1942

Querido Sr. Epstein:

El mismo 14 de julio me dije que, si era necesario hacer un viaje a Issy-l'Évêque, lo emprendería sin dudarlo. No creo que, ni siquiera ahora, dicho viaje pueda llevar a una decisión concreta y viable. Éstas son las razones:

1. Hoy por hoy, un intercambio es imposible. Aunque el motivo que esgrime está bien fundado, sólo conduciría a que hubiese un internado más. Cuando sepamos con exactitud dónde

está I., es decir, cuando todo eso esté «organizado», entonces y sólo entonces quizá sea útil plantear esa cuestión.

2. ¿Juntos en el mismo campo?: otro imposible, dado que la separación entre hombres y mujeres es rigurosa y absoluta.

La Cruz Roja me ha pedido una precisión que no puedo proporcionarles y que, a mi vez, le he pedido a usted esta mañana por telegrama. La transmitiré de inmediato. Confían en tener noticias pronto...

Siempre suyo,

A. S.

443

Michel Epstein a André Sabatier

23.9.42

Querido amigo, le confirmo que Irène nació el 11 de febrero de 1903 en Kiev, así que el próximo febrero cumplirá 40 años. Sus hijas nacieron en París, son francesas. En cuanto a ella, es licenciada en Letras por la Universidad de París.

Siempre suyo,

M. E.

444

Ernest Dimnet[1] a Michel Epstein

25.9 [1942]

Mi querido amigo:

Hace tres meses que la neuritis me martiriza, pero ¿qué es eso comparado con lo que sufre usted?

Le escribiré directamente a Chateaubriant[2] hoy mismo. Haré todo lo que pueda.

Siempre suyo,

Ernest Dimnet

445

Michel Epstein a André Sabatier

26.9.42

Querido Sr. Sabatier:

No me cabía duda de que, en caso necesario, haría usted el viaje, pero le agradezco que me lo haya dicho. Ya sabe que siempre es bienvenido aquí y que tengo muchas cosas que decirle.

Nada nuevo que contarle. Las niñas están bien, yo, así así. ¿No tendría algo para leer?

Siempre suyo,

M. Epstein

---

1. Véase carta 399.

2. El escritor Alphonse de Chateaubriant (1877-1951), director del semanario *La Gerbe* de julio de 1940 a mayo de 1941 y ferviente colaboracionista.

446

Michel Epstein a André Sabatier

29.9.42

Querido Sr. Sabatier:

Le había prometido que lo abrumaría con peticiones, y cumplo mi promesa.

Se trata de lo siguiente: necesito renovar mi documento de identidad de extranjero, válido hasta el próximo noviembre. Eso es competencia del prefecto de Saona y Loira, en Mâcon, al que tengo que enviar la solicitud de renovación en los próximos días. No quisiera que dicha solicitud nos causase nuevos problemas. Así que le pido que intervenga ante la prefectura de Mâcon. Estoy perfectamente en regla desde todos los puntos de vista, pero las circunstancias, poco propicias a las personas en mi situación, me hacen temer toda clase de complicaciones burocráticas, etc. ¿Puedo contar con usted? No daré ningún paso hasta tener su respuesta, pero el asunto urge.

Acabo de recibir unas líneas de Ernest Dimnet, a quien debe usted de recordar. Se ha enterado de la enfermedad de Irène y se ha dirigido a Chateaubriant para encontrar a un buen médico. Le escribo hoy mismo para pedirle que se ponga en contacto con usted a ese respecto.

Siempre suyo,

M. Epstein

447

André Sabatier a Michel Epstein

5 de octubre de 1942

Querido Sr. Epstein:

Acabo de recibir su carta del 29. La he leído, la he dado a leer... Ninguna duda, mi respuesta es muy clara: no haga nada. Creo que cualquier gestión sería extremadamente imprudente...

Espero la visita del canónigo Dimnet y estaré encantado de hablar con él.

Siempre suyo.

P. D.: Quizá podría consultarle usted a mi padre, en Dijon.[1]

448

Michel Epstein a Georges Sabatier[2]

Issy-l'Évêque (Saona y Loira)
8 de octubre de 1942

PERSONAL.

Estimado Sr. Sabatier:

Me permito adjuntar a la presente una carta de André y exponerle el asunto del que me habla en ella.

Soy refugiado ruso, residente en Francia desde hace 22 años, hijo de padres judíos, católico. Mis hijas son francesas, nacidas en París. Mi mujer, de la que sin duda ha oído hablar, se fue hará pronto tres meses y no tengo noticias de ella.

1. Véase la siguiente carta.

2. Georges Sabatier (1877-1955), fiscal general del tribunal de apelación de Dijon desde junio de 1937.

Mi carnet de extranjero expira el próximo 18 de noviembre y debo solicitar su renovación al prefecto de Saona y Loira, en Mâcon. Temía que realizar esa gestión, totalmente necesaria para estar en regla, tuviera consecuencias adversas para mí y, sobre todo, para mis hijas. Si yo faltara, se quedarían solas.

Por eso le pedí a André que interviniera ante la prefectura de Mâcon, para que la renovación de mi carnet de identidad se realizara sin ocasionarme nuevos problemas. Puede ver usted lo que me responde.

En consecuencia, me hallo ante el siguiente dilema:

1. No hacer nada, como me aconseja André. En ese caso, mi carnet de identidad caducará y estaré sujeto a todas las penas previstas por la ley.

2. Enviar mi solicitud a Mâcon, lo que, como dice André, sería extremamente imprudente.

Se lo suplico, señor Sabatier, aconséjeme, pensando únicamente en mi mujer y mis hijas. Hubiera preferido consultarle en persona, pero por desgracia tengo prohibido ausentarme de aquí.

Le ruego acepte el testimonio de mi más alta consideración.

449

Michel Epstein a André Sabatier

8.10.42

Querido Sr. Sabatier:

Muchas gracias por los libros. Gracias también por su carta del 5, que no he recibido hasta hoy. Habían puesto Côte-d'Or en lugar de Saona y Loira.

Le adjunto copia de la carta que envío a Dijon.[1] Si tiene la sensación de que debería cambiar de aires a mis hijas, ¿querrá decírmelo?

Siempre suyo, querido señor Sabatier, y que Dios nos proteja a todos.

Michel

450

Michel Epstein a Madeleine Cabour

8.10.42[2]

Querida Sra. Cabour:

Mil gracias por todas las molestias que se toma. Si les ocurriera una desgracia, no abandone a las niñas. Estoy seguro de

---

1. Véase carta anterior.

2. Ese mismo 8 de octubre, ante Charles Vernet, notario en Issy-l'Évêque, Michel Epstein otorga plenos poderes de sustitución a Julie Dumot en lugar de Irène Némirovsky y «sin perjuicio de las disposiciones aplicables a los ciudadanos judíos», para que «pueda hacer uso de todos los poderes comprendidos en dicha procuración» (Imec, NMR 6.26). El día siguiente, 9 de octubre, es detenido y conducido a la prisión de Le Creusot.

que hace todo lo que puede por salvar a Irène. Continúe, se lo suplico.

Siempre suyo,

M. Epstein

Mi muy sincero agradecimiento al señor Avot, mi mujer lo quería mucho.

451

André Sabatier a Michel Epstein

12 de octubre de 1942

Querido Sr. Epstein:

Esta mañana[1] he recibido su carta del 8, junto con la copia de la que envió a Dijon. Le escribo para decirle lo siguiente:

1. Nuestra amiga estaba perfectamente en regla, y convendrá conmigo en que eso no le sirvió de nada.

2. En lo que concierne a las niñas, dado que son francesas, para emplear su propia expresión, no tengo la sensación de que un cambio de aires sea indispensable, pero sólo es una sensación. Creo que la Cruz Roja podría informarle al respecto con más precisión y certeza.

Muy fielmente suyo.

1. En esa fecha, Sabatier no parece aún al tanto de la detención de Michel Epstein.

452

Michel Epstein a André Sabatier o Robert Esménard

[fragmento sin fecha]

Temo una medida similar contra mí. Para proveer a las necesidades materiales, ¿podría enviar a la señorita Julie Dumot un adelanto sobre sus mensualidades del 43? Tengo miedo por las niñas.

453

André Sabatier a Julie Dumot

14 de octubre de 1942

Querida Srta. Dumot:

He recibido su carta. Debo confesarle que sólo me ha sorprendido a medias... Se la transmito al señor A. M.[1]

Cuente conmigo: si puedo conseguir noticias de un modo u otro, tenga la seguridad de que, por supuesto, se las comunicaré de inmediato.

Nada más leer su carta, he telefoneado a la persona que me indicaba, pero ya estaba al corriente.

Créame, querida señorita, sincera y fielmente suyo.

---

1. Albin Michel. No disponemos de la carta de Julie Dumot a Sabatier comunicándole la detención de Michel Epstein el 9 de octubre de 1942.

454

Michel Epstein a Julie Dumot

[Le Creusot] Viernes, 16.10.42

Aquí sigo, Julie; aún no se sabe nada sobre mi partida. Estoy bien de salud; me faltan provisiones y vino, pero eso no es importante, porque estamos alimentados. Me vendría bien tener un poco de hilo y algodón, con una aguja, y también un trozo de jabón para la ropa interior. Besos muy cariñosos para usted y a mis queridas hijitas.

Michel

Acabo de recibir provisiones. Gracias. Muy contento.

455

Michel Epstein a André Sabatier

Le Creusot, 19.10.42

Querido Sr. Sabatier:

Sigo en Le Creusot,[1] muy bien tratado y con buena salud. No sé cuándo emprenderemos el viaje ni adónde iremos. Cuento con su amistad para los míos. La necesitarán. Estoy seguro de que se ocupará de ellos. Aparte de eso, no tengo nada más que contarle, salvo que mantengo el ánimo y le estrecho la mano.

Siempre suyo,

M. Epstein

1. Postal enviada desde la comisaría de policía de Le Creusot.

456

Michel Epstein a Julie Dumot

[Le Creusot] 20 de octubre de 1942

Mi querida Julie, me ha alegrado mucho ver a Norbert,[1] con el que estoy totalmente de acuerdo. Echo mucho en falta el tabaco. ¿Leraudet, Viou y su cuñada Odette han pensado en mí? Podría traérmelo la pequeña Détang, o algún otro. Estoy bien de salud, y sigo sin saber nada sobre la partida. Estrecho entre mis brazos a mis queridas hijas.

Michel

457

Michel Epstein al doctor Delplace[2]

Avenue Constant-Coquelin, 10, París, 7.°
Jueves, 22.10.42

Le escribo desde la Gare de Lyon, donde espero un coche que me llevará a Drancy. Buena salud, moral alta. Avise enseguida, por favor, a André Sabatier, y ¿quizá Robert[3] podría traerme tabaco? Un beso muy fuerte para las niñas. Saludos afectuosos para Julie, Norbert y su [mujer].

Michel

---

1. Se trata o bien de Léon Norbert Brustis (1922-2010), miembro de la Resistencia, o bien de Albert Norbert Brustis (1907-1976), ambos, parientes de Julie Dumot. Según la memoria familiar, «Norbert» le habría propuesto un plan de evasión a Epstein, que lo habría rechazado.

2. El doctor Delplace era médico en Cavignac, pueblo vecino a Cézac, donde Julie Dumot había dejado a las hijas de los Epstein al cuidado su primo Albert Norbert Brustis y su familia, que las escondieron en su casa durante 1942 y 1943.

3. Robert Esménard.

458

Michel Epstein a Norbert Brustis

24 de octubre de 1942

Querido Norbert, estoy aquí desde el 22, con buena salud. Envíeme enseguida (Campos de Internamiento de Drancy, bloque 2, escalera 6.ª, habitación 4) un paquete con víveres, jamón, etcétera, pero no meta ni cartas, ni tabaco ni alcohol. Ignoro dónde y cuándo tienen previsto mandarme. Nos tratan bastante bien. Escríbame enseguida por medio de la postal incluida cómo están sus hijos y todos ustedes. El paquete no debe exceder los tres kilos. Es todo lo que tengo que decirles, mis queridos amigos. Conservo el ánimo y les ruego que hagan lo mismo. Un abrazo muy fuerte para todos. Suyo. Michel.

Envíeme guantes a la siguiente dirección: rue de Chaumont, 6, París, 19.° (es la dirección de la comunidad judía de Francia). Mándelos a mi nombre, indicando mi dirección en Drancy.

Suyo, Michel

459

Michel Epstein a Norbert Brustis

5 de noviembre de 1942

Mis queridos amigos, hoy parto hacia un destino desconocido,[1] así que no mandéis más paquetes ni os extrañéis o preocupéis

1. Michel Epstein, deportado en el convoy 42 del 6 de noviembre de 1942, será gaseado a su llegada a Auschwitz. El mismo día, André Sabatier envía a Julie Dumot un giro de 1.150 francos por la publicación en el semanario *Présent* del relato «Las

si no recibís noticias mías durante un tiempo indeterminado. Estoy bien de salud y con la moral alta. Puede que pronto vea a Irène. En cualquier caso, estoy convencido de que nuestra separación no se alargará mucho. Os mando besos a todos y, en especial, a vuestros hijos. Vuestro siempre. M. Epstein.

460

Denise Epstein a André Sabatier

Cézac, 25 de diciembre de 1942

Querido Sr. Sabatier:

Le agradezco infinito los libros que nos ha mandado. Nos ha alegrado mucho recibirlos. Los leeré con gran placer mientras estoy de vacaciones.

Hasta ahora voy bastante bien con mis estudios. Confío en seguir así. Creo que usted está bien de salud. La nuestra no deja nada que desear. Babet se acuerda mucho de usted. Les deseo unas felices Navidades a usted y toda su familia, y espero que 1943 nos reúna a todos algún día.

Reciba, querido señor, saludos respetuosos de

Denise y Babet

Vírgenes», última obra de Irène Némirovsky aparecida en vida de la autora (Imec, NMR 6.14).

461

Julie Dumot a André Sabatier

30.12.42

Querido Sr. Sabatier:

Permítame ofrecerle mis votos más sinceros, así como los de mis ahijadas, que se han alegrado mucho al recibir los libros que ha sido tan amable de regalarles. Espero que 1943 nos traiga la paz a todos. Le ruego sea mi portavoz ante el señor Esménard. Y guarde para sí mis mejores deseos de salud y prosperidad para usted y los suyos.

Julie Dumot
Cézac por Cavignac, Gironda

462

André Sabatier a Julie Dumot

París, 5 de enero de 1943

Querida Srta. Dumot:

Le agradezco sus amables líneas y me han emocionado mucho sus buenos deseos. ¡Como puede suponer, en este fin de año mis deseos para usted y los suyos son exactamente los mismos! Confiemos en que, en efecto, 1943 nos traiga la paz y reúna a todos los que hoy están separados.

¿Querrá agradecer de mi parte a las dos pequeñas sus encantadoras líneas[1] y decirles que no las olvido?

Transmito sus palabras al señor Esménard y quedo, querida señorita, sincera y fielmente suyo,

A. Sabatier

1. Véase carta 460.

463

Denise Epstein a Madeleine Cabour

23.4.1943

Querida Sra. Cabour:

Le doy mil gracias por los paquetes tan bienvenidos que nos envía. Gracias a usted, mi pequeña Babet va vestida de la cabeza a los pies. Con la falda y el bolero azul. Para mí, la madrina Julie va a hacer algo muy bonito. No sé qué habría hecho nuestra pobre Julie sin su ayuda... Estamos muy agradecidas y muy contentas, querida señora. Espero que se encuentre bien, al igual que sus hijas, por las que siento un gran afecto sin conocerlas. Espero que el encuentro se hará realidad pronto.

Julie se une a mí para enviarle nuestros mejores deseos de Pascuas y desearles buenas vacaciones a sus hijitas.

Denise

464

Julie Dumot a André Sabatier

25.4.43

Sr. Sabatier:

Quería adjuntar [a] mi carta una postal de las niñas, pero no me ha dado tiempo. Como le dicen Babet y Denise, han pasado un mal invierno; espero que les sirva para aprovechar bien el verano y soportar mejor el próximo invierno, que me asusta. Sí, señor Sabatier, ¿por qué no se pasa por Burdeos, como le dice Denise? A las niñas les encantaría verlo. Babet lo reclama a menudo. Hará la primera comunión en privado el 9 de mayo. La superiora me preguntó si veía algún inconveniente. Me limité a responderle que inconveniente, ninguno, salvo su edad, porque lo cierto es que es muy pequeña. Ella me contestó que la niña iba muy adelantada y que parecería un ángel. Así que, en ocho días a partir del domingo, hará la comunión con seis años. Como desea la comunidad.

¿Cómo le va a usted, señor Sabatier? A las niñas y a mí nos gustaría mucho tener noticias suyas, así como del señor Esménard.

Si viene a Burdeos, será muy bienvenido en casa de mis padres.

Reciba, señor Sabatier, mis sinceros saludos.

J. Dumot
En Cézac por Cavignac, Gironda

465

Julie Dumot a André Sabatier

20.6.43

Sr. Sabatier:

Quería preguntarle si en julio estará en París, porque iré allí para pedirle información que no se puede dar por carta. Creía que usted también tenía asuntos que resolver por aquí y que podría venir a Burdeos.¡Cómo me gustaría que esta situación se arreglara! Porque estamos pasando días muy angustiosos.

Espero que se encuentre bien de salud, al igual que el señor Esménard, a quien le ruego dé recuerdos. Y usted, señor Sabatier, reciba mis saludos más cordiales.

J. Dumot

466

André Sabatier a Julie Dumot

París, 25 de junio de 1943

Querida Srta. Dumot:

Le agradezco sus amables líneas. Durante el mes de julio no me moveré de aquí; sea cual sea el momento de ese mes en que piense venir, tenga la seguridad de que me encontrará en la rue Huyghens.

Transmito sus recuerdos al señor Esménard.

Hasta muy pronto, pues, y reciba mis más cordiales saludos.

A. Sabatier

467

Denise Epstein a André Sabatier

Domingo, 26 [28] de noviembre de 1943

Querido Sr. Sabatier:

Con ocasión de las fiestas de Navidad y del Año Nuevo, le envío mis mejores deseos de felicidad y salud para usted y su familia. Debo decirle que cuento absolutamente con sus libros y más aún con los cuadernos, que me serán muy útiles.

En Cézac estamos de vacaciones desde el viernes. Por desgracia, Babet ha cogido frío y está en cama con 40° de fiebre. El médico ha pasado esta mañana, y no es grave, aunque sí molesto.

Quiero creer que el año 1944 será mejor que éste y que nos permitirá estar todos reunidos.

Permítame desearle, querido señor Sabatier, unas felices Navidades y un próspero Año Nuevo.

Denise

P. D.: Mis mejores deseos para el señor Esménard, y dele las gracias por todo lo que hace por nosotras.

468

Julie Dumot a André Sabatier

Cézac, 5-1-44

Querido Sr. Sabatier:

Le adjunto una carta de Babet, que se acuerda mucho de Issy y, sobre todo, de usted: durante la fiebre, estaba con usted en el huerto. Se ha repuesto por completo, pero se quedará en casa conmigo otros quince días, mientras recupera las fuerzas y el color, que aquí confío en que volverán pronto. Les agradezco a usted y al señor Esménard todo lo que hacen por mis ahijadas.

Respetuosamente suya,

Julie Dumot

469

Julie Dumot a Robert Esménard

1 de octubre de 1944

Querido Sr. Esménard:

Ayer por la mañana recibí su carta, y quiero agradecerle que haya aceptado continuar con las mensualidades. Veo que ha comprendido mis preocupaciones. Hace siete meses tuve que ocultarlas de nuevo en sitios diferentes. Ahora espero que la pesadilla haya acabado. He ido a buscar a las niñas para meterlas de nuevo en un internado. La mayor está en tercero y Babet en primero, felices de verse al fin libres. Ahora Denise estará más tranquila para aplicarse en sus estudios, porque su porvenir depende de ello. ¿Ya se ha autorizado la venta de todos los autores? Confío en que sí.

Espero que toda su familia se encuentre bien y que los bombardeos los hayan respetado. Y que sus hijos, como las mías, estén contentos de volver a la tranquilidad.

Reciba, señor Esménard, toda mi gratitud y mis respetuosos saludos.

J. Dumot

470

Julie Dumot a André Sabatier

10.10.44

Sr. Sabatier:

Acaba de llegar su carta del 6 de agosto. Muchas gracias, he recibido los 15.000. Desde finales de febrero estuve muy preocupada por mis niñas, a las que tuve que esconder de nuevo. Sin duda, ése es el motivo de que la hermana Saint-Gabriel no le respondiera. Durante siete meses no pudieron asistir a clase. Ahora espero que estemos más tranquilas y que puedan estudiar. He vuelto a llevarlas al internado, donde Denise ha reanudado tercero y Babet, primero. Están muy contentas de haberse reencontrado con sus compañeras y las buenas hermanas, que me han ayudado mucho en estos momentos tan difíciles. Espero que ya nada nos torture, mientras aguardamos el regreso de nuestros exiliados.

¿Ya pueden ponerse a la venta las obras de todos los autores, o aún no lo han autorizado?

No sé si podré ir a París. En cualquier caso, le escribiré. Las niñas le mandan recuerdos. Babet le envía un beso. Es muy amigo mío, dice.

Reciba, señor Sabatier, mis respetuosos saludos.

J. Dumot

471

Raïssa Adler[1] a Irène Némirovsky

13 de octubre de 1944

Dear Irène,

You can imagine how happy we are that Paris is free again, but I am worried about the fate of you and your family and all our relatives. The last time I heard from you it was through the "Red Cross", in October 1941. A year ago I wrote to Micha: 10, Avenue Constant Coquelin.

If this card will reach you, please, write me all about you, Sama and the others. Give my best regards to Sama and his family and Paul.[2] *How and where are Mira, Abram,*[3] *Rosa, Ilya? Have you news from Victor?*[4] *And how are your charming daughters? How much I wanted you to come to this country, but unfortunately, I could not do anything about it.*

We are all well. My son, Kurt, is physician in the Army, my daughter Ali is professor of Neuropsychiatry in Duke University, and Nelly is in [way?] married again.

Love to you all.

Raïssa

[Querida Irène:

Ya puedes imaginarte cuánto nos alegra que París vuelva a ser libre, pero estoy preocupada por tu suerte y la de tu familia y todos nuestros parientes. La última vez que tuve noticias tuyas

---

1. Raïssa Epstein (1872-1962), esposa del psicoterapeuta vienés Alfred Adler (1870-1937) estaba emparentada con Michel Epstein.

2. Samuel Epstein (1887-1942) y Paul Epstein (1900-1942), los dos hermanos de Michel (Micha).

3. Mira (Miriam, 1869-1961) y Abram (Abraham) Kalmanok (1863-1951), tíos de Michel Epstein.

4. Victor, hijo de Sofia Epstein (Mavlik, 1895-1942), la hermana de Michel.

fue a través de la Cruz Roja, en octubre de 1941. Hace un año escribí a Micha: avenue Constant-Coquelin, 10.

Si te llega esta postal, por favor, cuéntamelo todo sobre ti, Sama y el resto. Dale recuerdos a Sama y su familia, y a Paul. ¿Dónde y cómo están Mira, Abram, Rosa e Ilya? ¿Tienes noticias de Victor? ¿Y cómo están tus encantadoras hijas? Cuánto me habría gustado que os vinierais a este país... Pero, por desgracia, no pude hacer nada al respecto.

Nosotros estamos todos bien. Mi hijo Kurt es médico en el Ejército, mi hija Ali, profesora de Neuropsiquiatría en la Universidad Duke y Nelly [está a punto de] casarse de nuevo.

Besos para todos.

Raïssa]

472

Robert Esménard a Julie Dumot

París, 30 de octubre de 1944

Querida Srta. Dumot:

Le agradezco su amable carta del 1 de octubre, que acaba de llegarme. Veo que tuvo que volver a vivir días muy crueles y angustiosos... Pero ahora ya puede estar tranquila sobre la suerte de las pequeñas, que podrán continuar sus estudios en paz. Confiemos en que esta espantosa pesadilla acabe pronto y en que en un futuro muy cercano reciban ustedes noticias de sus padres. ¡Es, como usted bien sabe, uno de mis más fervientes deseos!

Toda mi familia goza de buena salud. En Bourg-la-Reine hemos vivido una semana muy agitada, pero todo se resolvió sin problemas para nosotros.

Reciba, querida señorita, mis más afectuosos saludos.

R. Esménard

473

Adolphe Shual[1] a Irène Némirovsky

El Cairo, 6 de noviembre de 1944

La administración de Correos acaba de autorizar el intercambio de correspondencia con Francia a partir de hoy, y mi primer cuidado —mi primera preocupación, más bien— es escribirle para reiterarle mi más profunda estima y toda mi respetuosa simpatía. A lo largo de estos años, doblemente difíciles para usted, la he tenido a menudo en mi pensamiento. Espero que usted y sus hijas —a las que vi hace tiempo en una encantadora foto de *Minerva*— se encuentren bien. Si puedo serle de alguna utilidad desde tan lejos, le ruego vea en estas líneas espontáneas el testimonio de una amistad que no es una palabra vana.

474

André Sabatier a Julie Dumot

París, 9 de noviembre de 1944

Querida Srta. Dumot:

Una ausencia de unos días me ha impedido responder antes a sus amables líneas.

Me he enterado, no sin un estremecimiento, de que recientemente volvió usted a temer por sus pequeñas. No puedo sino alegrarme al saberlas ya a cubierto de cualquier medida del género al que alude. Únicamente queda desear el regreso no muy lejano de las personas que les arrebataron.

1. Véase carta 163.

En efecto, el señor Esménard ha dado las instrucciones necesarias para que los ejemplares de los libros de la señora Némirovsky se pongan a la venta.

Por mi parte, me he planteado si convenía publicar ahora los dos manuscritos que poseo de ella: su novela *Los bienes de este mundo* y su biografía de Chéjov. Tanto el señor Esménard como yo opinamos que es mejor posponer esa publicación, porque quizá fuera peligroso atraer la atención sobre ella en un momento en que su situación no la protege de las siempre temibles represalias.

Si viene usted a París, me alegrará mucho verla.[1]

Deles recuerdos a sus dos pequeñas y reciba, querida señorita, mis más afectuosos saludos.

A. Sabatier

475

Robert Esménard a Raïssa Adler[2]

8 de enero de 1945

Hemos recibido la carta del 13 de octubre de 1944 a la atención de la señora Némirovsky, pero, por desgracia, no hemos podido hacérsela llegar a su destinataria. En efecto, la señora Némirovsky fue detenida el 13 de julio de 1942 en Issy, donde vivía desde 1940, trasladada al campo de concentración de Pithiviers y deportada ese mismo mes. Su marido fue igualmente detenido y deportado meses más tarde. Todas las gestiones emprendidas en su favor han sido vanas, y hasta la fecha nadie ha recibido noticias de ellos. Por fortuna, las dos pequeñas han podido salvarse

1. Julie Dumot regresará a París con Denise y Élisabeth Epstein el 19 de septiembre de 1945, para llevarlas al internado católico de las Dames-de-Sion, que las había admitido gracias a la intervención del sacerdote y escritor Omer Englebert.

2. Carta reproducida en el anexo a *Suite francesa*.

gracias a los desvelos de una amiga con la que vivían en provincias. Crea que nos sentimos profundamente apesadumbrados al tener que transmitirle estas noticias.

476

Albin Michel a Adolphe Shual[1]

16 de enero de 1945

Querido Sr. Shual:

Le agradezco la carta que el 6 de noviembre de 1944 tuvo la amabilidad de dirigir a la señora I. Némirovsky.[2] Por desgracia, no nos será posible remitir dicha carta a la interesada, porque nuestra autora y amiga nos fue arrebatada en 1942, y deportada a algún campo de Polonia. Desde entonces, pese a las muchas gestiones realizadas, no hemos podido averiguar nada. Unos meses después, su marido corrió la misma suerte. En cuanto a las niñas, por fortuna confiadas a tiempo a unos amigos de la familia, se encuentran bien. Lamento profundamente tener que comunicarle tan tristes noticias. Esperemos, no obstante...

Tras el armisticio, Denise y Élisabeth Epstein esperarán en vano el regreso de sus padres, de los que el Ministerio de los Refugiados no tiene noticias. En septiembre de 1945, para su gran alivio, Julie Dumot puede al fin regresar a París y confiar a las niñas a las hermanas de Notre-Dame de Sion, gracias a la mediación del padre Englebert, pero conservará hasta su muerte, acaecida en 1956, la famosa maleta que contenía, entre otros manuscritos, el de Suite francesa. *André Sabatier, que desconoce su existencia, publica otras dos obras póstumas:* Vida de Chéjov *(1946) y* Los bienes de este mundo *(1947).*

1. *Ibid.*
2. Véase carta 473.

Una vez recuperada la maleta, Denise y Élisabeth deciden publicar Los fuegos de otoño *(1957), pero consideran que el manuscrito de* Suite francesa, *al que su madre no pudo dar el último retoque, debe permanecer inédito. No se publicará hasta octubre de 2004 en la editorial Denoël, que en 2020 publicará asimismo el mecanoscrito que le había dado tiempo a realizar a Michel Epstein, versión revisada y anotada de puño y letra por Irène Némirovsky.*

Anexo

Respuestas a entrevistas

¿Podría definirnos su obra en cuatro o cinco frases?

Con *David Golder*, nunca pretendí escribir una novela sobre el mundo de los negocios. En mi mente era un «retrato imaginario».
(*L'Intransigeant*, 19 de febrero de 1930)

¿Le resulta fácil escribir?

Me resulta bastante difícil y soy muy perezosa.
(*L'Intransigeant*, 16 de marzo de 1930)

De todas las cosas que pueden interrumpir su inspiración, ¿cuál le molesta más?

El teléfono (y no creo equivocarme mucho si pronostico que será la respuesta del noventa por ciento de sus entrevistados).
(*L'Intransigeant*, 7 de agosto de 1930)

¿Corneille o Racine? ¿Cuál de los dos la emociona más?

Nunca me ha gustado Corneille, lo confieso. Por Racine siento una admiración ferviente; daría todo Corneille por *Atalía*, por ejemplo.
(*L'Intransigeant*, 2 de septiembre de 1930)

¿La literatura femenina, acabará imponiéndose?

¿No puede uno hacerse esa pregunta al final de un año que ha visto triunfar a una Marguerite Jouve y una Irène Némirovsky?

Pero la autora de David Golder *la evade. ¿Modestia? A modo de respuesta, se limita a trazar un enorme signo de interrogación.*
(*L'Intransigeant*, 5 de enero de 1931)

La suerte. ¿Cree usted en ella?
Un antiguo proverbio ucraniano dice: «A un hombre le basta con una pizca de suerte en la vida, pero sin ella no es nada.» Yo he tenido mi pizca de suerte.
(*Bravo*, febrero de 1931)

¿Cuál es la virtud más difícil?
El amor al prójimo.
(*L'Intransigeant*, 24 de febrero de 1931)

¿Trabaja usted siguiendo un horario?
Reaviva usted mis remordimientos. Intenté seguir un horario durante mucho tiempo, pero, al instante, me entraba una pereza tremenda. Así que decidí dejar que la inspiración (un nombre cómodo para la holgazanería) hiciese su tarea. Eso es todo.
(*L'Intransigeant*, 12 de octubre de 1931)

¿Qué es lo primero que le llama la atención en un hombre? ¿Y en una mujer?
¿Lo primero que me llama la atención? Su inteligencia y, sobre todo, su cortesía.

La cortesía muestra no sólo lo educado, lo civilizado que es un hombre, sino también su grado de sensibilidad y discreción, su valía moral.

¿En una mujer? Que sea un dechado de elegancia.
(*Paris-Soir*, 17 de marzo de 1933)

¿Es supersticiosa?

Suponía que Irène Némirovsky lo sería, como todas las rusas, pero me asegura que su única debilidad es «tocar madera»: es una especie de rito que no le importa mantener. En cambio, cuando ha roto un vaso, nunca le ha pasado nada bueno.

Mire, eso es una leyenda con la que hay que acabar. Romper vasos nunca me ha traído más que mala suerte. Habría que revisar eso... Nosotros, los rusos, teníamos todo tipo de supersticiones, traía mala suerte tanto derramar la sal como cruzarte con un pope, aunque para conjurarla bastaba con un gesto. El lunes era un día nefasto, como aquí el viernes para algunos. De hecho, nuestras supersticiones se contradicen con las francesas, y como ahora soy tan francesa como rusa, he acabado por no creer ni en las unas ni en las otras. ¡Mi vida sería demasiado complicada!

De pronto tengo la sensación de que me miran desde un rincón de la habitación. Son dos ojos dorados, dos ojos de gato.

Vamos, *Kiçou*... ven, que te presento. Ya es muy viejo: tiene trece años. Desde que lo tenemos, nunca se ha separado de nosotros. El caso es que siempre había creído que *Kiçou* traía buena suerte, y un día antes del sorteo de la lotería nacional los criados me pidieron que les dejara quedárselo toda la noche para que les trajera suerte... ¡pero no les tocó nada!
(*Le Jour*, 8 de diciembre de 1933)

Encuesta sobre la «cuestión sentimental». ¿Volverá a «estar de moda» el corazón?

En el fondo, todas las generaciones se parecen: sólo tienen dos preocupaciones: el hambre y el amor.

En épocas de relativa bonanza, como antes de la guerra (al menos así es como la vemos), es el amor, la sensibilidad, lo que ocupa el primer plano. Cuando los tiempos son duros, como los nuestros, la preocupación dominante es el hambre, la necesidad de dinero, si lo prefiere, los afanes del día a día.

Para concluir, la sensibilidad de los menores de treinta años no está muerta, ni siquiera enferma, sino profundamente dormida. Es probable que despierte.
(*L'Intransigeant*, 30 de diciembre de 1933)

¿Cuál fue la canción de su juventud?

¿Oiga? ¿Oiga? ¿La señora Irène Némirovsky? Quisiera saber cuál fue la canción de su primera juventud.

Me gustaban las canciones hawaianas y las romanzas zíngaras, *responde con un suspiro la autora de* David Golder, *que, de todas formas, sigue considerándose joven.*

Me vendrían bien unos cuantos títulos…

Espere... entre las canciones gitanas, citaré (traduciendo): *La carretera lejana*, *Adiós, pueblo nuevo*, *Las campanillas*... Suelen tener unas letras de tres al cuarto, pero unas melodías preciosas.
(*Le Petit Journal*, 27 de octubre de 1934)

¿Qué hace cuando está triste?

Trabajar, y es un remedio que recomiendo a todo el mundo.

Pero ¿trabaja en una obra de ficción o se impone disciplinas nuevas?

Trabajo en una obra de ficción. Es como mejor me evado.
(*Le Petit Journal*, 5 de octubre de 1935)

¿El amor maternal, se puede definir?

Es un desvelo permanente.
(*L'Intransigeant*, 15 de enero de 1936)

El otro oficio

Hemos pedido a varios escritores que nos hablen del origen de su vocación. También les hemos rogado que nos digan qué oficio elegirían si tuvieran que dejar de escribir.

¿Que qué me gustaría hacer?, *pregunta la autora de* David Golder. Creo que me encantaría no hacer nada...

Pero supongo que me moriría de aburrimiento. Mi trabajo es mi distracción. Dejo que la mente divague y escribo lo que me dicta. Sé que nunca estoy del todo satisfecha, pero, como tengo otro oficio infinitamente más sublime, el de madre, paso del uno al otro, y eso es toda mi vida...

Creo que me habría gustado pintar. Pero ¿no habría sido otra forma de exteriorizar las divagaciones de mi mente?

(*L'Intransigeant*, 25 de junio de 1936)

La pregunta del día: los celos en el hombre y en la mujer

Creo que los celos son más dolorosos para el hombre que para la mujer. Una mujer inteligente quizá sufre menos por una infidelidad que un hombre.

¿Y eso por qué?

Porque sabe separar las cosas mejor que un hombre. Y, en mi opinión, hay una razón más. Pero, si la doy, me llamarán anticuada...

¡Es imposible decir eso de usted!

Mmm... ¿Usted cree? Yo pienso que me criticarán cuando lean que doy más importancia a la infidelidad de la mujer que a la del hombre. Debido a eso, una mujer, salvo que sea extremadamente posesiva y autoritaria, sufre menos...

(*Le Petit Journal*, 15 de diciembre de 1936)

¿Cuál debería ser, según usted, la actitud de la mujer judía en las circunstancias actuales y cuáles son los deberes que le incumben?

Creo que nuestra actitud, la de las mujeres judías en las circunstancias actuales —y en todas las circunstancias—, debería ser la siguiente: esforzarnos, con el ejemplo de nuestra vida privada, la educación que damos a nuestros hijos y los consejos que puedan pedirnos nuestros maridos, en conservar y acrecentar las virtudes de nuestra raza, pero, sobre todo, combatir nuestros defectos: no confundir nunca la solidaridad con la complacencia, la inteligencia con el deseo de medrar a toda costa o de brillar más que los otros, la tenacidad con la avidez. Sólo así podremos ser dignas de nuestra raza e inspirar simpatía a los indiferentes y respeto a los enemigos.

(*L'Univers Israélite*, 28 de octubre de 1938)

¿Debe un escritor permitir que ilustren sus obras?

Debo decir que se han ilustrado muy pocas novelas mías, y lo lamento, porque la ilustración de *El baile*,[1] obra de un artista vienés, me satisfizo por completo, y también me gustaron mucho los dibujos que Jean Auscher había hecho para *David Golder*, pero que por desgracia no se utilizaron.[2]

Entonces, está a favor de las ilustraciones...

En principio, sí, al menos para mis libros. Es posible que no sean adecuadas para determinadas novelas en las que la poesía, el sueño, desempeñan un gran papel, pero las mías están muy cerca de la vida —me esfuerzo en trasladarla a ellas— y, en consecuencia, nada se opone a que las acompañen imágenes que contribuyen a evocar.

Siempre, supongo, que esa evocación no contradiga la que usted quiso crear...

---

1. *Der Ball,* edición austríaca ilustrada por Hans Meid, Phaïdon Verlag, Viena, 1931.

2. Los treinta y seis cobres originales se utilizarán para la edición del Cercle Lyonnais du Livre (1948).

Eso sin duda. Pero, como le decía hace un momento, las pocas experiencias que he tenido al respecto han sido muy positivas. De hecho, es sorprendente que mis personajes, vistos por los ilustradores, se parecieran tanto a los que yo misma veía...

¿Se refiere a su aspecto físico? Para empezar, ¿ve usted físicamente a los protagonistas de sus novelas?

Desde luego. Me resulta imprescindible para insuflarles vida, para imaginármelos de un modo concreto, y desde luego es muy curioso que los artistas que tuvieron que representarlos les dieran la misma fisonomía que yo. En efecto, es lo que ocurrió con los personajes de *David Golder* y con los padres de Antoinette en *El baile*, aunque ella era bastante distinta de la muchacha que yo había imaginado.

¿No cree que esa coincidencia debe de ser bastante poco habitual y que el ilustrador, al dar rasgos concretos a los personajes de una novela, acepta un riesgo enorme?

Si los personajes están bien descritos, el dibujante, siempre que tenga talento, claro, debería poder extraer lo esencial de ellos y crear imágenes simplificadas, esquematizadas, que mostrarán sus rasgos más característicos. Y si lo logra, habrá colaborado realmente con el autor al que ha ilustrado. Sí, ya que me lo pregunta, de verdad creo que puede ser un auténtico colaborador.
(*Marianne*, 9 de agosto de 1939)

¿Qué piensa usted de Francia y Alemania?
Vivo en Francia desde hace veinte años, mis hijas son francesas, mis mejores recuerdos están ligados a este país. Desde luego, lo amo profundamente y lo admiro porque es un país hermoso, libre, sano, orgulloso y habitado por gente honrada y valiente.

Sólo conozco Alemania por sus obras: rapiña, crueldad, tiranía. Quizá haya otras cosas en ella, no lo sé. Lo que se puede ver inspira horror.

Usted me pide mi «convicción más profunda», ahí la tiene, muy sincera.
(*La Liberté*, 9 de marzo de 1940)

Agradecimientos

Vaya en primer lugar mi agradecimiento para Denise Epstein-Dauplé (1929-2013), quien desde 2005 me permitió consultar una parte de la correspondencia de sus padres de la que el Imec no conservaba copia.

A continuación vienen sus hijos, Nicolas, Irène y Emmanuel, su sobrina Marianne y su sobrino Fabrice, sin cuyo apoyo este trabajo de recopilación no habría sido posible.

El Imec (Institut Mémoires de l'Édition Contemporaine) conserva el mayor número de cartas conocidas de Irène Némirovsky y de sus corresponsales. Me complace dar las gracias aquí a todo el equipo de la abadía de Ardenne, que me facilitó su consulta, y en particular a André Derval, Claire Paulhan, Mélina Reynaud y Pascale Butel.

Annie Metz (Biblioteca Marguerite-Durand), Sylvie Bourel y Thomas Cazentre (departamento de manuscritos de la Biblioteca Nacional de Francia), Pierre Hayet (Instituto Vladimir Ghika) y Éric Legendre (editorial Gallimard) me facilitaron el acceso a las cartas de Irène Némirovsky conservadas en los fondos que tienen o tenían a su cargo: se lo agradezco aquí.

Estoy en deuda con César Huerta, Annie Brustis y Romain Brustis por haberme proporcionado las últimas y desgarradoras misivas de Michel Epstein, enviadas desde Drancy antes de su deportación, el 6 de noviembre de 1942.

Respeto la promesa de anonimato a un particular que tuvo la generosidad de permitirme consultar las cartas de su colección privada.

Jean-Louis Meunier me permitió trazar el recorrido de las cartas de Irène Némirovsky a André Sabatier hasta su entrada en la biblioteca Marguerite-Durand en 1995: se lo agradezco aquí.

Gracias, por último, a los libreros y subastadores Thibault Delestrade, William Théry, Olivier Jean y Thierry Bodin por las cartas cuyo contenido tuvieron la amabilidad de comunicarme.

Olivier Philipponnat

Procedencia de las cartas

BIBLIOTECAS Y ARCHIVOS

Archivos franceses de la Compañía de Jesús (Vanves). *Fondo Louis de Mondadon*: 103.

Archivos nacionales (Pierrefitte-sur-Seine). *Fondo Maxime Blocq-Mascart*: 49. *Fondo Marcel Abraham*: 199-201.

Bibliothèque de L'Arsenal. *Fondo Gaston Chérau*: 51-53, 56, 59, 66, 68-69, 76, 78, 80, 91, 93, 104, 108, 111-114, 122-123, 134, 142, 148, 152, 167, 176.

Bibliothèque historique de la Ville de Paris (BHVP). *Fondo Benjamin Crémieux*: 46.

Biblioteca Marguerite-Durand: 140, 155, 182, 232, 308, 310, 313-314, 321, 324, 344, 349-350, 351, 361, 368, 372, 385, 391, 395, 397.

Biblioteca Nacional de Francia (BNF), departamento de manuscritos. *Fondo Gabriel Marcel*: 43, 77, 81, 97. *Fondo André Lang*: 102. *Fondo Paul Morand*: 73, 202, 348. *Fondo René Lalou*: 131, 153, 165, 203-204. *Fondo Yvette Guilbert*: 206.

Centro de Documentación Judía Contemporánea (CDJC): 399, 405-406.

Harry Ransom Humanities Center de la Universidad de Texas (Austin): 88-90, 94-95.

Hoover Institution Archives (Stanford, California): 218-219.

Institut de France. *Fondo Jacques-Émile Blanche*: 40, 45, 63, 67, 79. *Fondo Henri de Régnier*: 44, 132, 180. *Fondo Paul et Hélène Morand*: 359, 362.
Institut Mémoires de l'Édition Contemporaine (Imec). *Fondo Pierre Brisson*: 83-87, 96, 185. *Fondo Henry Bernstein*: 130, 147, 154, 169, 211, 213. *Fondo Jean Paulhan*: 238. *Fondo Irène Némirovsky*: 1-37, 42, 65, 92, 105-106, 109-110, 115-118, 120-121, 128, 133, 135, 137, 143-146, 150-151, 157-161, 164, 169-172, 174, 177, 185-186, 188-189, 191-199, 207, 214, 228, 231, 233-235, 240-255, 257-262, 264-271, 273-282, 285-289, 292-295, 297, 299-303, 305-307, 309, 311-312, 316, 319, 322-323, 325-326, 328-329, 331-332, 334-337, 341-343, 345-347, 351, 354, 356, 360, 363-366, 369, 373-384, 386-388, 390, 392, 394, 396, 398, 400-404, 407-436, 439-456, 460-472, 474.
Instituto Vladimir Ghika (Châtillon-sur-Seine): 209-210, 212, 215-217, 220-227, 229-230.

LIBRERÍAS Y CASAS DE SUBASTAS

Artoria (valoración, venta y compra de autógrafos): 41.
Arts & Autographes (librería): 99, 162.
Catawiki: 183.
Live Auctioneers: 119.
Tajan (subastas y valoraciones): 190.

EDITORIALES

Éditions Gallimard: 124-127, 129, 136, 138, 149, 173, 236-237, 239.
Éditions Grasset: 54-55, 57-58, 60, 64, 70-72, 74-75, 82, 107, 175, 179-180.

COLECCIONES PARTICULARES

Herederos de Denise Epstein-Dauplé: 156, 184, 256, 263, 272, 283-284, 290-291, 295-296, 298, 315, 327, 330, 333, 338-340, 353, 354, 357-358, 367, 370-371, 437-438, 473, 475-476.
Romain Brustis: 457-459.
Olivier Philipponnat: 141.
Otros: 98, 317-318, 320, 389, 393.

OTROS

Cartas publicadas o citadas en la prensa: 38-39, 47, 48, 50, 61-62, 100-101, 163, 205.
Derechos reservados:[1] 166, 304.

1. Pese a nuestros esfuerzos, no nos ha sido posible determinar la fuente exacta de estas cartas.

Obras citadas de Irène Némirovsky

NOVELAS

«Le Malentendu», en *Les Œuvres libres*, LVI, febrero de 1926; «Collection de bibliothèque», París, Fayard, 1930 [*El malentendido*, trad. cast. de José Antonio Soriano Marco, Barcelona, Salamandra, 2014].

«L'Enfant génial», en *Les Œuvres libres*, LXX, abril de 1927; *Un Enfant prodige*, París, Gallimard Jeunesse, 1992 [*Un niño prodigio*, trad. cast. de Miguel Azaola, Madrid, Alfaguara, 2009].

(Pierre Nérey) «L'Ennemie», en *Les Œuvres libres*, LXXXV, julio de 1928.

David Golder, París, Grasset, «Pour mon plaisir», 1929 [*David Golder*, trad. cast. de José Antonio Soriano Marco, Barcelona, Salamandra, 2016].

Les Mouches d'automne, ou la femme d'autrefois, París, Kra, «Femmes», 1931; París, Grasset, 1931 [*Nieve en otoño*, trad. cast. de José Antonio Soriano Marco, Barcelona, Salamandra, 2016].

L'Affaire Courilof, París, Grasset, «Pour mon plaisir», 1933 [*El caso Kurílov*, trad. cast. de José Antonio Soriano Marco, Barcelona, Salamandra, 2010].

Le Pion sur l'échiquier, París, Albin Michel, 1934 [*El peón en el tablero*, trad. cast. de José Antonio Soriano Marco, Barcelona, Salamandra, 2024].

Le Vin de solitude, París, Albin Michel, 1935 [*El vino de la soledad*, trad. cast. de José Antonio Soriano Marco, Barcelona, Salamandra, 2014].

Jézabel, París, Albin Michel, 1936 [*Jezabel*, trad. cast. de José Antonio Soriano Marco, Barcelona, Salamandra, 2013].

La Proie, París, Albin Michel, 1938 [*La presa*, trad. cast. de José Antonio Soriano Marco, Barcelona, Salamandra, 2016].

Deux, París, Albin Michel, 1939 [*Dos*, trad. cast. de José Antonio Soriano Marco, Barcelona, Salamandra, 2023].

Les Chiens et les Loups, París, Albin Michel, 1940 [*Los perros y los lobos*, trad. cast. de José Antonio Soriano Marco, Barcelona, Salamandra, 2013].

Les Biens de ce monde [1940-1941], París, Albin Michel, 1947 [*Los bienes de este mundo*, trad. cast. de José Antonio Soriano Marco, Barcelona, Salamandra, 2014].

Les Feux de l'automne [1941-1942], París, Albin Michel, 1957 [*Los fuegos de otoño*, trad. cast. de José Antonio Soriano Marco, Barcelona, Salamandra, 2020].

Suite française [1940-1942], París, Denoël, París, 2004 [*Suite francesa*, trad. cast. de José Antonio Soriano Marco, Barcelona, Salamandra, 2010].

«Le Maître des âmes» [«Les Échelles du Levant», en *Gringoire*, 1939], París, Denoël, 2005 [*El maestro de almas*, trad. cast. de José Antonio Soriano Marco, Barcelona, Salamandra, 2013].

Chaleur du sang [1941-1942], París, Denoël, 2007 [*El ardor de la sangre*, trad. cast. de José Antonio Soriano Marco, Barcelona, Salamandra, 2014].

Suite française. Version inédite [1940-1942], París, Denoël, 2020 [*Suite francesa. Versión inédita*, trad. cast. de José Antonio Soriano Marco, Barcelona, Salamandra, 2023].

BIOGRAFÍAS

«La Jeunesse de Tchekhov», en *Les Œuvres libres*, CCXXVI, mayo de 1940.
«La Mort de Tchekhov», en *La Nef*, XX, julio de 1946.
«Le Mariage de Tchekhov», en *Les Œuvres libres*, N.S., XIII (CCXXXIX), IV trimestre de 1946.
La Vie de Tchekhov, París, Albin Michel, 1946 [*La vida de Chéjov*, trad. cast. de José Antonio Soriano Marco, Barcelona, Salamandra, 2022].

CUENTOS

(Pierre Nérey) «Le Bal», en *Les Œuvres libres*, XCII, febrero de 1929; *Le Bal*, París, Grasset, 1930 [*El baile*, trad. cast. de Gemma Moral, Barcelona, Salamandra, 2010].
«Film parlé», en *Les Œuvres libres*, CXXI, julio de 1931; reeditado en *Films parlés*, *La Renaissance de la nouvelle*, París, Gallimard, 1934.
«La Comédie bourgeoise», en *Les Œuvres libres*, 132, junio de 1932; reeditado en *Films parlés*, cit.
«Un Déjeuner en septiembre», en *La Revue de Paris*, III, 1 de mayo de 1933 [«Una comida en septiembre», en *Cuentos completos*, trad. cast. de Mauro Armiño, Madrid, Punto de Vista Editores, 2023].
«Nativité», en *Gringoire*, 8 de diciembre 1933 [«Natividad», en *Cuentos completos*, trad. cast. cit.].
«Ida», en *Marianne*, LXXXII, 16 de mayo de 1934; reeditado en *Films parlés*, cit.
«Dimanche», en *La Revue de Paris*, III, 1 de junio de 1934 [«Domingo», en *Domingo*, trad. cast. de José Antonio Soriano Marco, Barcelona, Salamandra, 2017].
«Les Fumées du vin», en *Le Figaro*, 12-19 de junio de 1934; reeditado en *Films parlés*, cit. [«Los vapores del vino», en *Domingo*, trad. cast. cit.].

«Écho», en *Noir et Blanc*, XXIV, 22 de julio de 1934 [«Eco», en *Cuentos completos*, trad. cast. cit.].
«Un amour en danger», en *Le Figaro littéraire*, 22 de febrero de 1936; reeditado en *Œuvres complètes*, a cargo de Olivier Philipponnat, París, Librairie Générale Française, 2011, vol. I [«Un amor en peligro», en *Cuentos completos*, trad. cast. cit.].
«Fraternité», en *Gringoire*, 5 de febrero de 1937 [«Fraternidad», en *Domingo*, trad. cast. cit.].
«Monsieur Rose», en *Candide*, 28 de agosto de 1940 [«El señor Rose», en *Domingo*, trad. cast. cit.].
(Charles Blancat) «L'Ogresse», en *Gringoire*, 24 de octubre de 1941; reeditado en *Œuvres complètes*, cit., vol. II [«La Ogresa», en *Domingo,* trad. cast. cit.].
(Denise Mérande) «Les Vierges», en *Présent*, 15 de julio de 1942; reeditado en *Œuvres complètes*, cit., vol. II [«Las vírgenes», en *Cuentos completos*, trad. cast. cit.].
(Denise Mérande) «Un beau mariage», en *Présent*, 23 de febrero de 1943; reeditado en *Œuvres complètes*, cit., vol. II [«Un bello matrimonio», en *Cuentos completos*, trad. cast. cit.].

Índice de nombres*

---

* Los números en cursiva hacen referencia a las notas.